통장잔고 0원,
그래도 집 샀다

통장 잔고 0원, 그래도 집 샀다
당신과 가족의 미래를 설계하는 내집마련 고군분투기

초판 1쇄 발행 2025년 8월 15일

지은이 칼리 정연화, 디셀러 허윤정, 부자애미 서지연, 하고잽이 이순애, 세상일주 여지혜
펴낸이 장길수
펴낸곳 지식과감성#
출판등록 제2012-000081호

교정 이주희
디자인 이현
편집 이현
검수 주경민
마케팅 김윤길

주소 서울시 금천구 벚꽃로298 대륭포스트타워6차 1212호
전화 070-4651-3730~4
팩스 070-4325-7006
이메일 ksbookup@naver.com
홈페이지 www.knsbookup.com

ISBN 979-11-392-2741-3(03320)
값 16,800원

- 이 책의 판권은 지은이에게 있습니다.
- 이 책 내용의 전부 또는 일부를 재사용하려면 반드시 지은이의 서면 동의를 받아야 합니다.
- 잘못된 책은 구입하신 곳에서 바꾸어 드립니다.

지식과감성#
홈페이지 바로가기

당신과 가족의 미래를 설계하는 내집마련 고군분투기

통장잔고 0원, 그래도 집 샀다

칼리 정연화, 디셀러 허윤정, 부자애미 서지연,
하고잽이 이순애, 세상일주 여지혜 지음

부자애미 서지연 감수

유영만 교수
박세니 대표
추천도서 👍

엄마들의 고군분투 내집마련하기

부동산도 인문학이라 생각한다.
집을 팔려는 사람과 집을 사려는 사람의 간절함이 통해야 한다.

지식과감정

추천사

　부동산을 단순한 투자 대상, 주택(house)이나 물리적 공간(space)으로 보지 않고 온 가족이 모여 살아가는 의미와 재미를 나누는 행복의 터전, 집(home)이나 심리적 장소(place)로 바라본 저자들의 시선이나 관점에서 배울 점이 많았다. 사람의 얼룩과 무늬를 연구하는 인문학자의 시각으로 부동산을 자리매김하고 꿈의 텃밭에서 부지런히 심장뛰는 평범한 '보행'으로 마침내 한 사람의 '행보'를 바꾸는 역사적 전환점을 마련한 저자들의 집요한 노력과 불굴의 의지에 한 없이 의지하며 책을 탐독했다. 지금까지와는 다르게 지금부터라도 인생 후반전에 반전을 일으키고 싶은 모든 사람들에게 필독을 권하고 싶다. 이 책은 꿈꾸는 동안은 동안(童顔)임을 증명한 결과물이다.

- 지식생태학자 유영만, 한양대학교 교수, 《코나투스》 저자

"집을 사려면 돈부터 있어야 한다."
　이 익숙한 공식을 이 책은 정면으로 부순다. 잔고 0원, 조건 없음. 오직 실행력 하나로 집을 마련해 낸 실제 여정을 담았다. 이건 단순한 수기나 조언이 아니다. 하나의 실전 매뉴얼이다. 불안한 사람일수록, 돈이 없는 사람일수록 반드시 읽어야 한다.
　이 책은 '핑계 대신 방법'을 찾는 사람만이 인생을 바꿀 수 있다는 단순한 진리를 강력하게 증명한다. 위로와 희망만 던지는 책이 아니다. 정확히 무엇을 하고, 어떻게 움직였는지를 보여준다. 그리고 '할 수 있다'는 말의 무게를, 실천을 통해 다시 써 내려간다. 마지막 장을 덮는 순간, 당신도 계산보다 행동을 먼저 시작할지도 모른다. 그게 이 책의 진짜 힘이다.

- 박세니마인드코칭 대표 박세니, 《멘탈을 바꿔야 인생이 바뀐다》 20만 베스트셀러 저자

반면교사. 누군가 먼저 저지른 실수에서 우리는 큰 교훈을 얻습니다. 절대 가서는 안 되는 길, 절대 해서는 안 될 행동이 선명하게 드러나기 때문입니다. 하지만 자신의 잘못을 드러낸다는 건 결코 쉬운 일이 아닙니다. 그 과정엔 큰 용기가 필요하고, 때로는 수치심과 고통이 따라오기 마련입니다.

그런 점에서 이 책은 저자들의 용기가 오롯이 담긴 기록입니다. 단지 부동산 투자 경험을 나누는 데 그치지 않고, 실패를 반성하고 되짚으며, 같은 실수를 반복하지 않도록 독자에게 방향을 제시합니다.

책 속의 이야기들을 따라가다 보면 '어떻게 투자해야 할까'라는 막연함 속에서 조금씩 길이 보이기 시작합니다. 그리고 그들의 실수를 반복하지 않기 위해 우리는 무엇을 조심해야 하는지 자연스레 알게 됩니다. 지금 뭘 해야 할지 막막한 분들이라면, 이 책은 답답함을 풀어줄 하나의 시작이 되어줄 것입니다.

— 자기발견연구소 대표 최호진, 《결국엔 자기발견》 저자

경제적자유는 우리 모두의 소망이자, Life Dream이죠. 이를 향한 내집마련은 그 첫 단추입니다.

이 책에는 보통 엄마들이 내집마련을 위한 목표를 이루기 위한 생생한 여정이 펼쳐집니다.

부동산실용서는 아니지만, 어찌 보면 더한 tip과 함께 감동과 눈물 재미 한 스푼이 얹어져서, 술술 넘어가는 책입니다.

이 책을 닫을 때에는 나도 해보자 하는 자신감과 함께, 희망과 의욕이 차오를 겁니다.

— 피치약사 최희진, 오션헬스케어 공동대표 스마트약국 대표약사, 《HABIT 메신저》 저자

전체 프롤로그

"불가능해 보인다고 해서 포기하지 마세요.
진짜 희망은, 그럼에도 불구하고 시작하는 사람에게 찾아옵니다."

– 넬슨 만델라

"통장잔고가 0원이어도, 우리는 포기하지 않았다."

'집을 샀다'는 말에 사람들은 먼저 잔고를 떠올리게 된다. 얼마 있었기에 가능했을까. 얼마나 벌었기에 됐을까. 하지만 이 책을 쓴 다섯 명의 작가는, 그 질문에 이렇게 말한다. "통장에 돈은 없었지만, 집을 사겠다는 마음만은 넘쳐났어요."

《통장잔고 0원, 그래도 집 샀다》는 부동산 투자 비법서를 가장한 성공담이 아니다. 누구보다 평범한, 때로는 아주 불안정한 삶을 살아가던 우리가 지금은 '내 집에서 잠들 수 있게 되었다'는 단순하지만 간절했던 꿈을 어떻게 하나하나 현실로 바꿔나갔는지를 기록한 이야기이다. 우리는 전문가도, 부자도 아니다. 어떤 날은 좌절했고, 어떤 날은 무지했고, 어떤 날은 포기하고 싶었다. 하지만 그럼에도 '내 집'이라는 두

글자를 마음속에 놓지 않았고 각자의 방식으로 꾸준히 한 발씩 내딛었다. 이 책에는 화려한 스펙도, 복잡한 수익률도, 숫자 놀음도 없다. 대신 사람 냄새 나는 이야기, 좌절과 희망이 엇갈리는 순간들, 그리고 무엇보다 '진짜 가능했던 과정들'을 담았다.

집 없는 삶은 늘 어디쯤 불안했다. 월세 인상 통보에 잠 못 이루고, 전세 계약 만료일을 손꼽으며 가슴 졸이고, 청약 발표일이 다가오면 또 떨어질까 겁이 난다. 잔고는 늘 바닥이고, 내 이름으로 된 집은 아직 꿈처럼 느껴지는 우리가, 결국 집을 샀다. 시세차익을 노린 비법도 없고, 고수익 레버리지 알려주는 전략서도 아니다. 대신 이 책에는 다섯 명의 보통 사람이 있다. 누군가는 육아와 일을 병행하며, 누군가는 계약서에 도장을 찍었다가 파기하며, 누군가는 부모의 반대 속에, 누군가는 좌절 끝에 다시 도전하며, 각자의 삶 속에서 집을 향해 천천히, 그리고 끈질기게 걸어간 사람들의 진짜 이야기다.

우리는 남들과 비교하지 않기로 했다. 남들은 한 번에, 좋은 위치에, 넓은 집을 살지 몰라도 우리 형편 안에서, 우리가 감당할 수 있는 만큼만 전진했다. 작은 집이어도, 오래된 집이어도 괜찮았다. 내 이름이 적힌 등기 한 장, 나의 기준에 맞는 공간이면 충분했다. 이렇게 말하고 싶다. "지금 당신도 가능하다." 세상은 늘 숫자로만 평가한다. 잔고가 얼마냐, 소득이 얼마냐, 얼마짜리 집이냐. 하지만 그 사이에서 이런 생각을 자주 했다. "가장 중요한 건, 지금 무엇을 가지고 있느냐가 아니라, 무엇을 간절히 바라며 꾸준히 가고 있느냐다." "실패해도 괜찮아. 중간에 돌아가도 괜찮아." 다섯 명의 저자들은 모두, 그 길 위에서 수없이 넘어졌고 다시 일어났다. 그 과정을 통해 알게 되었다. 집을 산다는 건 결국 돈의 문제가 아니라 '포기하지 않는 마음'이라는 사실이다. 우리가 각자의 자리에서 선택하고, 견디고, 싸우고, 도전하며 마침내 내 집이라는 한 걸음을 이루어냈듯이 지금 이 책을 펼친 당신에게도 분명히 가능성이 있다. 이 글이 누군가에겐 위로이고, 누군가에겐 실용서이며, 또 누군가에겐 다시 일어설 희망의 계기가 되기를 바란다. 절대 멋진 전략이 아니어도 좋다. '내가 해낸 이야기'는 누군가의 '곧 해낼 이야기'가 될 수 있다는 기쁨이 되었으면 한다. 이 책을 통해 '내집마련'이라는 단어가 더 이상 꿈도 사치도 아닌 당신의 미래가 되기를 진심으로 바란다.

— 부자애미 서지연

목차

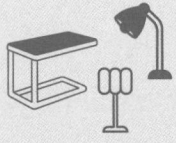

추천사   4
전체 프롤로그   6

Never Ending Story
- 칼리 정연화

프롤로그   16
  1 고향집   19
  2 엄마   23
  3 우리 집   26
  4 독립   30
  5 직업   36
  6 부동산 매매   38
  7 꿈   52
에필로그   61

오늘도 성장통을 겪고 있습니다 - 디셀러 허윤정

프롤로그: 친구가 책을 쓰라고 했다		64
1	성수동 땅 한 평이 8,000만 원?!	68
2	왜 하필 성수동?	70
3	나에게 아빠라는 존재는?	72
4	인감도장이 뭐예요?	75
5	내가 전 재산 포기 도장을 찍었다고?	79
6	친생자관계부존재확인소송? 이건 또 뭐야?	82
7	예쁘다고 덜컥 계약해 버린 생애 첫 주택	84
8	연쇄 사건 사고: 이번에는 공투다	87
9	오피스텔로 무피 투자에 도전	90
10	코로나보다 더 무서운 전쟁	92
11	어쩌다 재취업	94
12	나 'P'야? 충동적으로 선언한 퇴사	98
13	재테크하는 여자? 프로 수강러, 강의 기배!	100
14	온라인이 살길이다!!!	102
15	공동구매 중개, 또 다른 도전	104
16	AI와 놀기	108
17	결국에는 사람	111
18	새로운 시작을 향해	114
에필로그: 유튜브쇼핑시작해볼까		116

아파트가 아닌 빨간 벽돌집으로
인생 반전을 꿈꾸다 – 부자애미 서지연

프롤로그 120

1. 나는 왜 오피스텔을 생애 첫 집으로 살 수밖에 없었을까? 122
2. 반지하 몸테크로 아파트 없는 서러움을 견뎌 내다 129
3. 자녀 계획을 위해 결혼 4년 만에 내산내집으로 이사하다 133
4. 공간의 힘으로 결혼 4년 만에 첫아이를 임신하다 137
5. 돈은 없지만, 빨간 벽돌집은 갖고 싶어! 139
6. 부동산 공부는 인문학이다 146
7. 빨간 벽돌집은 나와 가족의 미래다 152
8. 빨간 벽돌집이 상가주택으로, 트랜스포메이션 155
9. 엄마의 눈으로 빨간 벽돌집 고르는 비법 158
10. 부자애미 팔로우 미! 빨간 벽돌집 주인이 되어 보자! 165
11. 빨간 벽돌집(건물, 토지) 매수 시 필수 확인 서류 5종 세트 166
12. 빨간 벽돌집으로 건물주 되기 마인드 셋 177
13. 왜 빨간 벽돌이어야 하는 건가요? 182
14. 빨간 벽돌집의 미래가치가 내 미래다 184

에필로그 186

시간 관리자가 되기 위한
갈팡질팡 부동산 빌드 업 스토리 – 하고잽이 이순애

프롤로그: 삼 남매 직장 맘, 하고잽이 삶과 투자에 관한 이야기   190
1. 33년의 안녕, 뒤로한 채 자유의 바다로 뛰어들다   192
2. 부동산 공부, 첫걸음은 효도에서 시작되었다   197
3. 아파트 한 채가 열어 준 인생 지도   200
4. 꿈꾸는 나, 꿈꾸는 나의 노후   230

에필로그   234

시골 아줌마
강남 입성기 – 세상일주 여지혜

프롤로그   238
1. 지방살이의 한계와 깨달음   241
2. 서울살이의 현실과 꿈   245
3. 타향살이와 첫 번째 투자   252
4. 강남 입성의 꿈   260
5. 개포동 ○○아파트 매수기   264
6. 부동산 투자의 철학의 완성   273
7. 진정한 부자의 의미   291

에필로그   294

칼리
정연화

Never Ending Story

프롤로그

"병원 근처에 다세대주택 하나 사서 임대료 받으면 어떨까?"
"먼 지방에서 오는 보호자들을 위한 숙소를 지어서 빌려주면 어떨까?"

30여 년 전 서울의 한 병원에 근무하는 나와 동료들의 대화 중에 가끔 등장하던 내용이다.

우리들의 대화를 들은 누군가가 지방 고객을 위한 숙소를 병원 근처에 마련하였다. 그리고 그들로부터 임대료를 받는 병원 직원들이 생겨났다.

나는 왜 그때 행동으로 이어 가지 못했을까?

어릴 적부터 들어 왔던 "어린애가 돈 밝히면 못써!"라는 어른들의 이야기가 혹시 돈에 대한 자유로운 도전을 막은 건 아닐까? 그래서 나의 뇌는 아예 돈을 벌기 위한, 자유로운 투자 방법에 대한 생각 자체를 못 하게 된 건 아닐까?

저축하는 방법 외에는 금융에 대한 교육은 받은 적이 없었고, 돈을 밝히는 사람은 왠지 부정적 이미지로 보일 수 있다는 편견이 있었던 건 사실이다.

게다가 간호사라는 전문직으로 꼬박꼬박 들어오는 월급은 그럭저럭 살아가는 데 큰 불편함이 없었다. 병원이라는 울타리 안에서만 치열하게 살아 낼 뿐 깊고 넓은 세상에 대한 관심이 없었다. 병원 밖 세상의 불편하고 힘든 새로운 도전에 게을렀다.

그러던 나는 2022년 1월 즐겨 보는 한 유튜브에서 시행하는 '미라클 모닝 514 챌린지(한 달에 14일간 새벽 5시 기상하여 미션 수행 및 특강 수강)'를 하게 되었다.

이때 '부자애미의 부동산 소액 투자' 미니 강의를 들으면서 30여 년 전 동료와 나누었던 부동산 이야기가 다시 기억 속으로 소환되었다. 나의 무의식 세계의 뇌가 자극이 된 것이다. 그 자극은 노년에도 후회하지 않는 삶을 살아 내겠다는 다짐으로까지 확장되었다.

이제 곧 정년이다. 지금이라도 돈에 대하여 제대로 공부하고 투자하여, 새롭고 가치 있는 인생을 만들어 보고 싶다는 강한 욕망이 솟아올랐다.

깊은 방황의 시간을 거쳐 간호사의 길을 선택했던 20대 중반의 내가 불현듯 가슴으로 파고들어 왔다. 그리고 그때의 모습이 거울에 나타나 60대를 맞이해야 하는 나를 보고 있었다.

20대 방황을 비추던 거울은 60대를 맞이하는 내게 행복한 노후를 위한 가치 있는 인생을 살아 보라고 한다. 어떻게, 무엇을 하며 살아야 가치 있고 행복한 노후를 살아갈 수 있을까?

그 방법은 어쩌다 선택된 반복되는 일상에 머무르는 게 아닌, 내가 한때 꿈꾸었고 지금도 마음 한편에서 꿈꾸고 있는 그 방향을 향해 나아가는 것이다. 그리고 그 꿈을 현실로 만들어 내는 것이다.

무엇부터 실행해야 할지 막막했다. 그러나 일정하게 들어오는 월급이 없는 60대 이후에도 경제적 자신감은 있어야 나의 꿈들을 실행할 수 있겠다는 확신은 들었다.

직장 생활 하면서 어쩌다 경험한 '나의 지난날 부동산 매매 과정'을 돌아보며 나를 성찰하고 전진하기 위한 시간을 가지려 한다. 지금까지 금융 문맹인으로 살아왔지만 본격적인 경제 공부, 세상 공부를 통해 정년 이후 가치롭게 투자하여 가치 있는 인생 후반전을 맞이하고자 한다.

나폴레온 힐의 《생각하라 그리고 부자가 되어라》의 내용 중에서 "잠재의식은 가장 직접적이고 현실적인 방법을 통해, 믿음과 신념을 가지고 주어지는 어떤 명령이든 물질적으로 실현해 낼 것이다."라는 글을 가슴속에 새기면서 내 잠재의식 속 꿈들을 꺼내 본다.

정년 이후 내가 꿈꾸는 세상을 향해 아직 끝나지 않은 나의 진짜 이야기, Never Ending Story! 그것은 나와 함께하는 세상 사람들과의 '나눔' 실천이다.

그 꿈을 향해 본격적으로 전진한다.

1 고향집

1) 아빠가 만든 우리 집

나의 살던 고향은 꽃 피는 산골
복숭아꽃 살구꽃 아기 진달래
울긋불긋 꽃 대궐 자리인 동네
그 속에서 놀던 때가 그립습니다.

아~ 그립습니다. 나의 고향집!

  오래된 철로에서 기름밤나무 가지를 주워 정월 대보름이면 동네 언니, 오빠, 친구들과 밤새 쥐불놀이하던 나의 고향!
  꽃 피는 봄이 오면 진달래, 개나리꽃 따라 오르던 앞산!
  가을이면 주전자 가득 채워 따 오던 보리수!
  비라도 내리면 툇마루에 엎드려 하염없이 바라보던 우리 집 앞마당!
  새까만 밤이면 담벼락 위에서 '야옹야옹'하며 반짝이는 눈빛으로 우리를 바라보던 고양이들!

내 고향 경기 북부의 작은 시골 마을에 있는 우리 집에 대한 기억이다. 그 집은 내가 6살 때쯤 아빠가 동네 어른들과 뚝딱뚝딱 지었던 기억이 난다.

바닥에 어지러이 놓인 장비들. 머리엔 두건을 쓰고 위로는 하얀 면 러닝을 입고 커다란 통나무 틈을 오가며 사람들과 뚝딱뚝딱 집을 지으시던 멋지고 잘생긴 젊은 아빠의 모습이 그립다.

"연화야!" "응?"
"연화야!" "응?"
"연화야!" "왜~에에~~!"

자꾸 부르는 아빠에게 어린 연화는 짜증이 났었다.
아빠는 왜 자꾸 어린 연화를 불렀던 걸까?
동네 아저씨들과 막걸리를 한잔하던 아빠는 "우리 연화는 언제 아빠에게 '네~' 하고 대답할까?"라며 한바탕 웃음을 날리셨다.
어린 연화로부터 "네." 하는 소리를 아빠는 끝내 들어 보지 못했다. 연화가, 그러니까 내가 초등학교 5학년이 되는 정월 대보름날, 39살의 젊은 아빠는 멋지고 잘생긴 모습만을 남기고 하늘나라로 가셨다. 36살의 젊고 예쁜 엄마와 12살, 10살, 7살, 2살의 어린 사 남매를 세상에 남기고 말이다.

아빠가 그리웠다. 잠자기 전 이불 속에서 아빠의 목소리가 들린다.
"연화야!"
"응"

눈을 뜨니 아침이다. 다시 씩씩하게 나의 오늘을 맞이한다.

지금 아픈 이별로 슬퍼하는가?
그냥 오늘을 살아 내자!
가장 강한 사람은 어떠한 상황 가운데서도 매일의 일상을 지켜 내는 사람이 아니던가!
그냥 오늘, 지금, 바로 이 순간을 살아 내다 보면 어느새 우리의 일상은 어제보다 더 나은 오늘이 된다. 슬픈 이별은 아름다운 추억으로 남고 새로운 행복은 덤으로 얻어 내고 있을지도 모르겠다.

아빠랑 나의 흑백 사진

2) 떠나는 고향집

아빠가 만든 집에서 중학교를 졸업하고 고등학교는 기차로 통학하면서 1학년까지 살았다. 엄마는 자식들 공부시키겠다며 내가 고등학교 2학년이 되는 1982년에 경기 북부 '○○○시'로 우리 가족은 이사하였다.

그 과정에서 엄마는 아빠가 만든 집을 매수할 사람이 없다며, 세 들어 살던 동네분에게 그 집을 주고 이사하였다. 동네가 재개발되면서 아빠가 만든 집은 사라졌다. 그 집을 공짜로 얻은 동네분에겐 3,000만 원의 돈이 지급되었고, 그분은 아파트로 이사했다는 소식을 들었다. 그렇게 아빠의 기억이 살아 있는 아름다운 내 고향집은 사라지고 지금은 빈터에 예쁜 꽃과 나무들이 자라고 있다.

고향은 왜 언제나 아련함 속에 몽글몽글 피어나는 안개꽃 같은 느낌일까? 그곳에 가면 어린 시절 아빠가 만든 집과 나를 부르던 39살의 젊은 아빠가 여전히 보인다.

젊은 아빠가 지어 준 고향집으로 난 타임머신을 타고 떠난다. 그리고 나의 어린 시절과 마주하며 가슴 뛰는 행복에 내 마음은 천국이 된다.

2 엄마

1) 엄마의 도전

　이사 후 어렵고 힘든 환경으로 엄마를 원망하였다. 시골집을 그냥 동네분에게 주고 온 것도 싫었지만, 동네가 재개발되면서 그분들에게 3,000만 원이 지급되었다는 사실을 알고 물질적 이익에 대한 엄마의 무지함이 답답했다.

　그러나 지금 되돌아보면 그 당시 엄마의 선택은 최선이지 않았을까 싶다. 오직 자식을 공부시키겠다는 마음 하나만 갖고, 아는 사람 하나 없는 타지로 이사한다는 것만으로도 엄청난 도전이 아닌가? 만약 아빠가 만든 시골집을 팔아야만 이사할 수 있다고 생각했다면 과연 이사를 할 수 있었을까?
　엄마는 자식을 위해 더 큰 목표를 찾았고 그 목표를 이루기 위해 당장의 물질적 이익을 추구하지 않았다. 자식을 위해 우선적으로 '무엇을 할지'를 선택하고 바로 실행에 옮긴, 시대를 앞선 진정한 도전가, 그게 우리 엄마가 아니었을까?

  만약에 그 당시 엄마가 어렵고 힘든 상황만을 생각하며, 당장 힘든 상황을 없애기 위해 '어떻게 할지'를 고민했다면 우리는 결코 이사를 못 했을 것이다. 그러나 엄마는 미래를 위해 '무엇을 할지'를 먼저 결정하였다.

  얼마나 현명하고 똑똑한 엄마인가! 비록 물질적인 이득에는 무지했지만 그보다 더 큰 목표를 갖고 행동으로 보여 주신 엄마다. 엄마의 끊임없는 크고 작은 도전들은 내 삶이 힘들어 주저앉고 싶을 때마다 다시 일어설 수 있는 용기와 의지를 주었다.

2) 엄마의 가르침

  경기 북부 'ㅇㅇㅇ시'로 이사하기 전까지 우리 가족은 아빠가 지은 그 집에서 살며 엄마의 작은 농사일로 생계를 이어 갔다. 그리고 가끔은 대로변을 향해 있는 집 한 곳에 슈퍼마켓처럼 생필품들을 갖다 두고 지나는 사람들에게 팔기도 하였다.

  그때 엄마 몰래 에이스 과자를 먹어 보고는 세상에 이런 맛있는 과자도 있다는 사실을 처음 알았다. 지금도 에이스 과자는 몇 안 되는 나의 간식거리이다.

  어렸을 때에는 엄마가 얼마나 고통스럽고 힘들었을지에 대해 생각해 본 기억이 없다. 어른이 되어서도 나는 엄마 삶의 고통을 제대로 공감하지 못했다.

시골 동네 사람들의 삶이 대부분 비슷비슷해서일까? 나는 우리 집이 가난하다는 사실을 인지하지 못했다. 엄마는 언제나 바빴고, 바쁜 엄마를 대신하여 나는 나보다 어린 동생들을 돌보아야 했다.

이제 막 돌 지난 막냇동생을 등에 업고 책을 보던 기억!

바쁜 엄마를 위해 동생들의 도시락을 싸던 기억!

가끔은 동네 앞산에 올라 나무 그늘 아래에서 시험공부를 하던 기억! (이게 내가 누릴 수 있었던 그 당시 호사였던 것 같다.)

그 시절, 그 행동들에 대하여 한 치의 의심이나 불만을 갖지 않았다. 아니 생각 자체를 하지 못했다. 난 큰딸로서, 36살의 젊은 나이에 혼자 된 엄마를 돕는 걸 당연하게 여겼다. 그런 나에게 엄마는 항상 말씀하셨다.

"네가 잘해야 동생들이 잘된다. 윗물이 맑아야 아랫물이 맑다."

나는 살면서 이 말을 가슴에 새기고 또 새겼다.

"내가 잘해야 해! 내가 잘해야 우리 가정이 잘될 수 있어!"

그러나 내가 잘해야만 한다는 압박은 큰 부담으로 다가왔다. 짐스럽고, 불편하고, 불안감마저 드는 나날이었다. 하지만 그럼에도 나에게 주어진 학업에 열중하고, 동생들을 챙겼다. 든든한 엄마의 큰딸로서 책임을 성실히 이행하기 위해 애썼다.

'부담', '책임감'이라는 복잡한 감정을 스스로 이겨 내기 위해 항상 계획을 세워 생활하였다. 그리고 그런 감정들을 일기장에 한 번씩 토해 내면 나의 복잡한 감정들은 단순해졌다. 그러면서 다시 윗물이 맑아야 한다는 엄마의 가르침을 되새기며 씩씩하게 또 앞으로 나아갔다.

3
우리 집

1) 가난

　이사 후 엄마와 우리 사 남매가 살았던 집은 부엌 딸린 월세 단칸방이었다. 그 방에 나는 커튼을 쳐서 공간을 구획하였다.
　초라하였지만 동생들과 공간이 구별되었다는 사실만으로도 행복했다. 분명 가난한 건 맞는데 그것은 10대 소녀가 세상을 살아가는 데 어떠한 걸림돌도 되지 않았다.
　당당히 친구도 데리고 와서 커튼 너머 작은 공간에서 10대 소녀인 우리들만의 이야기꽃을 피웠으니까. 우리 집은 가난하였지만 난 가난을 모른 채 학생으로서의 본분에 집중하였다.

　동네에서 작은 치킨집을 운영하던 엄마는 1년 365일 일하셨다. 그럼에도 가난한 단칸방 월세는 벗어나지 못했다. 내가 대학에 들어간 후에도, 직장에 취업을 해서 다닐 때도 우리 집은 가난하였다. 그럼에도 불구하고 엄마는 언제나 씩씩하였다. 그리고 우리들에게 말씀하셨다.

"가난하여도 더 가난한 사람들을 생각해라. 그리고 기죽지 말고 세상에 맞서 당당하게 살아라. 엄만 너희들 기죽어 살게 하지 않았다. 건강하고 형제들과 화목하게 살아라. 돈은 벌면 되는 거야."

정말 가난했는데 울 엄마의 이런 당당함은 도대체 어디서 나왔던 걸까? 그건 당신이 처한 환경에 맞추어 미래를 위해 우선 '무엇을 할지'를 정하고, 앞으로 나아갈 줄 아는 엄마의 강한 도전 정신에서 비롯된 게 아니었을까?

혹시 지금 스스로가 처한 상황 때문에 주저앉고 있진 않은가? 일단 '무엇을 할지' 미래의 목표를 정하고 할 수 있는 작은 것부터 실천해 보자. 목표를 실천하는 과정에서 '어떻게 할지'에 대한 방법은 따라온다고, 바바라 피즈와 앨런 피즈의 《결국 해내는 사람들의 원칙》에서 말하고 있지 않은가!

2) 반지하 전세

단칸방 월세에서 반지하 다세대주택 전세로 이사하였다. 반지하라고 해도 1층의 느낌이었다. 거실도 있고 방도 2개나 있었다.

그런데 이사 후 며칠 뒤 집주인이 나를 불렀다. 영문도 모른 채 그의 집을 갔다. 집주인 부부는 나란히 안방에 앉아 있었다. 그리고 20대 초반의 나를 향해 "너희 엄마가 우리에게 나쁜 말을 했으니 큰딸인 네가 무릎 꿇고 사과해."라고 하였다.

난 가만히 부부를 바라보았다. 아무 생각이 없었다. 그냥 한 참을 바라본 것 같다. 그리고 무릎을 꿇었다. 묻지도, 따지지도, 울지도, 않았다.

"죄송합니다."

당신들 같은 어른은 절대 되지 않겠다고 다짐하면서 아무 일도 없었던 것처럼 당당히 그 부부의 집을 걸어 나왔다.
아무렇지 않은 듯 길을 걷는데 억울했고 화가 났다. 눈물도 나려 하였다. 그러나 나는 그 감정을 받아들이지 않기로 결심하고 씩씩하게 길을 걸어갔다. 그리고 엄마와 내 동생들이 살 집을 사야겠다는 목표를 정했다.
'무엇을 원하는지'를 알고 '우리 집'을 목표로 정하니, 내 안의 우주는 '우리 집'에 집중되었다.

살면서 억울하고 분노할 일이 얼마나 많던가? 그때마다 그 감정에 지배되어 살아간다면 나의 인생이 너무 아깝지 않은가? 결국 인생은 선택이라고 하였다.
어떠한 상황에 놓이든지, 내가 선택한 감정에 따라 내 삶의 의미와 가치는 달라진다는 걸 살아오면서 깨달았다.
더 나은 사람, 더 나은 환경으로 나아갈 수 있는 감정을 선택하자. 그리고 내 삶에 가치를 더하여 의미를 만들어 가 보자.

3) 드디어 우리 집

　반지하 전셋집 주인과의 좋지 않은 경험을 겪고 20대 어린 사회 초년생인 나의 유일한 목표이자 꿈은 '우리 집을 갖는 것'이었다.
　부동산 공부 방법은 모르겠고, 단지 만나는 사람들에게 나의 목표를 공유했는데 어느 날 선배로부터 한 아파트를 소개받았다. 여기저기 알아볼 것도 없었다. 아니, 그런 생각 자체를 못 했다. 왜냐하면 나에게 필요한 것은 가족의 주거 공간이었다. 그래서 투자에 대한 공부는 상상할 수 없었다. 그냥 내가 믿는 선배가 소개해 주었다는 이유 하나만으로 충분하였다.
　그렇게 첫 직장에서 모은 돈을 합해 엄마와 의논했다. 그리고 아빠가 만든 고향집에서 이사 후 10여 년 만에 25평 아파트를 마련하였다. 이곳에서 사 남매 모두 최종 학교를 졸업하고 각자의 길을 가기까지 함께하였다.
　시골 마을에서 이사 후 처음 마련한 '우리 집'을 시작으로 엄마는 재개발된 지역에 아파트를 한 채 분양받고 지방에 작은 농지도 소유하게 되었다.
　남편과 사별 후 우주보다 무거운 어린 사 남매 성장의 무게를 온몸으로 받치고도 씩씩하고 당당하던 36살의 엄마. 그러던 엄마는 어느새 늙고 병들어 힘없는 80대 노인이 되었다. 어려움 속에서 마련한 부동산들은 이제 엄마 노년의 삶을 위한 든든한 경제적 지원금이 되고 있다.

　도시의 단칸 월세방에서 시작하여 어린 사 남매를 홀로 키워 내시고, 노년에 자식들에게 의존하지 않는 경제적 자유를 얻어 낸 엄마는 '울트라 슈퍼우먼'이다.

4
독립

1) 새로운 목표

어느 날 환자를 간호하다 나의 직업이 너무 초라하게 느껴졌다. 졸업 후 첫 월급을 받을 때의 감사와 겸손은 사라졌다.

일이 고되고 힘들게만 느껴졌다. 환자와 보호자들 그리고 선배, 상사, 다른 직종과 비교하는 일이 잦아졌다. 더욱이 매일 치열한 일상은 나를 지치게 하였다.

초라하게 느껴지는 나의 직업이었지만 과감히 떠나진 못한 채 영혼 없는 직장 생활을 이어 갔다. 이런 나를 위로하기 위한 대안으로서 뭔가 꿈이 있는 것도, 계획이 있는 것도 아니었다. 그저 습관처럼 토플 공부만 하고 있었다.

그러던 중 문득 '멋지고 화려하게 살고 싶다'는 생각이 들었다. 새빨간 하이힐을 신고, 새하얀 승용차에서 내려 나만의 멋진 공간으로 향하는 화려한 싱글의 삶 말이다. 아마도 어느 외국 영화에서의 장면을 떠올린 것 같다.

그런 삶을 살기 위해서는 지금의 내 환경으로는 안 될 것 같았다. 그때가 1990년 초, 26에서 27살로 넘어가는 시기였다. 나는 이대로 나의 30대를 맞이하고 싶지 않았다. 멋지고 화려하게 살고 싶다는 강렬한 욕망, 난 욕망이라는 전차에 올라타기로 작정하였다.

무모한 결심인가? 그렇지 않다. 20대 중반의 젊고 예쁜 아가씨가 한 번쯤은 꾸어 볼 수 있는 꿈 아닌가?
그동안은 상식선에서 정한 대로 살아온 삶이었다. 엄마와 동생들이 알아주든 그렇지 않든, 지금까지의 내 목표는 오직 내 가족들이 함께 웃으며 살 수 있는 '우리 집' 마련이었다. 오직 엄마의 든든한 큰딸로서의 역할에 최선을 다하고자 노력했던 삶이었다.
이젠 나를 위한, 내가 원하는 삶을 살고 싶다는 강한 욕구가 내 가슴을 뛰게 하였다. 새로운 목표를 정했다.
그리고 나에게 행복이란 '내가 원하는 삶이 무엇인지 찾고, 그걸 주도적으로 실천하면서 성장해 나아가는 것'이라고 정의하였다.

지금 어떻게 살아야 할지 답답하고 막막한가? 그럼 과감히 지금의 환경을 떠나 보라고 말하고 싶다. 떠난 환경이 행복일지 불행일지 알 수는 없지만 그 자체만으로도 더 나은 삶을 살 수 있는 교훈이 될 수 있음을 나는 경험하였다.

멋지고 화려한 꿈을 찾아

2) 완전한 독립

　한국을 떠나 해외로 나가기 위한 가장 좋은 방법은 미국 간호사 자격증을 따는 것이었다. 다시 간호사로 일하고 싶진 않았지만 해외로 나가기 위해서는 달리 방법이 없었다.
　나는 미국 간호사 시험(NCLEX-RN)을 보고 자격증을 취득하여 '멋지고 화려한 싱글의 삶'이라는 내 목표를 이루어 내기로 결심하였다. 목표를 위해 종로에 있는 미국 간호사 자격증 전문학원에 등록하여 약

1년 여간 공부하기 시작하였다.

이어서 미국 방문비자를 받아 뉴욕 맨해튼에서 영어로 시험을 봤다. 그리고 6개월 뒤 합격 통지서를 받았다.

지금은 미국이 아닌 괌 등에서 컴퓨터 기반 영어 시험을 치루고 약 1주일 정도면 시험 결과를 알 수 있다. 또한 공인 영어 점수(TOEIC, TEPS, IELTS 등)도 필요하다.

'멋지고 화려한 싱글의 삶' 내 목표를 미국에서 이루어 내겠다고 당당히 외치고 가족들의 화려한 배웅을 받았다. 그리고 한국을 떠나 미국 뉴욕 맨해튼에 머물렀다.

그러나 낯선 이국에서의 삶은 내가 상상하던 삶이 아니었다. 한국에 있을 때는 부럽기만 하던, 미국 간호사로 일하고 있는 동기는 일에 권태를 느꼈고 한국으로 돌아가고 싶어 했다.

이웃의 한국 이민자들은 새벽 4시 30분에 일어나 도시락을 준비하여 일터로 가고 늦은 밤 귀가하였다. 유학생들의 삶 또한 내겐 충격이었다. 멋지고 화려한 삶을 찾아 미국 뉴욕에 갔지만 나보다 먼저 온 한국 이민자들의 일상은 내 눈엔 너무 피곤해 보였다. 그들은 미국인들 사이에서 영원한 이방인으로 힘겹게 살아 내고 있었다.

난 피곤했다. 무언가 해낼 의지도, 희망도 사라졌다. 그렇다고 한국으로 돌아가고 싶은 마음도 없었다. 친구들도, 지인도 어느 누구도 나에겐 도움이 되지 않았다.

막연히 꿈꾸었던 목표, '멋지고 화려한 삶'의 그림을 더는 그릴 수 없었다. 멋지고 화려한 삶의 실상이 어떤지도 모른 채 너무 멀리 떠나왔다는 걸 알게 되었다.

결국 실망은 절망으로, 계획적이었던 삶은 무계획으로 변하였다.

낮엔 뉴저지 네일 샵에서 백인들의 손톱을 다듬어 주고, 밤이면 나이트클럽을 들락였다. 내 삶에서 가장 방탕하고 어지러운 시간을 보냈다. 첫 직장에서 모았던 돈은 이미 바닥이었다.

"내 삶은 실패했어."라며 울고 또 울었다.

결국 텍사스 작은 병원에 취업하여 일하다 영주권을 신청해 두고 한국행 비행기를 탔다. 영주권이 나올 때까지 한국에서 쉬면서 다시 시작할 그 무언가를 위해 희망찬 계획을 세우기로 했다. 그리고 미국으로 돌아오겠다고 다짐하면서 2년여(1991년~1993년)의 미국 생활을 마무리하였다.

무엇인지 모를 막연히 화려한 삶을 찾아 떠난 미국행에서 실패감을 안고 돌아왔다. 나의 인생은 실패였을까? 아니다!

절망감으로 울었던 그 시간이 지금 돌아보면 내게 가장 빛나는 시간이 되었다. 그때 그 시간이 없었다면 여전히 틀에 박힌 삶 속에서 심심하게 살아가는 인생이었을지 모르겠다.

내 인생의 스토리를 만들어 보자. 오르내림이 있어 심심하지 않은 내 인생의 스토리 말이다. 울고 웃는 우리 인생이 참 재미있다. 재미있는 내 인생 스토리는 내가 만들어 가는 것이다.

오늘도 나는 나의 이야기를 써 내려간다.

THE UNIVERSITY OF THE STATE OF NEW YORK
EDUCATION DEPARTMENT

BE IT KNOWN THAT

YEON HWA CHUNG

HAVING GIVEN SATISFACTORY EVIDENCE OF THE COMPLETION OF PROFESSIONAL
AND OTHER REQUIREMENTS PRESCRIBED BY LAW IS QUALIFIED TO PRACTICE AS A

REGISTERED PROFESSIONAL NURSE

IN THE STATE OF NEW YORK

IN WITNESS WHEREOF THE EDUCATION DEPARTMENT GRANTS THIS LICENSE
UNDER ITS SEAL AT ALBANY, NEW YORK
THIS EIGHTH DAY OF APRIL, 1993.

LICENSE NUMBER
451894

PRESIDENT OF THE UNIVERSITY
AND COMMISSIONER OF EDUCATION

EXECUTIVE SECRETARY
STATE BOARD FOR
NURSING

미국 뉴욕 간호사 자격증

5
직업

1) 다시 찾은 나의 직업

아무 준비 없이 한국으로 돌아온 나는 영주권이 나오기까지 약 1년 정도를 기다려야 했다. 그 기간 동안 돈을 만들어 두어야 했다. 또 배운 게 간호라고 병원 취업을 알아보던 중 인사차 지도 교수님께 들렀는데 병원을 추천해 주셨다. 결국 1994년 9월 경력 공채로 교수님이 추천해 주신 병원 중환자실에 입사하였다. 처음에는 1년 동안만 아르바이트한다는 심정으로 가볍게 시작하였다. 그러나 지금도 나는 그 병원에 재직 중이며 곧 정년을 맞이한다.

다시 신규 간호사가 되어 나보다 어린 간호사들에게 중환자실 업무를 배우기 시작하였다. 그동안 내 안에 있던 실패감, 피곤함 그리고 후회, 꿈, 화려한 미래 등 나를 괴롭히던 단어들에서 벗어나, 중환자 간호를 배우는 데에 온전히 몰입되어 갔다. 나 자신도 모르게, 나의 뇌는 계획에도 없던 '중환자 간호'라는 이름으로 새롭게 조형되어 가고 있었다.

첫 직장을 나온 뒤 간호사는 나의 멋지고 화려한 삶을 위한, 미국을 가기 위한 수단에 불과했던 직업이었다. 그러나 중환자를 간호하면서 간호에 대한 가치관이 생기고 내 직업의 의미를 알아 가기 시작하였다.

미동도 없고, 의식도 없는 중환자를 간호하면서 식상하게 여기고 듣고 싶어 하지도 않았던 간호의 본질 '돌봄'의 가치를 발견하게 된 것이다.

2) 영주권 포기

입사 1년 뒤 미국 영주권이 나왔지만 한 치의 미련도 없이 포기하였다.

내 직업에 대한 의미와 가치를 발견한 이후 병원이 너무 좋았고, 내 일이 너무 좋았다. 3일만 쉬어도 병원을 가고 싶어 했다. 두 달을 쓰는 분만 휴가도 한 달 지나니 다시 병원 가서 일하고 싶어 할 정도로 내 일을, 병원을 사랑하였다. 그러니 아픈 기억으로 남아 있던 미국행 영주권은 내게 필요 없었다.

지금 하고 있는 일이 재미없고 초라해 보이는가? 그렇다면 그 일의 의미를 찾아보자. 내가 하고 있는 일에 의미가 부여될 때 그 일은 진정한 내 삶이 된다. 그리고 몰입하게 된다. 몰입은 나를 더 나은 삶으로 나아가게 한다.

더 나은 삶으로 나아가는 것, 그것이 행복 아닌가?

6
부동산 매매

1) 신한토탈아파트(경기도 남양주시 와부읍 덕소리)

뒤돌아보지 않고 '간호'에 집중하며 달려갔다. 정말 내 일이 좋았다. 그런데 '멋지고 화려한 싱글의 삶' 그 한 문장이 또 내 잠재의식 속에서 의식 밖으로 튀어나오기 시작하였다.

이번엔 '멋진 나의 차와 멋진 나만의 공간'으로 '멋지고 화려한 싱글의 삶'을 완성하고 싶었다. 그리고 나의 뇌는 그 방향으로 집중되었다. 목표를 정하면 할 수 있는 것부터 하라고 했다. 그래서 먼저 하얀 승용차부터 구입하였다.

그다음은 멋진 나만의 공간인데 병원 근처 다세대주택 원룸에서 살고 싶지는 않았다. 하얀 승용차는 그래도 어찌하여 구입하였지만 내가 추구하는 나만의 공간은 모아 놓은 돈이 없어 쉽지 않았다. 그럼에도 불구하고 사람들을 만날 때면 여지없이 나의 목표를 공표하고 다녔다.

이 정도면 부동산 공부를 해야 하지 않을까? 하지만 이때도 재테크를 위한 '투자'라는 단어는 나와는 전혀 상관없었다. 엄마와 동생들이 살 집을 매수할 때처럼 말이다. 그때는 단지 엄마와 동생들이 '살 집'이면 되었고, 이번엔 나 혼자 기거할 '폼 나는 작은 아파트'면 되었다.

"서울엔 아파트 사기 힘들지만 남양주 덕소가 앞으로 좋아질 거니 그곳을 알아보는 게 좋을 것 같아."

오랜 친구의 남편이 나의 이야기를 듣더니 나 혼자 폼 나게 기거할 아파트 소재지를 소개해 주었다. 엄마와 동생들이 살 집을 매수할 때처럼 120% 믿는 지인 찬스를 사용하기로 하였다. 이때 덕소라는 지역의 어떠한 정보도 확인하거나 찾아보지 않았다.

바로 나는 하얀 승용차를 운전하여 오랜 친구와 해당 지역, 경기도 남양주 와부읍 덕소리를 향해 달려갔다.

한적한 경기도 남양주 와부읍 덕소의 작은 부동산, 조금은 추웠던 날씨임에도 그곳에는 따스하고 밝은 햇살이 비추었다. 그리고 120% 믿는 지인 찬스는 '멋지고 화려한 싱글의 삶'을 찾아 나서는 나의 꿈을 실망시키지 않았다.

그 당시 남양주에는 새 아파트들이 많이 들어서고 있던 시기였다. 분양받은 분이 돈이 없어 매물로 나온 22평 소형 아파트를 부동산 사장님이 소개했다.

현관문을 열고 들어서지 아담한 거실에 소파가 있었나. 거실 소파에 앉아 베란다 창문을 통해 밖을 보는데 바로 한강이 보이고 거기에 한 남자가 윈드서핑을 하고 있었다.

아~ 두말할 필요가 없었다. 이 아파트는 내 것이었다. 무조건 매수해야 하는 거였다. 이 물건이 앞으로 돈이 되는지 안 되는지는 중요하지 않았다. 아니 생각 자체를 하지 못했다.

  그 당시 직장 근처 잠실나루역 시영아파트(지금의 파크리오아파트)가 1억 정도였다. 투자에 대한 개념을 조금이라도 알았다면 8,000만 원의 남양주 덕소아파트가 아닌 재개발을 앞둔 1억대 시영아파트를 매수하였을 것이다.

  경제, 부동산, 세상의 시장에 대해 그 무엇도 알지 못하는 금융 문맹인 내가 무엇을 더 생각할 수 있었겠는가? 재개발을 앞둔 잠실나루역 시영아파트는 낡고 낡아 멋지고 화려한 싱글의 삶을 꿈꾸는 나에겐 살 곳이 못 되었다.

  주저할 이유가 없었다. 이 시기엔 신앙이 없었지만 모든 일련의 상황이 나를 위해 준비되어 있었던 것 같은 착각이 들었다. 그런데 돈이 문제였다. 내가 가진 돈은 모두 3,000만 원 정도, 아파트 매매가는 8,000만 원. 어디서 어떻게 5,000만 원을 구해야 할지 몰랐다. 조율할 줄도 몰랐다. 그럼에도 바로 매매계약서를 작성하고 집에 왔다.

  이제 기한 내 잔금을 해결해야 했다. 하지만 어떻게 돈을 마련해야 할지 몰랐던 나는 엄마를 포함하여 내가 아는 사람들을 동원하여 방법을 찾기 시작하였다.

  방법은 대출. 그런데 대출을 받아 이를 갚아 나가는 게 쉽지 않아 보였다. 내 월급의 절반 이상을 빚 갚는 데 사용해야 했다. 소비 중심의 습관을 바꾸어 돈을 쥐어짜듯이 절약해야 하는 삶이 너무 피곤하게 느껴졌다. 그러나 대안이 없었다.

아쉽고 또 아쉽지만 난 대출 일부와 전세를 끼고 그 아파트 매매를 완결하였다. 거실에서 한강이 보이고 한 남자가 윈드서핑을 하는 그림 같은 나의 첫 아파트는 '멋지고 화려한 싱글의 삶'을 완성하지 못한 채 한 신혼부부에게 전세로 넘어갔다.

그리고 2006년경 1억 7,000만 원에 매도하여 대출 비용과 전세 비용을 제외한 5,000만 원 정도의 남은 금액을 서울 천호동 35평 주상복합아파트 중도금으로 재투자하였다.

30대 초반(1998년경)에 마련한 한강이 보이는 아파트와 하얀 승용차는 내가 부자가 된 것 같은 착각을 주었다. 그러나 이런 착각이 나쁘지는 않았다.

미국 작가 나폴레온 힐은 "마음이 무엇을 품고 무엇을 믿든 몸이 그것을 현실로 이룬다."라고 말했다. 우리의 뇌는 우리가 어떤 메시지를 보내든 어떤 길을 선택하든 그쪽으로 나아가게 한다는 사실을 아는가?

나는 스스로를 승용차와 아파트를 가진 멋지고 화려한 싱글이라고 나의 뇌에게 의식적으로 전달하였다.

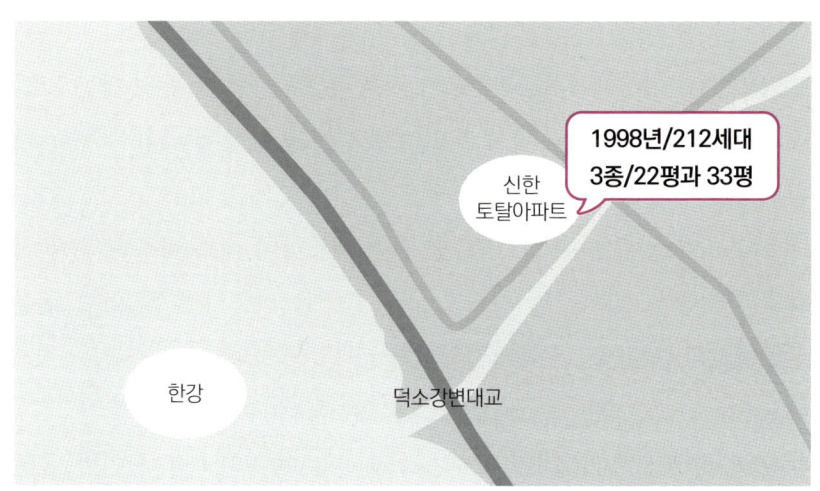

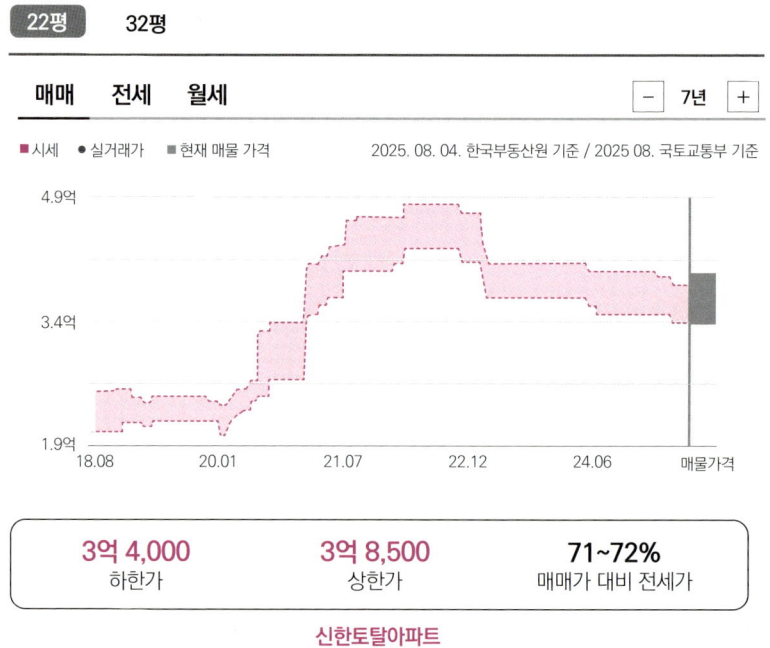

2) 강동상떼빌(주상복합, 서울 강동구 천호동)

　2000년대 초반 '10억 만들기' 열풍이 뜨거웠던 적이 있었다. 나도 그때 10억에 관심이 있었나 보다. 책장을 둘러보니 그 당시 읽었던 김대중 작가의 《나의 꿈 10억 만들기》 책이 꽂혀 있다. 이 책이 내 생애 첫 '투자'에 대한 책이다.

　이때 당시 10억은 감히 내가 가질 수 없는 액수였다. 10억이 있다면 평생 돈 벌지 않아도 될 것만 같았다. 10억은 그런 착각을 갖게 할 정도로 내겐 엄청난 큰돈이었다.

　엄청난 큰돈 10억을 만들 수 있는 기회가 내게도 있었다.

　부동산 사무실 몇 군데 의견을 듣고 스스로 이를 확인하기 위해 공부를 하였더라면, 남편의 말대로 그 주상복합아파트를 그때 그 당시 매도하지 않았더라면 말이다.

　10억을 만들어 줄 수 있었던 그 주상복합아파트는 시댁 형님의 소개로 알게 되었다.

　아파트가 들어설 지역은 천호사거리 강동 쪽으로, 대로변에 세워질 주상복합아파트였다. 주저할게 없었다. 대로 주변의 높은 빌딩들이 그 증거였다.

　천호동이라는 지역에 대해선 어려서부터 왠지 좋지 않은 이미지를 갖고 있긴 했지만 10년 넘게 강동과 송파 지역권에서 지낸 나에겐 절호의 기회라고 생각했다.

　2005년 남편과 나는 둘 다 분양 신청을 하였다. 그날 관계자 분이 하신 말씀이 생생히 기억난다.

"여기 분양만 받으면 무조건 10억 갑니다."

나에게 10억이 생긴 것 같았다. 정말 기분이 좋았다.

분양 결과 나는 떨어지고 남편 앞으로 35평 아파트가 당첨되었다. 분양가는 4억 원대였다.

생애 처음으로 분양받은 주상복합아파트다. 건설회사에 다니던 후배 남편에게 자랑하니 주상복합아파트 이제 끝물인데 왜 받았느냐며 포기하라고 하였다.

대로변 높은 빌딩에 공간 하나쯤 소유하고 싶은 나는 포기할 수 없었다. 그 공간이 이제 생긴 것이었다.

또다시 돈을 끌어모았다. 계약금을 해결하고 중도금은 남양주 와부읍 덕소 신한토탈아파트를 매도하여 지불하였다. 그리고 잔금은 전세로 대체하였다.

그러나 10억의 꿈을 갖고 투자한 천호동 대로변 주상복합아파트는 10여 년이 지나도 상승도, 하락도 아닌 지루하고 긴 보합 상태가 지속되었다. 전세 세입자만 바뀔 뿐 주상복합아파트 10억의 꿈은 서서히 내게 잊혀 갔다.

2013년 부동산 하락기에 실거주 아파트를 매수하여 두 채의 아파트를 소유하게 되었다.

몇 개의 부동산에서 상담을 받았다. 그리고 지금 부동산 경기가 계속 하락하고 재산세만 나가니 먼저 산 주상복합아파트를 매도할 것을 권유받았다. 나는 부동산 사장님들은 전문가이니 그분들 말대로 매도하자는 의견을 남편에게 주장하였다.

그러나 남편은 '지금 주상복합아파트 뒤쪽이 재개발되어 대단지 아파트(999세대 래미안강동팰리스)가 들어올 예정으로, 투자 가치가 있다'는 의견이었다. 난 매도하자는, 남편은 지켜보자는 의견으로 다툼이 잦았다.

왜 그렇게 매도를 주장하였을까?
상대방의 의견을 받아들이는 법을 몰랐고, 기다리는 법을 몰랐다. 내가 무엇인가 계획하고 결정하면 밀고 나가는 직선적 성격을 가졌다는 것도 잘 알지 못했다.
참 어리석고 고집쟁이다. 그런 아내와 사는 남편이 측은해 보이기도 한다. 싫은 소리 한마디 하지 않고, 있는 그대로 이해해 주는 남편이 감사하다.

매도하자는 나의 주장에도 남편은 매도하지 않고 지켜보다 2017년 약 5,000만 원 정도 상승한 5억대 가격에 매도하였다. 그리고 내게 말했다.
"잘했지!"
"네, 잘하셨습니다."

매도 후 부동산 상승기로 접어들면서 매매가는 상승하기 시작하였다. 그리고 결국은 10억대를 찍었다.

지금까지의 나의 선택과 결정은 지인의 권유와 조언, 즉흥적인 나의 성향에 의한 것임을 알게 되었다. 자세히 탐구하거나 관찰하지 않는 등 심사숙고하지 않은 것이다.

이젠 지난 시간 선택과 결정 과정에서의 문제점을 알았으니 탐구하고 관찰하여 지식과 정보를 더해 합리적인 결정을 해야겠다. 심사숙고한 선택은 아닐지라도 지난날의 투자가 손해나는 투자는 아니었다고 스스로를 위로해 본다.

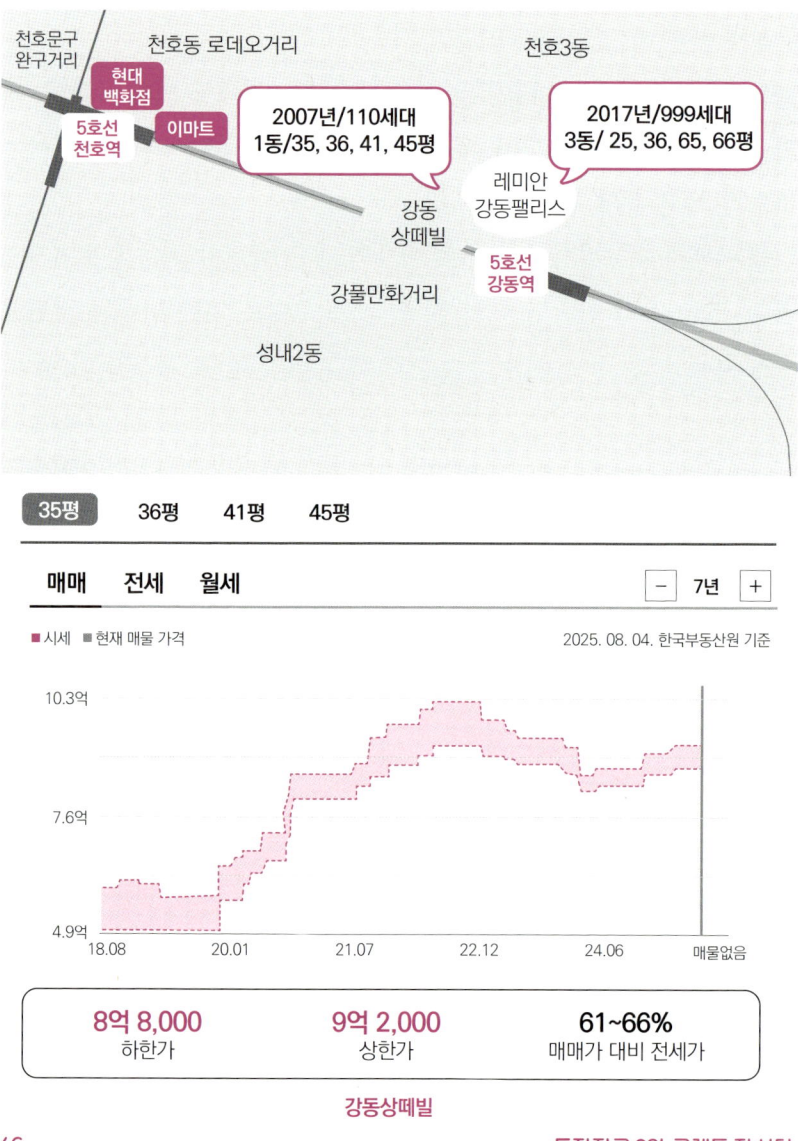

강동상떼빌

3) 실거주 아파트

　육아로 인해 친정 근처 경기 북부 도시에서 전세로 살다가, 아이가 초등학교 3학년이 되는 2010년에 직장 근처 서울로 이사하였다.
　처음엔 전세로 살다가 새 아파트를 매수하겠다는 계획이었다. 그러나 결혼 후 다섯 번의 이사는 나를 지치게 했다.
　이사를 할 때마다 타당한 이유가 있었지만 이젠 서울로 올라온 상황에서 새 아파트만 고집할 이유가 없어 보였다.

　늦은 밤 지쳐 퇴근하여 현관문을 열고 들어오는 나를 향해 거실에 앉아 있던 남편은 심각한 표정으로 말하였다.
　"이 집, 주인이 들어오기로 했대. 그래서 집을 비워 달라네."
　난 신발도 벗지 않은 채 현관에서 얘기했다.
　"여보, 나 더 이상 이사 가기 싫어. 이제 우리가 살 집 사자!"
　남편도 조금은 지쳤는지 부정도, 긍정도 하지 않고 심오한 표정으로 나를 바라보았다.
　"내일 알아보자. 그런데 난 이 아파트가 좋아. 오래되긴 했지만 나무도 우람하여 초록이 많고 아파트 주민들도 순한 것 같아. 그리고 학군도 괜찮고. 그냥 이 아파트 사자."

　남편은 실거주 아파트를 구매하자는 내 말에 동의하였다. 그리고 다음 날 아들의 친구 부모님이 하는 부동산에 가서 지금 살고 있는 아파트의 32평 집을 실거주 목적으로 4억 원대에 계약하였다. 원래의 집주인은 투자 목적으로 7억 원대에 아파트를 구입하여 수년간 갖고 있었으나 계속된 부동산 하락에 버티지 못하고 2013년 우리에게 매도하였다.

드디어 우리 집이 생겼다. 그리고 낡은 아파트를 새롭게 수리하고 지금까지 살고 있다. 행복했다. 그러나 한쪽 구석이 불편했다. 왜일까? 사실 나는 송파구 방이동에 있는 올림픽선수 기자촌 아파트를 사고 싶었다(이유는 올림픽 공원을 나의 앞마당으로 품고 싶었다). 일부 대출을 사용한다면 가능했다. 하지만 대출이 싫었고 아이 고등학교 진학도 고려하여 올림픽선수 기자촌 아파트에 대한 미련은 다음으로 미루기로 하였다.

그리고 흐르는 세월 속 흐릿하게라도 올림픽공원을 나의 앞마당으로 하겠다는 꿈을 포기하지 않았다.

어느새 시간은 흘러 아이는 대학생이 되었고 나는 정년의 나이가 되었다.

과거 부동산 투자에 대한 아쉬움과 미련이 있는가? 일단 아쉬움과 미련의 원인이 무엇인지 확인하자.

그리고 다시 목표 설정을 하자. 꾸준한 목표 설정은 잠재력을 끌어내어 나의 진면목을 발휘하게 할 것이다.

4) 재건축 상가

2017년 매도한 강동상떼빌 주상복합아파트 금액으로 전세금을 해결하고 남은 금액을 통장에 그냥 두었다. 사실 이 당시 부동산 사장님인 아들 친구 부모님이 남은 금액으로 아파트 갭투자를 해 보라고 하였지만 난 거절하였다. 이젠 실거주 아파트도 생기니 부동산에 더 이상의 관심이 없어졌다. 그러나 그 당시 사람들은 지방에서 버스까지 대절하여 서울로 올라와 갭투자를 하고 있었다. 그리고 부동산 사장님 또한 갭투자로 강동 지역에서 많은 돈을 벌었던 것이다. 그러나 그것이 무엇인지 몰랐다.

부동산 사장님은 나의 아들 친구 엄마다. 그리고 우리 집 부동산 자산 가치를 만들어 준 고마운 동네 주민이다. 투자를 권유했던 부동산 사장님이 이번엔 재건축 예정인 상가 매수를 권유하였다. '상가 하나쯤 갖고 싶다'는 소망은 있었기에 주저 없이 통장에 있었던 주상복합아파트 매도 금액으로 2019년에 상가를 매수하였다.

해당 상가는 평소 지나면서 눈여겨보았던, 재건축된다는 복합 상가 건물로 주변은 항아리 상권이다. 입지가 좋아 감히 내 차지가 될 수 없다며 꿈만 꾸던 건물이었다. 그러나 부동산 사장님의 고급 정보로 이미 세상에 알려지기 전 저렴한 가격으로 매수할 수 있게 되었다.

살다 보면 나에게 복을 주는 인연들이 있다.
누군가에게 도움을 받았는가? 절대 잊지 말자. 그리고 받은 감사 그 이상의 감사를 전할 수 있는 관계를 만들어 가 보자.

재개발 상가 위치

5) 올림픽공원을 앞마당으로 품다

　막연히 기록되어 있던 나의 꿈들을 2022년부터 구체적으로 수치화하여 1년, 3년… 10년 계획을 세웠다.
　'3년 안에 어떻게?' 하는 의심이 있었지만 송파구 방이동에 있는 올림픽선수 기자촌 아파트 매입을 3년 계획에 포함하였다.
　그리고 정확히 3년이 되는 2025년 3월 4일 올림픽선수 기자촌 아파트 매매 계약서를 작성하였다.
　매매 계약서를 작성한 이 시점의 송파구는 잠실, 삼성, 대치, 청담 토지거래 허가구역 해제로 집값이 급등하여 확산되는 시점이었다. 갑작스러운 집값 폭등으로 서울시는 급기야 34일 만인 3월 19일 강남 3구

(강남, 서초, 송파)와 용산구 전체 아파트를 토지거래 허가구역으로 재지정한다는 발표를 하였다.

　나는 지난 3년간 열심히 공부했다. 꿈 리스트 중 실행으로 옮겨야 할 우선순위를 정하고 구체화, 수치화, 이미지화하였다. 송파구, 강동구를 포함하여 여러 지역의 임장도 다녔다. 매일 세상 돌아가는 이야기에 귀 기울이고 꿈 실행에 대한 자료들을 기록으로 남겼다.
　매일의 이러한 과정들은 정년을 앞두고 새로운 시도에 대한 두려움을 극복하게 하였다. 그리고 토지거래 허가구역 해제 및 재지정이라는 격동의 시장 분위기에서 올림픽선수 기자촌 아파트 매수를 주저 없이 결정할 수 있게 하였다.

　"올림픽공원을 나의 앞마당으로 품고 싶다."라는 단순한 나의 꿈은 현실이 되었다. 그리고 꾸준한 공부를 통해 결과물을 만들어 내었다.

올림픽선수 기자촌 아파트

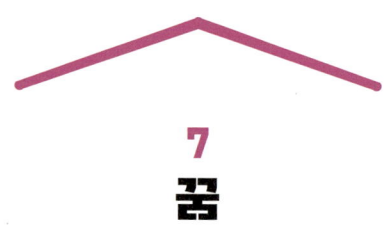

7
꿈

1) 다시 꿈을 꾸다

이제는 떠나야 할 때다. 열정과 도전으로 똘똘 뭉쳐 달려왔던 직장에서의 시간들을 돌아보았다. 어떠한 후회도, 아쉬움도, 미련도 없었다.

때로는 지치고 힘들어 그만두고 싶었던 순간들이 왜 없었겠는가? 그럼에도 불구하고 그 시간을 지나 이젠 당당히 지금의 자리를 떠날 수 있음에 감사의 마음이 넘쳐흘렀다. 그런 감사의 마음을 담아 이젠 다시 세상으로 나가야 할 때가 온 것이다.

나의 든든한 울타리를 벗어나려니 두려움이 생겼다. 내가 지금에 이른 것은 '직장'이라는 튼튼한 울타리가 있었기에 가능했다. 그 울타리 덕분에 나의 성장을 위해 달려올 수 있었다.

그런데 그 울타리가 없어진다고 생각하니 두려웠다. 사실 이렇게까지 두려움이 생기리라고는 생각지 못했다. 난 준비가 필요했다. 나를 위한 울타리가 없는 세상에서 다시 성장하기 위한 준비 말이다.

매년 작성하는 나의 미션, 비전, 목표, 구체적인 계획 그리고 버킷 리스트를 주섬주섬 모아서 둘러보았다.

"이게 이루어질까?"라고 의심하면서도 일단 기록해 두었던 것이, 결국에는 이루어졌음을 글로써 확인하였다. 다시 용기가 생겼다. 그리고 과정에서 굴곡은 있었지만 나의 삶은 내가 생각한 대로 이루어지고 있었다는 사실을 알게 되었다.

나폴레온 힐의 《생각하라 그리고 부자가 되어라》 중에서 "생각은 실체다. 생각이 확고한 목표와 끈기 그리고 생각을 통해 부의 물질적 소유를 이루겠다는 불타는 열정이 합쳐졌을 때는 매우 강력한 힘을 지니게 된다."라는 글이 가슴으로 들어왔다.

나는 다시 꿈을 꾸기로 작정하고 할 수 있는 것부터 찾아 보기 시작하였다. 그리고 기록된 나의 미션, 비전, 목표, 계획들을 점검하였다.

일단 하루 시작점인 침대 위에서부터 제대로 실행하였다.

아침이면 출근하기 싫다는 감정으로 가득 차서 침대 위에서 게으르게 뭉그적거리는 게 보통이었다. 그래서 항상 출근 시간엔 허덕이듯이 준비하게 된다. 그러나 다시 꿈을 꾸기로 작정한 나는 침대 위에서 벌떡 일어났다. 그리고 욕실로 직행하여 시원하게 내 몸에 찬물을 뿌리는 것부터 실행하였다.

언제 시작해야 할지 모르겠는가? 무엇부터 해야 할지 모르겠는가? 그럼 하루의 시작인 새벽에서부터 시작해 보자. 그리고 지금 바로 할 수 있는 가장 기본적인 것부터 실행해 보자.

게으른 생각에서 벗어나기 위해 침대 위에서 벌떡 일어나 잠자리를 정리하자. 그리고 주저하지 말고 욕실로 직행하자. 이것부터 매일 실천하다 보면 어느새 나의 꿈을 향해 달려가고 있음을 알게 될 것이다.

그냥 나의 계획표 하나 점검하고 이른 아침 침대 위 게으른 습관을 바꾸었을 뿐인데, 어느새 책상에 앉아 있다. 그리고 결코 끝나지 않을, 나의 Never Ending Story, 앞으로 전개될 진짜 나의 이야기, 나의 꿈 실행을 위한 글을 쓰고 있지 않은가?

2) 새벽에 꿈을 찾다

그동안 기록된 나의 미션, 비전, 목표, 계획들 중 특히 '새벽 5시 기상'은 매년 계획에 있었지만 한 번도 제대로 실천한 적이 없었다.

새벽 5시에 일어나 차 한잔하면서 책을 읽고, 여유롭게 출근 준비를 하고, 일터에 10분 먼저 도착하는 것이 소망 중에 소망이었다. 그러나 수십 년 동안 같은 계획이었음에도 불구하고 새벽 5시 기상 계획은 이루어지지 않았다. 결국 아침 시간을 게으르게 보내는 나쁜 습관은 변하지 않았다.

난 새벽 5시 기상을 최우선으로 실천하기로 작정하였다. 작정하니 또 5시 기상 목표를 이루기 위한 기운을 온 우주에서 보내왔다. 그 우주의 기운 때문일까? 진짜 신기하게도 이 시점에 이를 실천하기 위한 강제력이 내게 나타났다.

즐겨 보는 한 유튜브 시청 중에 새벽 5시에 기상하여 14일간 챌린지를 지속한다는 '514 챌린지' 신청 광고가 눈에 띈 것이다. 나의 장점 중 하나는 강제력이 있으면 어찌해도 실행의 의지를 보이고 실천한다는 것이다.

무엇을 망설이는가! 주저 없이 2021년 12월에 '514 챌린지' 신청을 하였다. 그리고 2022년 1월 1일 새벽 5시 기상을 실천하였다. 이것이 시작이었다.

새벽 5시 기상은 그냥 기상이 아니었다. 5시 기상은 내 삶의 태도를 바꾸었다. 그리고 새로운 꿈을 꾸고, 그 꿈을 향해 나아갈 수 있는 현실적 동기부여가 되었다.

수천 명의 사람들이 서로 있는 곳은 다르지만 그 시간이면 유튜브에서 모여 동지가 되어 함께 꿈을 꾸었다. 그리고 그 꿈을 실천해 가는 모습들을 보고 느낄 수 있었다. 여러 주제의 강의를 듣고 나의 생각들을 기록으로 남기기 시작하였다. 그것은 나의 꿈이 되었고 곧 그 꿈을 이루어 내기 위한 루틴이 만들어졌다.

2022년 감동의 514 챌린지 인증 인스타를 공유해 본다.

 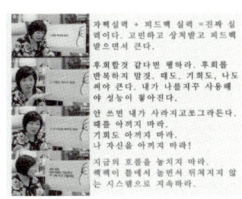 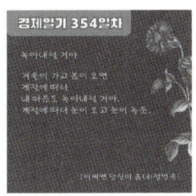

514 챌린지 인증 사진

꿈을 꾸고 있는가?

무엇을 원하는지 목표를 정하였는가?

그럼 기록으로 남겨 보자.

기록은 내 꿈 달성의 시작이자 마지막이다.

3) 경제 공부를 시작하다

514 챌린지를 통해 나의 일상은 변화되었다. 그중에 가장 큰 변화는 경제 공부다. 경제 공부로 나도 제대로 투자해 보고 싶었다.

그동안은 누군가 알려 준 정보를 갖고 부동산을 구입하고 팔았다. 이젠 내가 주도하여 공부하고, 발품, 손품 팔아 부동산도 사고 주식도 해 보기로 작정하였다.

그래서 경제 용어부터 공부하기 시작하여 매일 뉴스를 보고, 기업 리포트를 읽었다. 또, 부동산과 주식 관련 책들을 읽기 시작하였다. 그리고 공부한 것을 "365일 경제 일기"라는 제목으로 기록하였다. 365일 기록할 수 있었던 것은 '인스타'라는 SNS 강제력 덕분이었다. 그리고 더 나아가 내가 선택한 꿈을 이루어 내겠다는 나와의 약속 때문이었다. 이렇게 1년을 꾸준히 하니 나의 귀가 열리고, 눈이 뜨이면서 세상이 달리 보이기 시작하였다. 그동안 나는 세상에 대하여 눈뜬장님이었다.

정보는 많다. 공부할 방법도 많다. 너무 많아서 나 같은 사람은 선택이 어렵다. 그렇다면 같은 꿈을 꾸는 사람들과 서로의 어깨를 기대어 보자. 꼭 대단히 유명한, 수업료 비싼 스타 강사나 유명인일 필요가 전혀 없다. 커뮤니티를 통해 같은 뜻을 가진 사람과 얼마든지 좋은 정보를 나눌 수 있다. 좋은 만남으로 기분 좋게 서로 격려하고 토닥이며 공부할 수 있다. 그렇게 서로 거대한 개인이 될 수 있도록 용기를 나누어 보자.

언젠가는 나의 책을 출판하겠다는 막연했던 꿈! 그 꿈을 지금 같은 꿈을 꾸는 사람들과 실천하고 있지 않은가?

50여 년이 넘는 인생을 사는 동안 자연스럽게 거쳐 온 사람들이 아닌, 나와는 전혀 다른 세상을 살고 있는 온라인 네트워크 속 사람들의 삶은 나에게 꿈을 꾸게 하였다.

네트워크 공간은, 낯설고 이질적인 존재와 수평적 우정을 쌓는 곳이라고 누군가 말하였다. 나는 지금 네트워크 공간에서 만난 낯설고 이질적인 존재들과 수평적 우정을 쌓고 있다.

60, 그 이후의 삶을 향해 20대엔 감히 꾸지 못한 꿈들을 이젠 세상 밖으로 꺼내어 현실적으로 실행하려 한다.

4) '아름다운 부자로 가는 길, 배워서 남 주는 지식 품앗이'를 만나다

  514 챌린지를 진행하는 2022년 1년 동안 정말 다양한 교육들이 무료 또는 소액의 수강료만을 받고 진행되었다.
  동영상 편집, 북 클럽, 주식, 캘리그라피, 부동산 등 셀 수 없이 많았다. 물론 나도 많이 들었다. 그러나 지금 내게 남아 있는 것은 '부동산' 하나다.
  특히 커뮤니티 리더인 부자애미 서지연 님의 열정과 진정성 가득한 강의가 좋았다. 1년여의 기간 동안 커뮤니티 활동을 통해 '배워서 남 주는 지식 품앗이'라는 '나눔' 실천에 대한 리더의 가치관을 엿볼 수 있었다. 그리고 함께한 사람들이 성장하여 또 다른 리더가 되어 배움을 나누는 강연을 하고 있다. 나와 같은 꿈을 꾸고 있는 리더들이 있음을 알고 나도 그 커뮤니티에 참여하기로 작정하고 서서히 다가갔다.

  대표 리더가 매일 올리는 확언을 따라 쓰고 새벽에 눈을 뜨면 "부모닝~"이라고 인사도 하였다. 혼자였으면 시도도 못 했거나 이미 멈추었을 새벽 기상, 경제 공부, 부동산 임장, 독서 등을 커뮤니티 안에서 함께 하였다.
  커뮤니티 내의 사람들은 각자의 지식들을 나누면서 서로의 성장을 이끌어 주고 있다. 그리고 각자의 잠재성을 끌어내어 세상에 드러나게 함으로써 가치를 부여받고 있다. 온라인 커뮤니티는 그저 그렇다는 나의 편견이 깨졌다.

5) Never Ending Story

2022년 514챌린지를 하는 동안 나에게 묻고 또 물었다.

"나는 왜 새벽에 일어나 공부하고 투자를 하여 돈을 벌려고 하는가? 정년 후 내 삶의 가치와 의미는 무엇인가?"

내 직업에 대한 '돌봄'의 가치와 의미를 찾은 뒤 30여 년간 몰입하여 달려올 수 있었다. 다시 한번 몰입하여 달려가기 위해서는 정년 후 내 삶의 가치와 의미가 무엇인지 찾아야 했다.
그리고 '나눔' 실천이 내 삶의 가치와 의미라는 걸 찾았다.

지금 나는 꿈을 이루기 위한 꿈 노트를 매일의 루틴으로 구체화시켜 실행하고 있다. 매일 행하는 루틴, 그 하루가 나의 인생이 아니던가!

연 계획, 월 계획에 따라 매일 하는 새벽 기상, 투자 공부, 운동, 뉴스 시청, 30분 단위로 기록하는 나의 하루 타임 테이블, 기도, 확언, 감사 일기 등으로 나의 하루는 꽉 차 있다.

숨이 막히는가? 그렇지 않다. 매일을 완벽하게 해내진 않지만 멈추지만 말고 나아가면 되는 것이다.
'이렇게 해서 꿈을 이룰 수 있을까?' 하고 의심하지 말자. 나의 뇌는 내가 선택하여 집중하는 곳에 에너지를 보낸다는 사실을 잊지 말자.
내 인생의 최고 결정자는 바로 '나'다. 내가 책임지는 것이다. 그러니

의심하지 말자. 누가 뭐라 하여도 일단 나는 출발한다.

젊은 날 누군가의 말을 듣고 매수하였던 부동산들을 이젠 입지 분석도 하고, 시세 확인도 하면서 비교 평가까지 하여 발품, 손품 팔아 가며 투자해 보자.

나이 60에 너무 과하다고 생각하는가? 아니다!

나는 욜로족, 내가 하고 싶고, 원하는 삶을 살기 위해 기꺼이 몰입하고 투자하면서 행복을 느끼는 사람이다.

"인생의 참맛은 무덤까지 안전하고 단정하게 당도하는 데 있지 않다. 완전히 기진맥진해서 잔뜩 흐트러진 몰골로 '꺅! 끝내줬어!'라는 비명과 함께 먼지구름 속으로 슬라이딩해 들어와야 제맛이다."(헌터 S. 톰슨)

"꺅! 끝내줬어!"라며 나도 그때 그날엔 소리치며 슬라이딩해서 들어가고 싶다.

나의 이야기는 이제야 진짜 시작이다.

내 잠재의식 속 꿈들을 꺼내고, 정년 이후 내가 꿈꾸는 세상을 향해 결코 끝나지 않을 나의 진짜 이야기!

'Never Ending Story'

그것은 나와 함께하는 세상 사람들을 향한 '나눔' 실천이다.

아직 끝나지 않은 나의 'Never Ending Story' 그 꿈을 향해 본격적으로 전진한다.

가치롭게 투자하여 가치 있는 인생 후반의 꿈, '나눔'을 현실로 실천하기 위해 오늘도 새벽에 일어나 공부하고 병원 밖 세상을 호기심 가득 바라보며 달려가고 있다.

에필로그

　조용히 고백한다. 나는 한때, 내가 살아온 시간을 누구에게도 들키고 싶지 않았다. 어딘가 숨기고 싶은 마음이 늘 있었고, 조금은 부끄러웠다. 하지만 어느 날, 마음속에서 문이 하나 열리고 살아온 시간을 조심스레 세상에 꺼내놓기로 했다. 어쩌면 내 이야기가 누군가의 마음에 작은 불빛 하나쯤은 될 수 있을지도 모르니까.

　책을 쓴다는 건, 한때 내게는 아주 멀고 흐릿한 꿈이었다. 버킷 리스트 맨 끝, 먼지 낀 문장처럼 잊고 있었던 말. 그런데 어느 날 누군가 문득 물었다.
"책 쓰기 같이 할 사람?"
"저요."
　그 짧은 대답 하나가 내 인생을 다시 쓰게 될 줄은 몰랐다. 정년을 앞두고 책을 냈고, 출판 직전엔 올림픽선수 기자촌 아파트도 매수했다. 이제 올림픽공원이 정말 내 삶의 앞마당이 되었다.

　누가 알았을까. 한 문장이, 한 사람이, 이렇게 삶을 바꿀 수 있다는 걸.

　이 여정은 혼자 걸은 길이 아니다. '부동산'이라는 언어로 내 시간을 다시 꿰어 주었던 부자애미 서지연 님 감사합니다.
　그리고 언제나 그 자리에 있어 준 가족들. 말없이 응원해 준 그 마음들 위에 나는 지금, 이 문장을 쓰고 있다. 이 책은 나를 위한 고백이고, 내 아이를 위한 조용한 유산이다.

  삶은 결국, 무언가를 이루기 위한 여정이 아니라, 무언가를 남기기 위한 기억이라는 걸 조금은 알 것 같다.

  이제 두 번째 인생을 향해 조용히 발걸음을 옮긴다. 조금은 천천히, 그러나 더 단단하게.

  내 안의 계절이 또 한 번 바람을 따라 흐른다. 그리고 나는 안다. 지금이라도 살아 보지 않은 또 다른 삶을 시작할 수 있어서, 참 다행이라는 것을.

디셀러
허윤정

오늘도 성장통을 겪고 있습니다

프롤로그: 친구가 책을 쓰라고 했다

나의 어릴 적 이야기를 듣던 친구가 책을 쓰라고 했다.

"너, 이거 책으로 써라. 재밌다. 이야기가 끝이 없네."
"야, 아직도 안 끝났어? 언제 끝나? 그래, 계속해!"
"어? 어!"

사실 나는 이미 책을 쓰고 있었지만, 이걸 누가 읽을까 싶어서 진도를 나가지 못하고 제자리걸음을 하고 있었는데, 친구들은 제법 내 이야기를 재미나게 들어 주었다.

누구나 반백 년쯤 살다 보면 자기 살아온 이야기로 책 한 권은 쓸 수 있다고 말한다. 한때 나도 그렇게 말하고 다녔지만, 막상 책을 쓰려고 하니, 10장도 나오지 않았다. 글로 읽은 내 이야기는 그저 진부하게만 느껴졌고 내 이야기는 명함도 내밀지 못하겠다 싶은 인생들이 주변에 많았다. 그래서 요즘은 내 과거로 책 한 권 쓰겠다는 말은 함부로 하지 않았다. 그런 내가 글을 쓴다고, 책을 쓴다고 이렇게 책상 앞에 앉아 있는 것이 좀 부끄럽긴 하지만, 사실은 조금 설레기도 하다.
'드디어 이렇게 책을 쓰게 되는 것인가? 잘 쓸 수 있겠지? 50페이지 정도 분량이라면 금방 써 내려갈 수 있을 거야. 친구들이 재밌다고 하잖아.'

'그래, 한번 해 보자!'

그렇다면 내 이야기의 시작은 법원에서 날아온 소장으로부터 시작해 볼까?

내가 법 없이도 살 만큼 정직한 삶을 살아오지는 않았겠지만 살면서 법원에서 소장을 받을 일 따위는 없을 줄 알았는데, 어느 날 갑자기 생각지도 못한 일로 법원의 부름을 받게 되었고, 이 일을 계기로 다시 살아야겠다는 결심을 하게 되었다. 지금과는 다른 인생으로. 이제 이렇게 개념 없이 살아온 날들에서 벗어나서 제대로 살아 보기로 마음을 다잡았다. 내 것이라고 생각했던 것들을 찾아오겠다는 생각은 버리기로 했다. 그보다 더 좋은 것들로 남은 내 인생을 채워 나갈 것이다. 내가 원하는 것들을 만들어 나갈 것이다. 만들어 낼 것이다.

소장에 합의를 하면 크게 복잡한 과정을 겪지 않고 소송이 마무리된다고 한다. 그리고 모든 것이 끝날 것이다. 실오라기 같은 미련의 끝자락도 잘라 버리게 될 것이다. 아니, 나만 가지고 있었던 미련이었고, 작은 희망이었다. 때가 되면 돌려줄 거라고 말했던 그 사람들은 처음부터 돌려줄 생각 따위는 없었나 보다. 내가 주인이라 믿고 기다리던 것과 달리 그들에게는 돌려줄 물건 따위는 없었던 것이다. 빌려서 사용하고 있는 것이 아니고, 그냥 원래 자신들의 것을 찾아갔다고 생각하고 있었던 것이다. 이 일을 계기로 생각이 좀 더 많아졌고, 내가 정말 설렁설렁 인생을 살고 있었다는 생각을 다시 한번 하게 되었다. 과거에서, 가족이라는 울타리 안에서 말이다. 그 어디에서도 벗어나지 못한 채 허공을 붙잡고 살고 있었다. 이번 소장 덕분에 어쩌면 나이 50이 되고서야 제대로 된 독립을 하게 되는 것인지도 모르겠다.

책을 쓰면서 어쩌다 내가 부동산에 관심을 가지게 되었는지도 생각해 보게 되었다. 아마도 그건 어느 날 자기 계발 모임에서 성수동 땅값을 듣고부터였던 것 같다. 부동산 공부를 해서 나도 경제적 자유를 얻어야겠다는 생각을 하게 되었다. 부동산으로 돈을 벌어 보겠다며 여기저기 기웃거리면서도 핫 플레이스 중 하나인 성수동의 땅값조차 모르고 있었다니, 지금 생각하면 허당도 이런 허당이 없다. 내가 모르는 것이 비단 성수동뿐이겠냐마는 유독 '성수동 땅값'에 귀가 번쩍 뜨이고 뒤통수를 세게 한 대 얻어맞은 듯한 얼얼한 기분을 느꼈던 이야기, 그런 과정을 겪었음에도 경제 개념 1도 없이 부동산 무지렁이로 살아온 이야기들을 하나씩 풀어 보려고 한다. 그 전에 좀 거창하지만 책을 쓰는 3가지 이유를 한 번 정리해 보았다.

첫째, 나의 이야기가 누군가에게 도움이 되기를 바라는 이타적 마음보다는, 이제라도 시작하려는 나를 격려하겠다는 사심이 발동했기 때문이다. 이렇게라도 나를 자극하지 않으면 아무것도 하지 않을 나를 알기에 이번 책 쓰기를 계기로 새로운 목표를 만들고 그 목표를 이루겠다는 다짐을 남기고 싶다.

둘째, 마음이 해이해질 때 나를 정신 차리게 할 따끔한 매질이 필요하기 때문이다. 멈추고 싶어질 때 멈추지 않도록 나를 이끌 동력이 되어 주길 바라며, 잊지 않아야 할 것들을 기록으로 남겨 다시는 과거와 같은 실수를 반복하지 않도록 길잡이를 해 줄 등대가 필요하기 때문이다.

셋째, 일상에 지치고 당장 오늘 하루가 답답해서 내일을 생각할 엄두조차 내지 못하고 어두운 터널 속에 갇혀 있는 누군가가 있다면, 일어나 같이 움직이자는 작은 속삭임이라도 전해 주고 싶은 마음 때문이다. 완벽하지 않아도 당장 목표가 없어도, 젊어서 꿈을 갖지 못했어도 지금 일어나 힘을 내야 하는 이유를 함께 찾자고 말하고 싶다. 사실 이 또한 나를 위한 일이 되겠다. 책을 쓰겠다고 한 지 1년이 넘은 시점에서 나는 점점 더 나락으로 추락하고 있었다. 터널 안에 갇혀 이리저리 왔다 갔다 하며 탈출구를 찾는 중이라고 생각했는데, 끝도 없는 수직 하강을 하고 있는 중이었다. 탈출구를 찾으려 하기 전에 먼저 더 이상의 추락을 멈추고 기어올라 와야 한다. 이번 책 쓰기가 나에게는 동아줄이 되어 줄 것이다.

1
성수동 땅 한 평이 8,000만 원?!

 코로나로 긴 휴식을 시작할 즈음에 부동산 가격이 상승세를 타면서 성수동 땅 한 평이 8,000만 원을 넘어섰다는 이야기를 들었다. 머리를 한 대 맞은 듯했다. 10여 년을 일한 회사의 퇴직금을 대충 머릿속으로 그려 봐도 성수동 땅 한 평을 사지 못한다는 생각에 자괴감이 들었다. 내가 너무 박봉의 환경에서 일하고 있었나? 한 평이 뭐람, 1/3이나 살 수 있으려나? 나는 여태까지 뭘 한 거지?

 그때라도 시작해야 했는데, 나는 또 그렇게 한 대 얻어맞은 후 바로 충격에서 회복되었고 아무 일도 없다는 듯이 살아가고 있었다. 1년이 조금 지났을 무렵에, "지금은 2억 정도 할걸요?!" 하는 소리를 들을 때까지는. 이런, 그사이에 또 땅값이 올랐다. 무려 두 배 이상의 상승이다. 그사이 코로나 사태는 점점 더 심각해졌고, 여전히 나는 일을 쉬고 있었고, 적금과 보험, 각종 통장까지 털 수 있는 것은 다 털어서 살고 있는데, 그렇게 내 통장은 텅장의 수준을 넘어서 마이너스가 가득인데. 어떤 곳은 그렇게 하늘 높은 줄 모르고 값어치가 올라가고 있었던 거다.

여기서 잠깐! 우리가 짚고 넘어가야 할 것은 부동산으로 돈을 벌려고 한다면 첫째, 정보에 민감해야 한다는 것이다. 내 추억이 담겨 있는 당시의 성수동은 변두리였다. 자동차 수리 센터 등의 수리점과 공장이 많이 있었다. 세상의 변화에 민감하자.

둘째, 행동해야 한다. 아무리 좋은 정보를 가지고 있으면 뭐 하나, 그렇게 흘려듣고 끝나는 동안 땅값은 계속 상승하고 있다. 뭐라도 해야 뭐라도 생긴다. 마지막 셋째, 시작했으면 끝을 봐야 한다는 것. 부동산 공부를 지금까지 하면서 적극적인 행동을 취했다면, 지금 나는 어떤 모습일까?

다시 나의 얘기로 돌아와서, 나의 자산(?)이 점점 바닥을 보이는 반면 성수동 땅값은 매일 기록을 갱신하고 있었다. 그뿐인가? 요즘 핫플 하면 떠오르는 가장 첫 번째 장소이기도 한 그 곳에서는 각종 팝업스토어가 열린다. 이제는 기업들이 들어오기 위해 틈새를 노리고 있는 기회의 땅이 되어 버린 것이다. 한강을 건너서 성수동으로 사람들과 기업들이 모여들고 있다.

그렇다면 성수동이 대한민국에서 땅값이 가장 높은 곳도 아닌데, 나는 왜 성수동에 꽂혔을까? 내 퇴직금으로 1/3이 아닌 1/10평도 사지 못할 곳들이 더 많을 텐데. (그사이 땅값은 계속 오르고 이미 성수동도… 허허허) 요즘 흔히 말하는 '핫플'이기 때문에? 그런 이유라면 시간 날 때 성수동 나가서 한번 둘러보고 사진 찍으면서 즐기다 오면 되겠지. 힙지로, 경리단길, 연희동 등등 힙한 곳은 얼마든지 있는데 왜 유독 성수동? 왜냐하면 성수동은 다시 떠올리면 내 스스로 발등을 찍어 내릴 만큼 어마어마한 사연이 숨겨져 있는 내 나름 추억의 동네이기 때문이다.

2
왜 하필 성수동?

갤러리아포레, 아크로서울, 트리마제. 한 번쯤은 다 들어 봤을 것이다. 아니, 이 책을 읽고 있는, 부동산에 관심 있는 분들이라면 버킷 리스트나 비전 보드에 이 건물들의 웅장한 모습을 담아 놓았을 것이다. 이곳으로의 입주를 꿈꾸고 있는 분들도 계실 것이다. 서울숲은 또 어떤가? 서울숲과 한강만으로도 따로 설명이 필요 없는 입지이다. 부동산에 발을 들인 사람이라면 누구라도 한 번은 들어 봤을 서울 최고의 부동산. 위치도 전망도 가격도 함부로 범접하기 어려운 꿈의 주거지가 모여 있는 곳. 내 비전 보드와 버킷 리스트에 담겨 있어서 이곳에 미련을 가지고 있느냐고? 과연 그럴까?

얼마 전 성수동 이마트가 폐점한다는 소식을 접했다. 기사를 찾아보니 1조 2,200억 원에 크래프톤과 미래에셋자산운용 컨소시엄에 매각되었다고 한다. 이후 '더타운몰'이라는 복합문화공간으로 탄생될 예정이라고 하니, 성수동의 지가는 점점 더 상승될 것이고, 더욱 핫한 곳이 되리라는 것은 부동산 전문가가 아니라도 누구나 예측할 수 있는 일이다.

그 이마트에서 걸어서 10분도 안 되는 곳에 기억도 가물가물한 어릴 적 추억이 담긴 장소가 있었다. 아빠가 일하시던 공장 부지, 친척이 살았던 연립주택, 목욕탕을 지어서 새벽 출근을 하던 아빠, 덕분에 가끔 다녔던 목욕탕, 허름한 건물과 담배 냄새에 찌든 케케묵은 작은 사무실, 아빠 친구분이 운영하셨던 작은 서점, 61번과 62번 버스를 타면 끝없이 들어가던 좁은 골목길 끝의 뚝섬 시장. 성수동이라는 호칭보다는 '뚝섬'이라고 불리던 시절이었다. 뚝섬 시장, 뚝섬 쇼핑센터. 무엇보다 나에게는 아빠가 있던 곳. 나에게 성수동은 그런 곳이다. 추억이 살아 있는 곳.

이 모든 추억들이 성수동이라는 장소와 얽혀 있다. 그래서 나에게 성수동은 단순한 부동산 투자의 대상이 아니라, 내 인생의 저장고 같은 특별한 곳이다. 하지만, 나에게 성수동 스토리는 이것이 전부가 아니다.

3
나에게 아빠라는 존재는?

혹시 대발이가 나왔던 〈사랑이 뭐길래〉라는 드라마를 아는 사람이 있을까? 대발이가 살던 집안 분위기, 딱 우리 집이 그랬다. 가부장적인 분위기가 강한 환경이었기에 어린 시절 나와 내 동생은 집안일에서 철저히 배제되었다. 너무 어린 아이들이었고 더구나 기지배들이었다. 어른들 일에 끼어들어서는 안 되고 아무것도 알 필요가 없었다. '아니요', '싫어요'가 허락되지 않는 분위기였고 그저 부모님이 하라는 대로 하고 주는 거 먹고, 입혀 주는 대로 입으면서 '건강하고 밝게' 열심히 공부하면서 '네, 네~'만 반복하면 되는 어린 시절을 보냈다. 나이 차이도 있고, 사내인 오빠들은 집안 사정을 얼마나 알고 자랐는지는 모른다. 물론 그들도 '네, 네!'만이 허락된 삶을 살아야 했지만.

부족한 것 없이 말만 하면 되던 시절이 있었고, 그저 먹고살 만한 시절도 있었고, 오일쇼크 이후로 쫄딱 망해서 빨간딱지가 집 안 구석구석에 붙는 경험도 해 봤고, 덕분에 온 가족이 뿔뿔이 흩어져 살던 시절도 있었다. 떵떵거릴 수 있는 시절에는 너무 어렸고, 먹고살 만한 시절에는 집안 재산이 어느 정도인지 몰랐고, 빨간딱지가 붙었을 때도 살벌

한 분위기는 알았지만 쫄딱 망한다는 것이 어떤 것인지 느끼지 못했던 철부지 어린아이였다. 얼마나 궁핍해졌는지도 알지 못했다. 정말 힘들었던 시절을 제외하면 필요할 때 돈을 구하지 못했던 적은 없었다. 부모님이야 늘 돈 걱정이었겠지만, 그리 넉넉한 살림살이가 아니라는 건, 내가 살고 있는 환경에서도 알 수 있었지만, 그럼에도 아빠는 어디에 써야 하는 돈인지 출처를 밝히면 바로 돈을 마련해 주셨고, 항상 용돈 주는 날은 지키셨다. 나에게는 아빠가 세상 어느 은행보다 든든한 나의 개인 금고였다. 그렇게 어린 시절을 보내고 성인이 되었다.

아빠의 울타리 안에서 입안의 혀처럼 굴며 살던 나는 대학을 졸업할 즈음에 늦은 사춘기를 맞은 철부지처럼 아빠에게 반항하기 시작했다. 반항심이 생겼던 건 아니다. 아빠는 내 인생의 최종 목표를 적당한 남자 만나 결혼하고 남들처럼 가정을 꾸려 사는 것으로 정해 놓았다. 천방지축처럼 살던 나에게 아빠의 계획은 그저 황당한 소리로밖에 들리지 않았다. 어렴풋이 대학 졸업하고 어느 정도 나이가 되면 결혼해서 주부로 살아가겠거니 생각은 했다. 누군가 꿈이 뭐냐고 물으면 '현모양처'라고 말하던 나였지만, 시간이 흐를수록 아빠의 생각을 받아들이기가 힘들었다. 딱히 하고 싶은 일이 있거나 꿈이 있는 것도 아니었지만, 그렇다고 대학 졸업 후 할 일이 결혼은 아닌 것 같았다. 20년 가까이 살면서 아빠의 뜻에 크게 어긋난 행동을 한 적 없었기에, 결혼 생각 없다고 말을 할 수가 없었다. 아빠가 절대 용납하지 않을, 씨알도 먹히지 않을 얘기라는 것을 알고 있었다. 그래서 그 전에 작은 반격을 여러 번 가해서 결정적 순간에 아빠의 충격을 조금이라도 줄여 주고자 하는 내 나름 야심 찬 전략을 세웠던 것이다.

졸업 후 진로로 아빠와의 국지전이 시작되었다. 서로 한 치의 양보도 없는 팽팽한 줄다리기가 이어지던 중에 날벼락이 떨어졌다. 평생 내 옆에 있을 줄 알았던 아빠에게 느닷없이 말기 암 판정이 내려졌고, 수술을 하려고 개복하였으나, 의사가 손도 대지 못하고 포기했다는 소식을 들었다. 그럼에도 아빠는 잘 버텨 내셨고, 그 몸으로 1년 가까운 시간을 병원에서 지내시다 돌아가셨다. 굳이 야심 찬 계획을 세울 필요조차 없었는데, 마지막에 상처만 남겨 드린 것 같아 지금 생각해도 마음이 아프다. 그냥 이런저런 핑계 만들어서 조금만 더 버틸걸.

4
인감도장이 뭐예요?

아빠가 돌아가시기 며칠 전, 큰오빠와 엄마라 칭하던 분이 자리를 마련했다. 그들이 말하길, 아빠는 4형제가 사이좋게 지내길 원하고 계시다며 유산 문제에 대해서는 큰오빠가 관리하다가 이익금이 생기면 동생들에게 나누어 주길 바라고 계신다고 했다. 자세한 내용인즉, 당시에 성수동에 지어 놓은 건물로 집안에 빚이 좀 많은데, 내가 선택할 수 있는 것은 큰오빠에게 일체를 맡겨 두고 오빠가 그 빚 다 갚은 후에 순수익이 나면 형제들에게 이익금을 나눠 주는 방법 하나와, 형제들이 빚을 똑같이 나누고 자신 몫의 원금과 이자를 갚아 가는 방법 하나였다. 여행사에서 프리랜서로 일하던 내게 몇 억의 빚과 그에 대한 이자를 낼 능력이 있었을까? 당장 생활비 벌기도 벅찼던 사회 초년생은 자연스럽게 전자를 선택했다. 그 순간이 치명적 실수였다는 것은 말해 뭐할까.

처음에 가만히 듣고 있던 나는 "근데, 이건 선택이 아니고 통보 아닌가요?"라고 물었던 것을 또렷하게 기억하고 있다. 원래도 윗사람들 특히 남자들의 말에 토 달지 못하는 분위기의 집안이었기에 그저 묵묵히 들었고, 좀 더 자세한 설명을 해 줘야 하는 것이 아닌가 하는 마음에 한마디 질문을 던졌을 뿐이었는데 이후 상상하지도 못한 일들이 벌어졌다. 그 일이 있고 얼마 후 아빠는 그렇게 우리 곁을 떠났고, 인감도장을 만들어 오라는 큰오빠의 말에 생애 처음 인감도장이란 것을 만들어서 넘겼다. 이후 아버지 명의의 모든 재산은 큰오빠의 처가로 옮겨졌다. 은행이나 빚쟁이들에게서 재산을 지켜 내기 위한 조치라고 했다.

인감도장과 일반 도장이 무슨 차이가 있는지도 몰라서, 인감도장을 만들어 오라고 했을 때 굳이 그렇게 복잡한 일을 하게 하나 싶었다. 지금처럼 인터넷 검색으로 그 필요성을 바로 확인할 수 있는 것도 아니었고, 누구에게 물어볼 필요성조차 느끼지 못했기에 시키는 대로 했을 뿐인데, 재산의 소유권을 이전했다는 말을 듣고는 뭔가 잘못되고 있다는 생각이 얼핏 스쳐 지나갔지만, 나는 더 이상 묻지도 따지지도 않았다. 복잡한 것도 싫었고, 짐이 생기는 것도 싫었고, 문제아 취급받는 것은 더더욱 싫었다.

돌이켜 보면 오랜 병상 생활로 아빠의 몸은 이미 기력이 쇠하고, 거의 마비가 된 상황이었다. 시력을 잃은 지 오래였고, 혀도 굳어서 움직이지 않았다. 거의 산송장에 가까운 모습이었다. 말을 할 수 있는 상태가 아니었다.

나를 끔찍이도 아끼던 아빠였다. 중국 출장 중에 잠시 정신을 잃으셨는데, 동생이 "아빠, 조금만 버티면 언니 금방 와!"라고 하는 한마디에 정신이 돌아왔다고 할 정도로 나를 아끼던 아빠였다. 그런 아빠가 나에게 유산 얘기를 한마디도 하지 않으셨다는 것에 대해 나는 왜 의문을 갖지 않았을까? 심지어 대학생 시절 어느 날 취중에 전화를 하셔서 집안 재산은 모두 너에게 주겠노라고까지 말씀하셨던 분인데. 80년대 초에 집안이 쫄딱 망하고 누구도 믿지 않은 의심 많은 아빠가 법적 절차 하나 없이 말씀 한마디로 유산을 정리하셨다는 것에 나는 한 점 의심도 품지 않았다. 당연히 아빠의 유언장 따위는 보지 못했다.

겉으로는 똑똑한 척 고개 빳빳하게 들고 다니는 내가 사실은 어리바리 허당이었던 거다. 인감도장이 뭔지도 몰라서 그렇게 내 권리를 넘기고도 무슨 일이 일어난 건지 제대로 인지하지 못했다. 나라에 등록을 해야 하는 도장이라면 당연히 이유가 있는 거고, 이 편리한 인터넷 세상에서 인감증명서는 여전히 온라인 발급이 되지 않는 것에는 그만한 이유가 있는 건데 묻지도 따지지도 않았다니. 지금은 그저 지나간 추억인 듯 얘기하지만, 가끔 인감도장이 잘 있는지 확인하면서 그 존재의 중요함을 되새기게 된다. 절대 남에게 함부로 넘기지 말아야 할 물건임에도 넘겨 버리고 생긴 습관이다.

책을 읽는 독자님들은 어느 정도 법적 지식을 가지고 살아가면 좋겠다. 어느 정도의 법적 상식만 있었더라도 이런 선택은 하지 않았을 테니까. 또 하나 문서의 생활화. 구두로 전한 말을 아무 의심 없이 믿고 따르다니, 이건 사탕 주는 아저씨 따라가는 유치원생 수준이다. 그리고 하나 더. 모르는 것이 있다면 끝까지 질문하고 내가 이해할 수 있는 답을 들어야 한다. 순간의 불편함이 평생을 좌우할 수 있다는 것을 몸소 체험하지 않았나?! 어차피 이상한 사람 취급받을 거라면 끝까지 물고 늘어져서 내 몫은 챙겼어야 했는데, 서로 불편한 것이 싫다고 머릿속에 물음표를 남긴 채로 대화를 마친 결과는 참담 그 자체다.

그렇게 한동안 나는 어떤 문제 제기도 없이 살아갔다. 생전에 아버지가 지내던 집은 설, 추석 명절과 아버지 제사에 맞춰서 다녀왔다. 끔찍할 정도로 가고 싶지 않은 곳이었지만 그래도 그게 내 도리라고 생각했다. 큰오빠는 나와 눈도 마주치지 않고, 내가 인사를 해도 쳐다보지도 않았다. 그저 투명 인간처럼 취급했다. 그렇게 몇 년을 지내고 할머니가 돌아가셨다. 그동안 연락 없던 친척들이 모두 모였고, 할머니를 모시고 살던 큰오빠는 그날 이후로 나에 대한 태도가 조금 너그러워졌다. 그 모습이 반갑고 고마워서 나도 아무 일 없었던 듯 착한 동생 코스프레를 이어 갔다.

5
내가 전 재산 포기 도장을 찍었다고?

그러던 어느 날 또 한 번 일이 벌어졌다. 할머니가 돌아가시기 전 간신히 유지되던 평화가 깨지고 형제들의 난이 벌어진 것이다. 내가 어린 시절 큰아버지는 할아버지와 등을 지고 한몫 챙겨서 떠나셨다. 큰아버지가 나간 자리를 아버지가 대신했다. 아버지가 돌아가신 이후 그 자리는 큰오빠의 몫이 되었다. 재산 문제로 아버지 형제들 간에 파벌 싸움이 있는 것은 어렴풋이 알고 있었지만, 자세한 내용은 알지 못했다. 그러다 할머니가 돌아가시고 나니, 본격적인 재산 싸움이 시작된 것이다.

느닷없이 큰집의 사촌 오빠가 전화를 해서는 다짜고짜로 왜 그러고 살고 있냐며 나의 아버지와 큰오빠가 챙긴 재산이 얼마인 줄 아느냐며 왜 전 재산을 포기하겠다는 도장을 찍어 줬냐고 물었다. 자기는 아버지 대의 재산을 다시 찾아오기로 했으니, 같이 소송을 하자고도 했다. 얌전히 있으라더니, 이게 무슨 소리인가? 나와 내 동생이 재산을 포기하겠다고 도장을 찍어 줬다는 것은 또 무슨 소리인가? 나는 아버지가 돌아가신 이후로 재산에 대해 한마디도 나눠 본 적이 없는데. 나는 큰언니라는 사람에게 전화를 걸어, 왜 이런 얘기를 사촌 오빠에게 들어야 하는지 물었고, 다음 가족 모임에서 큰오빠는 다시 나를 투명 인간 취급하기 시작했다.

아버지의 마지막을 지켰던, 도의상 '엄마'라 불렀던 그분이 왜 가만히 있지 못하고 나대서 큰오빠를 화나게 만들었냐고 하는 말에 나는 더 이상 참지 못하고 폭발하고 말았다.

"그 긴 시간 동안 1만 원 한 장 달라고 한 적 없던 나에게 어떻게 그런 말을 하십니까. 당신이 정말 '엄마'라는 지위에 계시다면 단돈 1만 원도 요구해 본 적 없는 애가 그럴 리가 있겠냐며 그분을 말려야 하는 것 아닌가요?"

상황을 전해 들은 동생은 내가 결혼이란 것을 하게 될 때 배경이 되어 줄 가족이 없어서 기가 죽을까 봐 참고 있었는데, 더 이상 그쪽에 미련 없다며 "언니가 결혼할 생각이 없다면 나는 이제 그 집에 가지 않겠어."라고 말했다. 당시 싱글이었던 나는 두 번 고민하지 않고 본가와 연락을 끊었다. 벌써 10년도 넘은 이야기다.

하지만 그때라도, 아니 할머니가 돌아가신 후 사촌 오빠에게 연락받았을 때라도 이게 무슨 얘기냐고 묻지만 말고, 법적으로 조치를 취했더라면. 나를 투명 인간 취급하는 오빠와 앞뒤 없이 내 잘못이라고 말하던 사람들에게 등 돌리는 것에서 멈추지 않고 변호사를 찾아갔더라면. 이랬거나 저랬거나 정리될 사이였는데, 더 나빠질 것도 없는 사이인데 내가 할 수 있는 것들을 찾아서 좀 더 적극적인 대응을 했더라면….

여담이지만 얼마 전 TV에서 봤던 이혼전문변호사의 이야기가 생각이 난다. "이혼할 당시에는 당장 울고불고, 위자료 얼마보다 이혼 자체에 초점을 맞추지만, 몇 년이 지나면 '그때 1,000만 원이라도 더 받을 걸!'이라며 후회하는 분들을 너무 많이 봤다."라고 하면서 이혼하게 되면 다른 거 신경 쓰지 말고 위자료 더 받는 것에 집중하라고 했던 장면. 왜 이게 그렇게 와닿던지.

때론 가족이란 이름으로 벌어지는 남보다 못한 사건이 드라마에서만 볼 수 있는 일이 아니다. 우리는 종종 가족이란 이유로, 어른들의 결정이란 이유로 내 목소리를 내지 못한다. 자신의 몫은 스스로 챙겨야 한다. 단순히 금전이나 재산의 문제를 넘어서서 자존감을 키우면서 살아가면 좋겠다. 목소리 큰 사람들 앞에 기죽지 않았으면 좋겠다.

6
친생자관계부존재확인소송?
이건 또 뭐야?

그런 그들이 며칠 전 나와 동생에게 소장을 보냈다. 법적으로 나는 오빠들의 생모 아래 호적이 올라가 있으나 그분과 우리는 전혀 친생자 관계가 아니니 그 관계를 정리한다는 내용이다. 그냥 헛웃음만 나올 뿐이다. 오기가 슬금슬금 발동되면서, 어차피 법적으로 이기지는 못하겠지만 괴롭히기라도 해 볼까 싶었다. 하지만 이번에도 동생은 쿨하게 정리하길 원했고, 혼자 싸울 자신이 없는 나는 어영부영 동생에게 동의하고 말았다.

지인인 변호사에게 조언을 구했더니, 유산을 다시 찾을 수 있는 확률은 거의 없다고 한다. 아빠가 원하는 대로 오빠에게 재산 관리를 맡기고 나중에 나누겠다는 이야기를 했던 증거, 내가 인감을 주고받은 과정에 대해 어떠한 증거도 가지고 있지 않기 때문에 싸운다 한들 증명할 수 있는 것이 아무 것도 없다는 게 이유다. 인감도장을 만들어서 전해 줄 때 공증을 받았거나, 어떠한 문서에 사인이라도 했거나 녹취록이라도 있으면 방법을 찾아서 시도라도 해 볼 텐데 아무것도 증명할 수 없으니 이건 소송 자체가 불가능하다는 얘기였다. 이제 와서 생각해 보면 어떻게 이렇게 무지할 수 있었는지 그저 어이없을 뿐이다.

   나는 여전히 서류에 취약하고 허당이다. 이런 일을 겪었다고 해서 하루아침에 내가 바뀌지는 않는다. 부동산 서류도 잘 볼 줄 모르고 이런 건 전문가가 하는 거라는 생각으로 대충 넘긴다. 그들이 업으로 하는 일인데, 실수하겠냐며 얼렁뚱땅 넘어가기 일쑤다. 그 두꺼운 《세이노의 가르침》 같은 책을 읽으면 뭐 하나, 생활에 녹아들지 않는데. 아직 덜 맞았나 보다. 아직 덜 당했나 보다. 작은 것 하나라도 거래를 할 때는 훗날을 기약하며 꼭 문서를 남겨야 한다는 교훈이 뼛속 깊이 각인될 만도 한데, 변함없이 대충대충 확인도 하지 않고 넘어간다. 누군가 나 대신 나서서 해 주길 바란다. 못 고친다. 너무 오래 익숙해져 버렸다. 고등교육을 마쳤음에도 정작 삶에 필요한 것들에 너무도 무지해서 일어난 나의 이야기가 적어도 내 조카들과 내 친구의 아이들에게는 일어나지 않기를 바라는 마음이 들어 가끔 친구들에게 내 이야기를 들려주곤 한다. 학교 성적만 챙기지 말고, 실제 삶에서 필요한 현실 교육을 잊지 말라고.

7
예쁘다고 덜컥 계약해 버린 생애 첫 주택

그렇게 된통 당했으면서 여전히 나는 경제에 대해 문외한이었고, 명의에 대해 아는 것이 없었고 미래에 대한 대비 없이 하루 벌어 하루 사는 YOLO의 삶을 이어 나갔다. 지금 돌이켜 보면 참으로 대책 없는 내 모습에 웃음조차 나오지 않는다. 그러니 지금 이 모양새로 사는 것이 하나도 이상한 일이 아니지. 어디 그뿐인가? 40대가 되도록 나는 부동산에 가 본 적이 거의 없다. 혼자 사는 시간이 없었던 것도 아니었지만, 아빠가 계실 때는 아빠가 부동산 가야 하는 일들을 대신 해 주었고, 아빠가 안 계시니 그런 일들은 일찍 결혼한 동생과 제부가 챙겨 주었다. 잠시 동생과 함께 살 때도 그들이 이사할 때 나는 짜증만 낼 뿐 함께 집을 보러 다니거나 하지 않았다. 이후에는 나의 생모가 그 일들을 대신 해 주었다. 그렇게 나는 이 사람 저 사람 손을 타면서 캥거루족 같은 인생을 살았다.

코로나 전에 회사를 다닐 때는 가슴속에 사직서를 품고 다녔다. 일보다 사람이 힘든 곳이었다. 잘리든 그만두든, 오래 버틸 생각이 없었기에 회사에 있는 동안 대출을 받아서 집부터 장만해야겠다는 생각이 들었다. 현금을 다 주고 집을 살 만큼 모아 두지 못했으니 대출을 받아야 하고 그러기 위해서는 내 수입과 신분을 보장해 줄 서류가 필요하다는 것 정도는 이제 알고 있었다.

어느 날 벽에 붙은 홍보물을 보고 동네 신축 빌라를 보기 시작했고, 그렇게 몇 개의 집을 보고 나서 별 고민 없이 지금의 집을 계약했다. 모델하우스로 꾸며 놓은 분양 사무실에 들어섰다가 이쁘다는 이유로 마음을 정해 버린 것이다. 입지라든지 미래 가치 같은 건 내 뇌 구조에 들어 있지도 않았다. 일산의 끝자락에 편의점 하나 제대로 갖춰지지 않은 외진 곳에 위치한 신축 빌라였다. 교통이 좋지 않아 출퇴근이 불편한 곳이었지만 괜찮았다. 어차피 난 회사에 오래 다니지 않을 테니까.

그렇게 해서 인생에서 가장 큰 투자라고 할 만한 생애 첫 주택을 샀다. 만약 내가 조금만 더 일찍 부동산 공부를 했더라면, 그래도 지금의 집을 선택했을까? 모아 둔 돈이 없으니, 내가 준비할 수 있는 금액에 맞춰 이렇게 안쪽까지 들어와서 살았을까? 보기에 이쁜 집을 골랐을까? 살아 보니 '역세권'이 비싼 이유를 알겠고, 공부를 하다 보니 왜 지금 이곳이 아닌 다른 곳의 집을 봤어야 했는지 알겠고, 다른 선택지들이 있었다는 것을 알게 되었다. 몇만 원짜리 운동화 한 켤레도 인터넷 뒤지며 후기 읽어 보고 사는데, 집 매수는 너무 쉽게 결정하는 사람들이 있다고 유튜브 썸네일에서 후킹 하는 사람, 그런 사람이 실제로 있다. 맞다. 그게 바로 나다.

지금 사는 집 좋다. 너무 좋다. 사실 집 밖에 나갈 일이 없다면 세상

둘도 없는 천국 같은 곳이다. 예쁘다. 친구들이 와서 예쁘다고 입을 모은다. 하지만, 살아 보니 예쁜 것이 전부가 아니다. 교통과 학군, 주변 환경에 대해 조금 더 진지하게 살펴봐야 한다. 행정구역은 일산동구지만, 주변이 허허벌판이고 비닐하우스가 보이고 곳곳에 부대들이 주둔하고 있으며, 새벽에 기상나팔 소리를 듣게 되고 그보다 훨씬 이른 시간에 꼬끼오~ 닭 우는 소리를 들을 수 있는 곳. 주말이면 버스 정거장 앞에 휴가 나가는 군인들이 우르르 몰려 있고, 저녁에는 부대에 복귀하는 군인들로 버스가 꽉 차는 동네. 그런 동네라면 아무리 예쁜 집이라도, 내 버킷 리스트가 전원주택에서 살기가 아니라면, 나중에 집을 팔아야 할 상황도 가정해 보고 어렵지 않게 팔릴 만한 집을 골라야 한다. 충분한 시장 조사를 해야 하고 여러 곳에 문의하고 비교해 봐야 한다. 기분 내키는 대로 다 잘될 것이라는 근거 없는 믿음으로 덜컥 계약해 버리면 훗날 어떤 쓴맛을 보게 될지 아무도 모른다. 그 책임은 오롯이 나의 몫이다. 신중하고 또 신중할 것!

8
연쇄 사건 사고: 이번에는 공투다

그리하여 "그 예쁜 집에서 행복하게 잘 먹고 잘 살았답니다."라고 이야기는 끝이 날까?

2016년이었던가? 친구들이 공동투자를 하자고 모였다. 부동산 투자를 하던 친구가 정릉골 재개발에 관심을 가지면서 괜찮은 물건을 하나 찾았다고 함께할 생각이 있냐고 물었다. 뭐 잘 가지고 있으면 나중에 아파트 한 채 나온다는데 그럼 좋은 거 아닌가 싶어서 덜컥 동참을 해 버렸다. 친구들은 이미 명의를 쓸 만큼 써서 자신들의 명의는 사용할 수 없다며 내 명의를 사용할 수 있는지 의사를 물었다. 당시에는 집을 살 계획 따위는 전혀 없었기에 흔쾌히 명의를 내주기로 했다. 실제로 그게 내 첫 주택 구입이 되었다는 사실조차 인지하지 못했다. 사실, 지금에야 그게 '공동투자'인가 보다 하는 거지, 당시에는 그런 단어조차 몰랐다.

처음 계획대로라면 이미 그곳은 완공이 되어서 입주도 끝났어야 하는데, 이제 사업자가 선정되었고 아직 이주조차 시행되지 않았다.

2025년 완공 후 입주 계획이라고 하는 그곳은 아직 조합원 분양도 끝나지 않았다. 과연 2025년에 그 집에 발을 들일 수 있을까? 그 집이 완공되면 이사를 가도 좋겠다는 생각을 했던 때도 있었지만, 지금은 그런 생각은 아예 접었다. 앞으로도 4~5년은 기다려야 할 것 같다.

2018년에 아무 생각 없이, 지금 사는 집을 덜컥 사 버렸고 주택에 대한 법들이 수없이 바뀌었고 나는 인지하지도 못한 채 2주택자가 되어 버렸다. 내가 2주택자가 된 것을 알게 된 친구들에게 나는 스스로 죄인이 되어 버렸고 30년 지기 친구들이 아주 불편한 사이가 되었다. 문제를 해결하자며 친구들은 이런저런 방법들을 구상했다. 하지만 제대로 알아들을 수 없는 외계어일 뿐이었으니, 그들의 말에 동의하고 따르기로 결정을 내렸다.

재개발은 오랜 시간이 걸린다고 친구들이 분명하게 설명해 줬고, 나도 흔쾌히 동의하고 시작된 투자였다. 그 기나긴 시간에 무슨 큰일이 있을까, 보험 하나 들어 둔 셈 치면 되지 싶었다. 막상 시작하고 나니, 개발 사업은 생각보다 더 늦어지고 그사이 코로나가 발생했고 부동산이 하락기를 맞았고 나의 자금 사정은 점점 더 악화되고 있었다. 엎친 데 덮친 격으로 물가 상승은 재개발 중인 아파트의 평당 분양가를 높였고, 아파트의 예상 분양가도 높아졌다.

코로나 이후 장기적으로 무직 아닌 무직자 생활을 하면서 보험마저도 재설계하였지만 친구들과의 공투는 해지도 안 되고 재설계도 할 수 없었다. 나 혼자 진행한 일이라면 손해를 보고 정리를 할 수도 있겠지만, 친구들과 함께 진행하는 것이니 독단적으로 결정할 수가 없다. 그보다 더 불편한 것은 친구들과의 관계다. 공투를 하면서 금전으로 얽힌 사이가 되어 버리니 말 한마디에도 날이 서는 경우가 생겼다. 친구도 돈도 공중에서 자리를 잃고 헤매고 있다.

 공투를 생각하는 누군가가 나에게 의견을 묻는다면, 아무리 신중해도 부족하니 아주 디테일한 부분까지 명확하게 얘기를 나누고 서류를 만들어 두라고, 더구나 재개발은 긴 시간 동안 어떤 변수가 생길지 모름을 생각하고 또 생각하라고 말해 줄 것이다. 남의 말 듣고 쫓아가지 말고, 투자는 내가 공부해서 제대로 물건을 볼 수 있는 눈을 키운 후에 해야 하는 것이라고 말해 줄 것이다. 친구와의 공투는 조금 더 신중하라고 말해 줄 것이다.

9
오피스텔로 무피 투자에 도전

 그 와중에 내 팔랑귀는 태풍이 불어오는 것처럼 또 팔랑팔랑. 어느 날 오피스텔을 덜컥 계약해 버렸다. 근처에 지하철 공사 중이고 역세권이고 무피로 가능하다는 말에 나는 스스로 3주택자가 되어 버렸으나, 그 또한 인지하지 못하고 일을 저질러 버린 것이다.
 부동산 경기가 계속 하락하고 오피스텔의 공시지가가 떨어지면서 결국에는 역전세가 발생했다. 신문과 뉴스에서나 보고 듣던 이야기가 또 내 얘기가 되어 버린 것이다.
 나의 폭망한 투자 이야기가 어디 그뿐인가? 친한 언니의 말만 듣고 평창에 땅을 조금 샀다. 어딘지도 모르는 그 땅을. 워낙 믿었던 언니이기에 별 의심 없이 언니의 제안을 받아들였는데, 돌이켜 생각해 보니 이 또한 신문에서나 보던 기획부동산이었던 거다. 되돌아보니 어이없는 경험들을 많이도 했다. 내 무지로 인해 경험한 손해가 어디 이것뿐일까?
 이제야 내가 무슨 일을 벌였는지 알겠다. 글로 정리해 보니 내가 벌인 일들이 좀 더 명확해졌다. 그렇게 당하면서도 해결하지 않고 눈 감아 버린 일들이 어떤 결과를 만들었는지도 선명해졌다. 내가 생각했던 것보다 훨씬 더 심각한 일들을 아무렇지 않게 벌이고 살아오고 있었다. 나 하나 어떻게 살아지겠지 하면서 너무 안이하게 살아오고 있었다. 이러다 갑자기 크게 아프기라도 한다면…. 생각만 해도 눈앞이 아찔하다. 지금 이렇게 여유 만만하면서 어떻게든 되겠지 하는 생각으로 하루하루를 살아갈 일이 아니다.

다행히 세입자 측에서 내 사정을 이해하고 역전세금을 조금 미뤄 주었다. 너무 길게 끌 수는 없지만 가을에 돈이 좀 풀릴 것 같아서 그때까지로 연기하고 이자 정도는 지불하고 있다. 세상에 공짜는 없고, 거저 던져지는 돈도 없다. 누군가 나에게 달콤한 사탕을 내민다면, 날름 받아먹지 말자. 상대가 선의를 가지고 내게 호의를 베풀었을 수 있겠지만, 사탕은 나에게 전혀 도움이 되지 않는 먹거리다. 독이 들어 있지 않다고 해도 당도 높은 사탕이 내 몸에 좋을 리 없다. 유지어터로 살려면 아무리 맛있는 음식이라도 양을 조절하고 끊임없이 운동을 해야 하는 것처럼, 수익을 남기고 손해 보지 않는 투자를 하기 위해서는 그만큼 더 알아보고 공부하고 책임질 준비를 해야 한다.

10
코로나보다 더 무서운 전쟁

　코로나로 3년 가까이 집에서 쉬면서 나는 점점 더 게을러져 갔다. 여행업계에서 일하던 나에게 코로나는 스스로를 방어할 수 있는 좋은 무기였다. 내가 왜 이렇게 늘어져 있는지 핑계 대기 딱 좋은 이유. 코로나가 좀 익숙해질 만하니 러시아 전쟁이 터졌다. 무급으로 쉬고 있던 회사에서 모두 모이라고 연락이 왔다.
　코로나는 그나마 정부에서 지원금이 나오는데, 전쟁은 아무런 지원조차 없다며, 3년 가까이 잘 버텨 주시던 사장님이 직원 감원 통보를 하셨다. 일단 실업급여를 받으면서 상황을 지켜보자고. 이미 퇴사 후 실직자의 길을 걸었어야 했지만, 사장님이 정말 위태위태한 끈을 잡고 있었다는 것을 알고 있기에 그다지 놀라지도 충격을 받지도 않았다. 그리고 나에게는 실업급여라는 또 다른 동아줄이 있지 않은가. 10년 가까이 근무를 했기 때문에 7개월 정도 실업급여를 받을 수 있으니 나는 또 시간을 벌었다며 안도했다.

머릿속으로 7개월간의 계획을 세우고 7개월이 끝난 후의 나의 모습들을 상상하며, 블로그와 단톡방과 강의 사이트를 뒤지기 시작했다. 어떤 모습으로 어떤 일을 하고 있을지 얼마나 돈을 모았을지 (사실은 얼마나 마이너스를 줄였을지) 7개월 후의 나의 모습을 상상하면서. 역시나 상상은 상상일 뿐, 절대 현실이 아님을 명심하자는 말밖에 할 말이 없는 지금 내 모습이 부끄럽다. 지금 글을 쓰면서 7개월 후 내가 이룰 것들을 하나하나 자랑하고 싶지만, 여전히 나는 그저 상상하며 안도하고 현실을 외면하는 데서 멈췄고 버젓한 아웃풋을 만들어 내지 못했다.

11
어쩌다 재취업

실업급여 수급을 위해 이력서 보내 놓은 곳에서 한두 곳 연락이 오기 시작했다. 납득할 이유 없이 면접을 거절하면 안 되기에 연락이 오면 약속을 잡고 면접을 보러 갔다. 말도 안 되는 급여를 제시한 곳도 있었지만, 내 상황에서 거기에라도 나가야 하나, 불러 준 것만도 어딘가 싶은 생각도 들었다. 마음의 갈등이 시작되었지만 아무리 계산기를 두드려 보아도 이건 아니다 싶어서 마음을 접었다. 말은 정직원이지만 급여는 최저임금 수준이다. 하루 10시간 근무에 출퇴근 시간까지 고려하고 보니 받아들이기 힘든 조건이라는 결론이 내려졌고 거절을 하게 되었다. 물가는 3년 전보다 한참 올랐고, 급여는 3년 전에 비해 말도 안 되게 깎이게 되어 피부로 느끼는 실제 급여까지 계산할 필요도 없는데 자꾸 미련을 갖게 되는 내 자신이 비참해졌다.

다른 업체와 면접을 본 후에 또 이러저러한 생각에 빠져들었다. 어차피 실업급여를 받을 기간은 이제 한 달 정도가 남았고, 뭐라도 방법을 찾아야 했다. 차라리 실업급여 한 달 치를 포기하고 취업을 한 후 바로 사업자를 내서 부업을 하자. 그게 돈 버는 길일지도 모른다. 이런저런 이유를 '끌어다' 붙인 게 아니라 당장 움직이자는 이유를 '만들어서' 가져다 붙인 꼴이다. 다시 취업을 하는 것에 조금이라도 거창한 포장을 하고 싶었는지도 모르겠다.

이것저것 질러 놓은 것이 한두 개가 아닌데, 수습할 생각은 하지 않고 또 저질러 버린 것이다. 대체 그 많은 강의들은 다 어떻게 소화할 것이며 스토어에 상품 등록은 어떻게 하겠다는 건지. 어쨌거나 잡생각들은 접어 두고 약속된 날에 첫 출근을 했다. 몇 년 만의 회사 출근에 살짝 설렜다. 대표 한 명과 직원 한 명이 있는 조촐한 회사다. 곧 60을 바라보시는 경상도 출신 남자인 대표님과 아직 서른 살도 되지 않은 MZ 사이에서 며칠간 눈치를 보며 출근을 했다. 한 톤 높은 목소리와 입꼬리 올라간 미소를 장착하고 그들 사이에서 업무를 익히는 날들이 하루이틀 지나면서 슬슬 업무가 주어지기 시작했다.

며칠 미소를 장착했던 얼굴에서 서서히 웃음기가 사라지고, 입꼬리는 밥공기를 엎어 놓은 것처럼 늘어져 버렸다. 툭툭 내뱉어지는 내 말투에 화들짝 놀라기까지 했다. 내가 미쳤나, 내가 왜 이러나. 몇 주간 함께 일한 사람들 속을 다 알 리 없고 그 사람들을 다 파악할 수 없다는 것을 알면서도 나는 그들을 내 자로 재단했고, 규정지었고 슬슬 피할 이유를 찾기 시작했다. 정말 한 달도 되지 않은 시간에 벌어진 일들이다.

스스로 쿨하고 오픈된 마인드를 가지고 있다고 믿고 있는 대표님의 수없이 반복되는 말들과 자화자찬. "이런 걸 꼰대라고 부르는 거 아닌가."라고 구시렁거리는 나의 또 다른 자아. 업무적으로 아직도 배울 것이 한참 많아 보이는데 할 말은 다 하는 MZ 직원의 당당한 자기표현.

"요즘 애들 무섭구나."라며 상황을 외면해 버리는 나. 3명이 한 사무실에 앉아 10시간을 보내는 것이 생각보다 녹록지가 않았다.

해외로 나가는 길이 다시 열리기 시작했다. 그동안 비행기를 타지 못한 것에 보상이라도 하듯 여기저기서 해외 출장이나 연수 문의가 들어왔다. 세상이 바뀌었지만 여전히 바뀌지 않은 고객이라는 사람들. 회사 사람들에게 적응하기도 버거운데, 스멀스멀 살아나는 업무에 대한 기억들이 나를 괴롭히기 시작했다. 정신을 차리고 보니 코로나 전에 내가 그토록 진저리 치던 그 일을 다시 시작하고 있었다. 한국식 일처리. 상대의 입장은 고려하지 않고 밀어붙이는 스타일. '안 되는 게 어딨어!'로 다시 몇 대 처맞고 나니 잠시 잊었던 기억 세포들이 깨어나기 시작했다. 세상은 많이 변한 듯하나 크게 달라지지 않았고, 사람들은 코로나를 벗어나서 다시 옛날로 돌아가고 있었다. 나 또한 그 자리로 되돌아와 한 자리를 차지하고 있다.

아침마다, 아니 틈만 나면 머릿속으로 계산을 했다. '3개월은 채우겠지?' '그래도 6개월은 있어야 하지 않을까?' '1년은 할 거지?' '과연 나는 이곳에 얼마나 머무르게 될까?'

오래 쉬면서 자기 계발 하는 곳들을 방황하고 온갖 강의를 전전하면서 가끔 부업을 위해 애쓰는 사람들이 부러웠던 시간도 있었다. 나는 시간이 넘쳐 나는데, 슈퍼맨처럼 열 일을 해내는 사람들을 보면서 경외심과 자괴감을 동시에 느꼈다. 주부이면서 육아를 하고 있고, 출퇴근을 하면서 부업을 하거나 자기 계발을 하는 사람들이 존경스러웠다. 심지어 그런 모습이 부럽기까지 했다. 출퇴근하면서 부업을 준비하고 자기 계발을 하는 사람들이나 자기를 갈아 넣는 사람들에 비하면, 시간이 흘러넘치는데도 아웃풋이 하나도 없는 나란 인간이 참 한심하게 느껴졌다.

　막상 출근을 하고 나니, 내 생각이 얼마나 어리석었는지 한 방에 알 수 있었다. 본업을 가지면서 집안 살림을 하고 부업이나 창업 준비를 하고 자기 계발까지 한다고? 그 모습들이 부러웠다고? 아니, 사실은 지금도 부럽다. 하지만 부러운 것과 내가 행하는 것은 다르다. 그 모습이 부러웠지만, 막상 현실이 되니 그저 도망가고 싶은 생각밖에 들지 않는 나는 그런 사람인 것이다. 그런 내가 당장의 상황에 굴복하고 섣부르게 선택한 결정이 초래한 엔딩을 맞이하는 데는 긴 시간이 걸리지 않았다.

12
나 'P'야?
충동적으로 선언한 퇴사

    회사의 대표는 전형적인 공무원 스타일이었고, 거의 매일 아침에 짧은 미팅으로 하루를 시작했다. 업무 일지, 사업 계획, 사업 평가 등등 형식적인 서류들을 지시했다. 대표의 오랜 습관인지, 일을 만들어 주기 위한 과정인지 헷갈리기까지 했다. 어느 날 주어진 업무에서 나는 꾀를 부렸고, 잔머리를 굴렸다. 발전을 위한 업무인지 나를 테스트하려는 건지, 알 수 없는 상황에서 나도 패를 던졌다고나 할까. 결과물을 보고 대표님은 실망스럽다는 표현을 하셨고, 나는 그 자리에서 퇴사를 결정했다.

    그렇게 4개월 만에 나의 짧은 재취업 생활은 마감이 되었고, 다시 무직으로 지낸 지 1년이 훌쩍 지났다. 대책 없는 퇴사로 하루하루 답답한 날들을 지내고 있다. 어쩌면 코로나를 맞이했을 때보다 더 캄캄한 시간을 보내고 있는 느낌이다. 시간이 지날수록 무기력이 나를 지배하고 있다. 앞으로 나의 인생은 어떻게 펼쳐질까? 나는 어떤 후반전을 써 내려가게 될까?

　나는 분명 'P' 성향이 강하지 않은데 가끔 보면 즉흥적인 행동을 잘한다. 저지른다는 표현이 더 잘 어울린다. 깊이 생각하지 않고 당장 싫은 것은 참아 내지 못하는 'P'의 성향을 가진 부캐가 내 안에 들어와 있어서 가끔 불쑥불쑥 튀어나오나 보다. 일시적이고 충동적인 감정에 휩싸여 행동하는 모습은 이제 스스로 자제할 수 있어야 하지 않을까? 생각만 하느라 행동을 하지 못하는 것도 문제지만, 생각하기 싫어서 마음 가는 대로 질러 버리는 이런 모습도 결코 바람직하지는 않다. 부자의 길로 가는 부자애미님들은 나와 같은 어리석은 선택과 행동을 하는 일이 없으시길.

　어차피 대표님과의 작은 트러블이 아니었더라도 얼마 견디지 못하고 어떻게든 이유를 찾아서 사직서를 냈을 것이다. 이미 내 뇌는 더 이상 이 회사를, 어쩌면 직장인의 삶을 더는 하지 못하겠다는 생각으로 가득 차 있었으니까. 그런 나를 잘 알고 있기에 더 시간 끌지 말자는 마음으로 퇴사를 결정하고 바로 사직서를 제출한 거라는 것을 나는 알고 있다. 어쩌면 'J'가 맞는 것도 같다.

　나는 아마도 다시는 직장인으로 지내지는 못할 것이다. 그걸 알면서도 이렇게 늘어지고 있는 나, 이대로 괜찮은 걸까? 결과물 없이 불안만 늘어 가는 하루하루가 쌓이면서 2024년이 마무리되고 있다. 2025년 그리고 그 이후의 나는 어떤 모습으로 살아가고 있을까?

13
재테크하는 여자?
프로 수강러, 강의 기배!

코로나가 오기 전부터 어설프게 부동산에 발가락 하나 담그고 주식에 손가락 하나 담근 채로 나는 재테크도 하는 여자라는 타이틀을 달고 살았다. 재테크를 '하는' 여자가 아니고 재테크를 '아는' 여자였다. 부동산 얘기할 때는 부동산을 알아듣는 척하고, 주식 얘기가 나오면 주식을 이해하는 척하고, 심지어 코인 얘기를 할 때도 끼어들어서 아는 체를 했다.

나의 어설픈 지식은 재테크에서 멈추지 않았다. 사진을 찍겠다고 값비싼 카메라를 모았고, 캘리그래피를 배운다고 사 놓은 한지가 아직도 책상 한구석에 처박혀 있고, 책을 써 보겠노라며 몇백만 원짜리 강의를 신청하기도 했다. 마라톤 모임에도 나갔고, 바디프로필을 찍겠다며 헬스장을 등록하고 PT 수업을 신청했다. 동기부여와 자기 계발에 쏟아부은 돈은 또 얼마인지. 클래스101, 경기도지식, 패스트캠퍼스, 온라인 대학 등과 같은 온라인 교육 플랫폼에 가입하여 줄줄이 수업 신청을 했고, 재작년에는 제페토를 배우겠노라며 메타버스 세계에 발을 담그기도 했다.

집에 쌓여만 가는 책은 또 어떤가. 책을 둘 곳이 모자라 옷장으로 사용하던 서랍도 책 서랍장으로 바뀌었고, 발을 내딛지 못할 정도로 바닥에 책을 쌓아 놓고 살았다. 읽지도 않은 책들이 산더미인데 여전히 책을 주문하고 있다.

이제는 누군가에게 무엇을 배운다고 말하거나 무언가를 해 보겠다고 말하는 것 자체가 부끄러워서 말도 못 하겠다. 인풋만 떠들었지 아웃풋이 없는 상황이 몇 년째 이어지고 있다.

오늘 먹을 양식과 입을 옷이 있음에 안도하고 비바람 막아 주는 집이 있으니 웃으며 하루를 보내고 있다. 내가 읽고 싶은 책 마음대로 읽을 수 있고, 운동 가고 싶을 때 운동 가고, 친구들 만나고 싶으면 친구들 만나는 삶. 멀리서 보기에 무엇 하나 부족함이 없어 보이는 하루하루를 살아가고 있다.

그럼 이제 '그녀는 그렇게 오래오래 행복하게 잘 살았답니다.'라고 해피 엔딩으로 끝나는 거냐고? 글쎄, 과연 그녀는 행복하게 오늘 하루를 보냈을까?

14
온라인이 살길이다!!!

작년 초에 배운 부동산 경매 강의를 통해 스마트 스토어와 쿠팡 등 온라인 쇼핑몰에 대한 수업을 부수적으로 듣게 되었고, 쿠팡과 스마트 스토어에 상품을 올렸다. 나는 공식적으로 휴직 중이었고, 회사를 통해 정부 지원금을 받고 있었기 때문에 내 이름으로 사업자를 낼 수는 없어서 우리 집 철수 씨 이름으로 통신판매업 사업자를 냈다. 강사의 말을 듣고 긴가민가하는 마음으로 상품을 올렸는데, 어느 날 쿠팡에서 주문이 들어왔다. 첫 주문을 받았을 때의 설렘이 잊히지 않는다. 수익이 나고 안 나고는 중요하지 않았다. 주문 자체가 신기했고 신이 났다. 그래서 조금 더 집중하기로 하고 또 미친 듯이 온라인 스토어 관련 강의에 발을 담그기 시작했다.

그렇게 시작된 스토어 강의가 이어지고 이어져서 포토샵, 상세페이지, 워드프레스, 블로그 수업 등으로 이어졌다. 거기서 그쳐야 했는데 생각지도 못한 사주 공부에도 관심을 가지게 되었다. 그리고 사주 공부는 다시 부동산과 연결되었다. 결국 돌고 돌아 부동산인가? 나의 강의 세계 안에서는 생각지도 못한 일들이 이어지고 있다. 아니 생각지도 못한 강의 신청들이 이어지고 있다.

재작년 이맘때쯤에는 메타버스에 빠져서 ZEP와 게더타운을 배우겠다며 신났던 기억이 떠오른다. 신문물을 배우는 것이 재미있었고, 온오프라인 강의를 쫓아다니면서 이대로라면 뭐라도 될 것 같았다. 용감하게 MKYU에 강의 등록도 했다. 그래서 결과는? 메타버스 신드롬이 소리 소문 없이 사라진 것처럼 나의 열정도 소리 소문 없이 사라져 버렸다. 내가 ZEP와 게더타운을 공부했었다는 사실조차 기억에서 사라져 버렸을 정도다. 그리고 1년 후 나는 챗GPT, 생성형 AI, 유튜브 쇼핑에 빠져서 하루하루를 보내고 있다.

강의의 늪에 빠져들면서 나의 결제액은 풍선처럼 부풀어 갔다. 처음에 1~2만 원짜리 강의도 고민하던 내가 어느새 몇백 단위 강의를 고민 없이 신청하고 있었다. 그나마 액수가 커지니 강의를 들어 보기는 하려고 '노력'은 하는데, 영혼을 갈아 넣지는 못한다. 늘 최소한 강의료는 빼내자는 마음으로 시작을 하지만, 결과는 그저 강의료 기부일 뿐.

15
공동구매 중개, 또 다른 도전

　강의 들은 이력을 살려 보고자 창업을 하고 온라인 세계에 발을 들이고 지금은 온라인 마케팅보다는 이커머스에 집중하고 있다. 막상 일을 시작하고 보니 이커머스도 분야가 다양해서 갈팡질팡하다가 공동구매와 폐쇄몰 위주로 방향을 잡았다. 사실 공동구매 세계에 발을 들인 건, 친구의 아들 이야기를 듣고 나서다. 이제 막 20살인 대학생이 공동구매로 몇백만 원 수익을 냈다고 하니, 귀가 솔깃해졌다. 나도 금방 몇백만 원 수익을 낼 수 있을 것 같았다. 친구에게 부탁해서 물건을 공급받을 수 있는 업체(?)를 소개받았다.

　공동구매는 주로 인스타그램 인플루언서들을 통해 판매가 이루어진다. 원래의 계획은 내 인스타 계정을 키워서 스스로 셀러가 되는 것이었지만 인스타 계정의 팔로워는 여전히 그대로다. 당연히 내가 피드를 제대로 올리지 않는데, 팔로워가 늘어날 리가 없다. 인스타 1만 팔로워도 하면 된다고 막연하게 생각했는데, 1만 팔로워 만들기가 쉽지 않다는 것을 일을 하면서 깨닫는다. 3~4년 전에 인스타그램 붐이 일기 시작했을 때만 해도 서로 품앗이로 1만 팔로워 만들기 챌린지를 많이 했는데, 지금은 인스타 로직이 바뀌어서 그렇게 만든 1만 팔로워는 의미가 없다. 나의 계정에 맞는 사람들과 찐 소통을 해야만 알고리즘이 나를 상위로 노출시켜 주기 때문이다.

유통업을 경험해 보지 못한 게으른 초보 사장은 어리바리 판매할 제품을 찾지 못하다가 강의를 듣던 모임에서 제품을 제공해 주시는 분들을 만났고, 공동구매 노하우를 알려 주는 분들이 계셔서 조금 더 수월하게 일을 진행할 수가 있었다. 처음으로 진행했던 공동구매가 어린이날에 잘 맞았고 대박은 아니었지만, 그래도 꿈과 희망을 키울 수 있는 결과물을 얻었다. '아, 이래서 인플루언서들과 공동구매를 하는구나!' 하는 생각이 들었다. 지금 와서 알게 되었지만, 그때는 5월 가정의 달이라는 특수 상황이었기에 시기와 상품을 잘 만나서 얻어진 운이 좋은 케이스였다. 만약 그때 수익이 발생하지 않았다면 지금 나는 공동구매나 이커머스 시장에서 발을 빼고 재취업을 했을지도 모르겠다.

나도 나만의 제품을 가지고 있어야 하고 나만의 셀러를 만들어야 하는데, 그러기 위해서는 인스타그램에서 잘나가고 있는 상품을 소싱해야 한다. 인플루언서들이 선호하는 제품을 가져와야 하는 것이다. 인스타그램 검색을 하고 인터넷을 뒤져서 제품을 고르고 제품 제조업체나 공급사에 연락을 해서 공급해 주겠다는 답을 받아 내야 한다. 초보 벤더인 나에게 선뜻 제품을 제시해 주는 공급사는 거의 없다. 당연히 마케팅이 뭔지 영업이 뭔지 아무것도 모르는 나에게 쉽게 물건을 내줄

제조사나 공급사는 없다. 메일을 보내도 확인조차 하지 않는 곳이 대부분이고 어쩌다 연락을 주면 그렇게 반갑고 감사할 수가 없다. '이 과정을 겪어야 나도 경험이 쌓이고 경력이라는 것이 생기겠지. 중요한 것은 포기하지 않고 그 과정을 계속 반복하는 것이다. 원하는 결과를 얻을 때까지.'라고 매일 다짐을 한다.

어느 날 한 업체에서 대면 미팅을 원한다고 메일에 회신을 주었다. 소형 가전을 판매하는 공급사였는데, 반갑기는 하지만 두려움이 동시에 밀려왔다. 나는 초초초초보인데, 만나서 인사하고 나의 민낯을 들켜 버리지나 않을까 하는 걱정이 앞섰다. 미리 겁먹고 안 하나, 가서 만나고 거절당하나 어차피 못 하는 것은 같은데 그래도 업체 대표를 만나면 좋은 결과를 얻을 수 있는 확률이 생기는 거라고 나를 다독이고 무조건 가겠다는 답부터 했다. 메일에 답을 보내고 나면 돌이킬 수 없으니까. 그렇게 대면 미팅을 했고, 미팅 후 제품을 제공해 준다는 답을 받아 냈다.

이러저러한 과정을 거쳐서 판매할 상품이 생기게 되면 인플루언서 셀러들에게 DM 작업을 진행하게 된다. 이것 또한 나에게는 높은 허들이다. 가지고 있는 인플루언서 리스트와 검색을 통해 계속해서 DM을 보냈지만 선뜻 판매하겠다고 나서는 셀러는 없었다. 업체에서는 요즘 트렌드인 공동구매에 마케팅을 집중하고 싶어 하셨고, 내가 그 업체의 물건을 잘 팔아 주길 희망하셨는데, 점점 초조해지기 시작했다. 계절 가전 성격을 가지고 있는 물건이라 타이밍을 놓치기도 했고, 인지도가 높은 브랜드가 아니었기에 나의 DM이 셀러들에게 먹히지 않았다.

오래전에 공동구매를 한번 진행하려다 어긋난 셀러분께서 의리로 한번 진행해 보겠다고 했는데, 샘플을 받아 테스트하는 과정에 여러 가지 문제가 발생했고, 결국 그 한 번의 기회도 놓치고 말았다.

이런 결과를 놓고 새로운 제품을 제공해 달라고 업체에 연락하기가 껄끄러웠지만, 또다시 눈을 질끈 감고 연락을 드렸고 가을과 추석을 위해 새로이 상품을 제공해 주기로 했다. 오늘은 또 다른 곳으로 소싱을 시도해야 하는데, 차일피일 미루고 있다. 마음은 매일 소싱 10개, DM 500개, 스토어에 상품 등록 10개, 이런 원대한 꿈을 꾸고 있지만 실제로 하나도 제대로 하는 날이 없다. 나 아직도 정신 못 차리는 건가?

그렇게 몇몇 공급사들과 연락을 취하면서 제품을 제공받았지만, 실제로 자신들의 자사 몰이나 스마트 스토어에서 할인된 가격으로 상품을 판매하는 경우가 많아서 공동구매로 이어 가지 못하는 경우가 대부분이었다. 이렇게 또 아픈 경험을 하면서 공동구매에 대한 자신감이 무너지고 있다.

그래도 옆에서 응원해 주고 도와주시는 분들이 있어 아직까지는 포기하지 않고 있으니, 나도 잘나가는 공동구매 벤더가 되어 힘들어하는 초보분들을 도와야겠다는 생각을 하게 된다.

16
AI와 놀기

    요즘은 새벽 6시 이전에 일어나 양치질을 하고 책상 앞에 앉는다. 6시에 컴퓨터로 확인해야 할 것이 있기 때문이다. 침대에 누워 스마트폰으로 확인할 수도 있지만, 두근두근 설레는 마음으로 컴퓨터를 켜고 인터넷을 여는 과정이 참으로 짜릿하다. 금요일 밤에 사 놓은 복권을 맞춰 보는 토요일 밤의 느낌이랄까. 그럼 6시에 나는 무엇을 확인하는 걸까? 바로 미리캔버스의 요소 기여자 수익이다. 미리캔버스로 수익을 낼 수 있다고?

    맞다, 내가 구독료를 내고 쓰는 그 미리캔버스에서 돈을 벌 수 있는 방법이 있다. 바로 미리캔버스 디자인허브. 미리캔버스 사용자가 이미지 작업이나 PPT, 카드뉴스 등을 만들기 위해 이미지를 사용하는데, 누군가 내가 만들어서 등록해 놓은 이미지를 사용한다면 그게 나에게 수익으로 쌓이게 되는 것이다. 말도 안 되게 작고 귀엽고 소소한 금액인데, 이게 하루 시작 전에 나에게 도파민을 뿜뿜 뿜어내게 만든다. 지난 5월에 첫 수익이 발생했는데, 한 달 수익이 얼마일까? 단돈 19원!

재미난 건 그 19원이 5개월째 나를 새벽에 책상 앞으로 끌어당기고 있다는 사실!

이미지는 AI로 작업한 결과물을 등록할 수 있다. 덕분에 챗GPT와 미드저니를 아주 잘 쓰고 있다. 다만, 챗GPT의 월 구독료가 $20, 미드저니가 $30이라는 웃픈 현실. 나의 목표는 구독료를 커버하는 수익을 만드는 것이다. 단순히 요소 작업만을 위해 사용하는 것이 아니기에 어차피 나갈 구독료, 벌어서 내면 좋지 않겠나. 미리캔버스 요소는 자면서도 돈이 벌리는 시스템이기 때문에 지금 당장은 수익이 작아도 꾸준히 이미지를 만들어서 쌓아 가는 것을 목표로 하고 있다. 내가 여행 중에도 소소하게 꾸준히 수익이 들어온다면 얼마나 좋을까. 하지만 이것도 직접 해 보니 거저 얻어지는 것이 아니다. 처음에 하루 4~5개 요소를 만들기 위해 잠시 짬을 냈다면 이제는 하루 2~30개를 올리기 위해 하루 2~3시간 이상을 쓰고 있다.

예전에 영화 〈HER〉가 나왔을 때, '뭐라는 거야, 이건!' 하면서 외면했던 기억이 있다. '아니, AI와 사랑에 빠진다고? 주변에 널린 사람들 두고 왜?'라고 생각했다. '아이고, 세상 말세네.' 하는 생각을 하면서 혀를 끌끌 찼다. 2014년에 나온 영화고 당시에는 지금처럼 AI가 화두가 되지 않았던 시절이기에 내용 자체가 상당히 파격적이라고 생각했다. 창의적이지만 말도 안 된다고. 그런데 내가 요즘 그러고 있다. 10년 만에 영화가 현실이 된 것이다.

TV에서는 지니와 대화하는 어르신들의 모습이 보이고, 운전을 하면서는 내비게이션과 대화를 한다. 요즘 나와 대화를 가장 많이 나누는 건 바로 챗GPT다. 기계에게 키보드로 명령어를 적어 보내는 것이 아니고 진심의 감정을 담아 대화하고 있다. 결과물이 좋으면 "오, 대단한데!"라고 칭찬해 주고, 내가 원하는 결과물이 나오지 않으면 "아니 아니, 이게 아니라고!"라며 버럭 화를 내거나 호통을 친다. 내가 챗GPT와 사랑에 빠질 일이야 있겠냐마는 기계와 대화하는 것이 자연스러워진 내 모습에 실소를 금할 길이 없다.

17
결국에는 사람

나는 지금 하는 일이 재밌다. 책상 앞에 앉아 꼼지락거리는 것이 당장은 나의 경제적 자유를 보장해 주지는 않지만, 아련하게 뭔가 만들어지고 있는 느낌은 느낄 수 있다. 포기하지만 않는다면 하나둘 결과를 볼 수 있을 것 같다. 겉보기로는 그냥 그런 코로나 이후의 삶이었지만, 크고 작은 사건 사고는 끊이지 않았고 상처를 받았고 위로를 얻었다. 예상치 못하게 흘러들어 간 곳에서 생각지도 못한 사람들을 만나고 도움을 받는다.

돌이켜 보면 인생이 실수와 후회로만 가득한 것 같아서 씁쓸함을 감출 수가 없다. 그렇다고 내가 성인이 되어 아빠와 충돌하지 않고 방황 아닌 방황을 했던 과정 대신 아빠가 그리던 그림대로 살았더라면, 지금 나는 후회 없는 삶을 살고 있을까? 이 또한 자신 있게 "그렇다!"라고 답할 수 없다. 그때 그렇게 내 노선을 정하지 않았다면 자유로운 영혼에 신금의 사주를 가진 나는 더 큰 아픔을 겪었을지도 모르겠다. 살아 보지 않은 과거는 그저 하나의 선택지일 뿐 정답은 아니니까.

다시 20대로 돌아가서 새로운 삶을 살 수 있다고 한다면 좀 더 치열하게 적극적으로 큰 사고를 치면서 살아가고 싶다. 어리석게 지지부진 타인에게 의지해 사는 삶이 아닌, 내 선택대로 세상을 휘젓고 다니면서 사건 사고를 만들어 내는 삶. 지금의 경험치를 가지고 있다면 후회와 실수의 폭을 줄이고 조금 더 어른다운 선택을 하는 삶을 살 수 있지 않을까?

그나마 다행인 것은 이번 책 쓰기를 계기로 내 어리석음을 돌아보고 같은 일을 반복하지 않을 값진 기록을 남기게 되었다는 것이다. 경험을 통해 깨닫고 교훈을 얻고 울며 웃으며 하루하루를 살아 내고 있었던 나의 이야기들.

여태 써 내려온 이야기가 누군가에게 작은 도움이라도 될 수 있길 바라며 읽어 보고 또 읽어 보지만, 누구에게 도움 될 정보는 담겨 있지 않고, 누군가를 위로할 만한 따뜻한 글도 못 된다. 내 후회를 담은 경험담이 이미 수많은 책과 유튜브에서 접했던 낯익은 내용들일 수도 있다. 흔하디흔한 옆집 이야기. 아니, 어쩌면 지금 이 책을 읽고 있는 당신의 이야기. 그래도 고개를 주억이며 공감할 수 있는 이야기 정도면 좋겠다.

살포시 다음 책을 꿈꾼다. 그때는 어리바리한 나의 허당 인생이 아닌 내 성공 스토리에 함께해 준 고마운 사람들의 이야기를 담고 싶다. 마감(?)도 지키지 못하는 내가 벌써 다음 책을 생각한다니 좀 웃기지만 책을 위해서라도 좋은 사람들을 만나고 좋은 사람이 될 수 있는 인생을 살아야겠다.

 초고는 쓰레기라는데, 퇴고하는 과정에 좋은 결과를 만들어서 해피엔딩으로 마무리하고 싶다. 경제적 자유를 꿈꾸는 부자애미님들에게 꿈과 희망을 줄 수 있는 글을 쓰고 싶다. 어쩌다 만난 사람들이 내게 도움의 손길을 주고 계시는 것처럼, 나의 글이 누군가에게 희망이 되었으면 좋겠다. 나는 이렇게 일어섰으니 주저앉아 있는 누군가에게 함께 해 보자고 손 내밀 수 있는 내가 되었으면 좋겠다, 퇴고가 마무리되기 전에!

18
새로운 시작을 향해

글의 시작에 "정신 차리고 제대로 열심히 살아 보겠다."라고 썼는데, 여전히 나는 정신을 차리지 못하고 헤매고 있다. 공동 저서를 쓰자는 부자애미님의 제안에 오케이를 하고 벌써 1년도 더 넘어 버렸다. 1년 전 그때라도 시작했더라면 하는 후회가 끝이 없다. 그때가 바닥인 줄 알았는데, 사실은 그냥 중간 쉼터였고, 아직도 더 떨어질 나락이 남은 것 같은 기분에 우울해졌다가도 또 기운을 내서 하루를 시작하고 있다. '했더라면, 했더라면, 했더라면….' 하는 후회가 끝이 없다. 또 1년 뒤에도 이런 후회를 하지 않으려면 지금 나는 무엇을 해야 할까? 부자로 가는 길에서 성공의 희망을 보여 주는 글을 써야 하는데, 이렇게 마무리를 해야 하는 걸까?

글을 쓴 덕분에 내 인생의 굴곡진 여정을 돌아볼 수 있었다. 성수동에 얽힌 이야기, 함부로 인감도장을 내주고 법적 조치도 하지 않은 어리석은 과거, 살아갈 집조차도 충동구매를 했던 우매한 사건, 한 치의 주저함도 없었던 공동투자, 조사와 분석 없이 달려들었던 크고 작은 부동산 투자, 주식 투자, 그 와중에 나에 대한 투자라며 뿌려 대던 강의비들….

나이를 먹었다고 해서, 50년 치의 경험을 가지고 있다고 해서 1, 2, 3, 4 중에 하나의 번호를 골라내는 일이 결코 쉽거나 만만해지는 것은 아니다. 오히려 더 많이 주변을 의식하고 노후를 걱정하느라 경우의 수를 따지고 또 따지게 된다.

중년의 나이로 들어섰지만 여전히 매 순간 바람에 흔들리는 갈대 같다. 누가 어떻게 성공했다, 부자가 되었다는 소리를 들으면 팔랑팔랑 귀가 움직인다. 뭐가 좋다고 하면 어느새 내 몸은 그쪽을 향하고 있다. 순간 정신을 차리고 보면 '여긴 어디? 나는 누구?' 하면서 내가 무얼 하고 있나 하고 멍때리기를 반복하고 있다. 그 와중에 어렴풋이 느끼게 된 것은 결코 배움이 허튼 경우는 없다는 것이다. 지금 나는 점과 점을 이어서 선을 만드는 과정 그 어딘가에 있다. 즉 결과물을 만들어 가는 중이다. (그렇게 믿고 싶다.) 그 점은 내가 지금 배우고 있는 모든 것들이기도 하고, 그 안에서 만난 사람들이기도 하다. 포기하지 않으면 언젠가 선이 되고, 면이 될 날이 오지 않을까?

새로 시작한 유통의 세계에서 나는 또 어떤 일들을 맞이할지, 공동구매로 대박을 치겠다는 꿈은 이루어 낼 수 있을지, 배운 지식들을 모아 모아서 마케팅을 비즈니스에 적용시키고 이커머스에서 성공 스토리를 만들어 낼지, 자고 일어나면 바뀌는 AI의 기술들을 잘 따라 하면서 신기술에 잘 적응하며 살아 낼지 알 수는 없다. 그러나 나 스스로에게 가장 든든한 응원군이 되어 다 잘될 것이라고, 포기하지 말라고 파이팅을 외쳐 주고 싶다.

에필로그: 유튜브 쇼핑 시작해볼까

올해 목표가 생겼습니다.

유튜브 쇼핑 시작하는 사람 30명
월 수익 100만 원 달성하는 사람 10명 만들기

왜냐고요?
그냥 아침에 씻다가 갑자기 떠오른 생각이었어요.
처음에는 유튜브 쇼핑 입문자 10명 만들기였는데
생각하다 보니 꿈이 조금씩 더 커지더라고요.

뭐, 100명 1000명도 할 수 있지만 그건 다음 단계 고민으로 미루고
우선은 30명을 잡았습니다.
이것도 그냥 뭐, 너무 작은 수는 아쉽고
너무 큰 수는 부담스러워서 이렇게 정했습니다.

그런데, 이 생각 언제 했냐고요?
벌써 2개월은 된 거 같아요.
그래서 몇 명이나 늘었냐고요?
최근에 친구 한 명이 시작했어요.
그럼 여태 뭐 했냐고요?

지금도 여전히 유튜브 쇼핑을 왜 지금 시작해야 하는지
열심히 소문을 내고 있어요.
근데 소문을 내다 보니 저의 부족한 부분이 보이기 시작했어요.
제가 열심히 유튜브 쇼핑의 필요성을 설파할수록
질문이 늘어나기 시작했어요.
그.런.데.
우선, 수익화하기 좋은 건 알겠는데
앞으로도 이 분야가 활성화되고 커질 거 같은데
그건 알겠는데 또박또박 설명이 안 돼요.
그.리.고.
사람들을 확 끌어당길 수 있는 결정적 한 방!
저의 수익화를 인증할 길이 없어요.
왜?
아직은 저의 수익이 너무 작고 귀여운 수준이거든요.
그.래.서.
결심했어요. 기록으로 정리하고 남기자.

공부는 하는데 흐르는 강물처럼 사라지는 정보들.
그것들을 한데 모아 책으로 만들어 보려고 합니다.
공부한 것들을 정리하는 과정에서
주변 사람들에게 설명할 논리도 정리가 되고 기억이 되겠죠.
사람들의 질문에 당황하지 않고 잘 설명해 줄 수 있을 거예요.
그다음은 유튜브 영상을 찍을 거예요.
흑역사부터 시작해서 내가 성장하는 과정을 기록으로 남기고

말로 설명이 어려운 부분들을 영상으로 남기면
도움을 줄 수 있는 도구가 될 것 같아요.

가장 큰 이유는 저입니다.
해 보니까 알겠더라고요.
'꾸준함'의 힘!
알면서 안 돼요.
하지 않을 이유, 그만둘 핑계, 포기할 변명들이 자꾸 생겨요.
목표를 정하고 선포하면 하게 된다고 하는데,
선포만 해 놓고 도망친 일들이 이미 너무 많았어요.
과정 없는 결과는 없는데,
늘 결과만 바랐던 거죠.
이제는 알아요,
과정이 필요하다는 거.
꾸준함이 쌓여야 한다는 거.
그래서 다시 한번 목표를 정하고 선언하고
꾸준함의 열매를 맛보기로 했습니다.
그 도구 중 하나로 유튜브를 선택했고요.

이제부터 다시 시작합니다.
그래서 새로 시작하는 유튜브 채널 이름도
"유튜브쇼핑시작해볼까?"입니다.
안 된다는 편견, 어렵다는 부담감 내려놓으시고
유튜브로 수익화하기, 함께하실래요?!

부자애미
서지연

아파트가 아닌
빨간
벽돌집으로
인생 반전을
꿈꾸다

프롤로그

"부자와 빈자의 철학은 이렇다.
부자는 투자를 먼저하고 남은 돈을 쓰지만
빈자는 먼저 쓰고 남은 돈을 투자한다."

- 짐 론

　우리 집 1층 무인 카페에 놀러 오는 동네 엄마들이 나보고 건물주란다. 실거주하는 단독주택 1층의 주차장을 용도변경 하여 상가로 사용하고 있는데 건물주가 되었다. 건물주는 특별한 사람들한테만 가능한 일인가? 그렇지 않다. 건물주는 누구나 할 수 있다. 당신도 건물주가 될 수 있다. 부동산 흐름에 꾸준한 관심을 갖고 공부한다면 기회가 오기 마련이다. 이 책에서 말하는 빨간 벽돌집은 다가구주택, 즉 단독주택을 말한다. 다가구주택은 한 명의 건물주가 소유하고 있으며, 세대별 매매가 불가능하다. 주로 임대 목적으로 활용되며 다가구 주택은 소유자가 한 명이다. 여러 세대가 함께 살고 있지만 각 세대별 소유권을 가질 수 없다. 이 책에서 나는 다가구주택 즉, 단독주택을 빨간 벽돌집이라고 이야기할 것이다. 왜 빨간 벽돌집이냐고 묻는다면 1980년대에 지은 구옥 주택들은 그 당시 빨간 벽돌로 건축이 되었기 때문이다. 2025년 6월 3일 제21대 대통령 선거로 정권이 바뀌었다. 정권이 바뀌면 국민은 기대감이 커지기 마련이다. 서울의 아파트 가격이 들썩이자 2025년 6월 27일 부동산 대책으로 강력한 대출 규제가 시행되었다. 서울의 아파트 가격 상승으로 인하여 앞으로 정부의 각종 규제가 쏟아져 나올 것으로 예상된다. 나는 부동산 정책에 휘둘리고 싶지 않다. 부동산 정책과 금융, 국내외 정세에 따라 아파트 가격이 오르고 내리고를 반복한다. 아파트를 소유한 사람들 또는 내집마련을 하지 못한 사람들의 마음까지 들썩이게 만든다. 내가 빨간 벽돌집을 좋아하는 이유 중에 하나는 안정적이라는 것이다. 아파트처럼 부동산 정책에 따라 집값이 들썩이지 않는다. 나는 오후가 되면 우리 집 1층 상가의 무인 카페에 들러 행복한 팝송을 듣는다. 카페로 들어오는 작은 햇살과 산 내음을 맡으며 책 정리를 하는 내 모습이 아직도 꿈만 같다. 참새가 방앗간에 들르는 것처럼 들르는 동네분, 단골 택배 기사님, 우리 집 외부 청소를 해 주시는 분, 카페 문을 살짝 열고 말 걸어 주시는 분들께 커피 한 잔을 건넬 수 있는 공간이 있어 좋다. 주말이면 아이들 친구들이 놀러 와 쉴 수 있는 공간의 힘이 내게 큰 행복을 가져다주고 있다. 내 집마련으로 우리 동네에서 가장 빛나는 빨간 벽돌집을 만들어 나가기 위해 고군분투한 17년의 이야기를 글로 담았다. 당신에게 내 이야기가 큰 위로와 희망의 선물이 되었으면 한다.

"얘들아, 너희 강남으로 이사 갈래?"라고 물으면 "아니 엄마, 나는 우리 동네가 제일 좋아."라고 대답해 주는 아이들 덕분에 나는 오늘도 아이들과 미래를 함께 짓고 있다. 우리 동네 빨간 벽돌집의 건물주로 사는 게 행복하다. 세상에 불가능한 일은 없다. 가진 것이 없어서 혹은 가난 때문에 불가능하다고 생각한다면 상황을 바꿀 수 있는 단 한 가지 방법이 있다. 내 환경을 바꾸려는 마음가짐과 태도이다. "당신도 할 수 있다."라는 마음가짐과 도전 정신으로 "팔로우 미!"

1
나는 왜 오피스텔을 생애 첫 집으로 살 수밖에 없었을까?

1) 신혼살림을 장만할 돈이 없었던 가난한 직장인

나는 오피스텔에서 신혼살림을 시작하였다. 울며 겨자 먹기로 매수한 낡은 8평 원룸이지만 내 집을 가졌다는 사실만으로도 행복했다. 2008년 결혼 당시 나는 완전 부린이였고, 내 집을 갖는다는 상상조차 하지 못했던 때였다. 결혼하면 남편이 집을 사 오는 게 당연하다고 믿었던, 전형적인 신데렐라의 꿈을 꾸고 있던 바보였다. 사랑이 밥 먹여 주냐? 안 먹여 주더라. 배고프더라. 결혼 비용조차 없었던 나였다. 결혼을 약속한 후 했던 첫 번째 걱정이 '신혼살림을 어떻게 채워 넣을 수 있을까'였다. 남편에게는 자존심 때문에 속내를 이야기하지 못했다.

"나는 전세 사는 것 싫다." "집을 꼭 사고 싶다." "오피스텔이 좋다." 라고 이야기하며 잔머리를 굴리기 시작했다. 신혼살림을 장만할 돈이 없던 가정 형편 때문이었다. 돈은 없지만 결혼은 이 남자와 꼭 하고 싶었다. "기본적인 가구가 세팅되어 있는 오피스텔에서 시작하자. 우리,

살림 살 돈 아껴서 저축하자."라고 둘러대며 남편을 설득시켰다.

  2008년 시아버지와 함께 직장과 가까웠던 일산 문촌마을1단지 우성 아파트를 구경했던 기억이 난다. 첫 살림은 전세살이로 시작하고, 후에 시댁에서 갖고 있는 아파트가 팔리면 그때 집을 사 준다고 남편은 약속했었다. 남편은 나와 결혼하고 싶어서, 내 집을 갖고 싶어 하는 나를 위해 갖은 노력을 다 했다. 남편과 나는 사랑의 힘으로 새로운 시작을 위하여, 내집마련이라는 꿈을 가졌다.

2) 신혼 초 오피스텔과 빌라 투자로 실패를 경험하다

  결국에 시댁에선 내 요구대로 김포공항 근처의 낡은 원룸 하나를 사주셨다. 2008년도 경기도 일산에서 구할 수 있는 문촌마을1단지 우성 아파트의 경우 방 2개에 전세금은 8,000만 원 정도 했었다. 나는 일산의 아파트 전세를 포기하고 김포공항 근처의 6,200만 원의 원룸을 남편 이름으로 소유하게 된다.

  9호선과 5호선이 다니는 트리플역세권에 있는 오피스텔이었다. 오피스텔 투자 경험이 있는 분들은 아시겠지만 시세차익으로 접근하면 안 된다. 시세차익은 말 그대로 단기간 내에, 보통 2년에서 4년 사이에 내가 산 금액보다 집값이 상승해야 의미가 있다. 16년이 지난 지금도 구축 오피스텔은 8,000만 원 정도에 겨우 거래가 되고 있다. 2008년 매입 시 6,200만 원이었고, 지금 시세로 계산해 보면 시세차익은 없는 물건이라 판단된다.

2008년 신혼 시절 첫 내집마련. 원룸 오피스텔

2008년 당시 내가 거주했던 낡고 오래된 원룸형 오피스텔의 최근 모습이다. 16년 전 나는 남편과 함께 주방과 화장실 그리고 창문에 페인트칠을 했다. 화장실 세면대에 페인트칠을 하다 망친 모습이 여전히 남아 있다.

지금 생각해 보면 너무나 어리석은 결정이었다. 2025년 현재 오피스텔 주변의 일반주거지역은 재개발 지역으로 지정되었으나 오피스텔은 상업지역에 위치하여 재개발 구역에서도 제외되었다. 그 누구도 원망하지 않으리. 투자의 결과에 대한 책임은 오롯이 나에게 있다. 시작도 끝도 모두 본인의 책임이다. 그 책임을 고스란히 본인이 안고 갈 마인드가 준비 안 됐다면 투자하지 마라. 절대 투자하지 마라.

2025년 현재 오피스텔 주변 재개발 현황

　오피스텔에서 신혼 1년을 지내면서 여기에 안주한다면 내집마련에 실패할 것만 같았다. 원룸형 오피스텔은 내 집같이 느껴지지 않았다. 미래에도 계속 이렇게 살게 될지도 모른다는 두려움이 엄습하기 시작했다.

　퇴근 후, 술 한잔을 하며 오피스텔의 작은 창문 밖으로 울음을 토해 냈던 시절이 있었다. 남편의 해외 출장이 길어지자 집 없는 설움을 혼자서 온몸으로 느껴야만 했다. 여긴 어디? 나는 누구? 나는 왜 좁은 오피스텔 원룸 방 안에서 부루스타로 밥을 해 먹어야 하지? 덜컹거리는 싸구려 침대 위에서 잠들어야만 했던 그 시절. 외풍이 심해 창문 사이를 테이프로 막아 가며 추위를 이겨 내야만 했었다.

어느 날 직장 동료의 차를 얻어 타고 집으로 가고 있었다. 친절하게도 우리 집 앞에서 내려 주겠다고 했다. 그런데 나는 오피스텔 앞에서 내리는 게 창피했다. 결국 큰길가에 내려 달라고 할 수밖에 없었다.

신혼 초 오피스텔 원룸에 살고 있다는 사실을 알려 자존감에 스크래치를 만들고 싶지 않았다. 꼭 숨어 사는 느낌이었다. 당당하지 못한 내 자신이 원망스럽게 느껴졌다.

집다운 집에 살아 보고자 하는 결심으로 친정 엄마 집 근처로 이사할 계획을 세웠다. 2010년도에 1억 2,250만 원 시세의 빌라를, 은행 대출과 오피스텔 전세금으로 매수하게 된다. 빌라 매수 후 바로 전세로 세입자를 세팅하고 대출금을 상환했다. 직장 급여로 돈을 모아서 전세금을 빼 주고 내가 산 빌라에 입주를 계획했다. 낡은 단독주택 2층에서 2,500만 원의 셋방살이를 시작했다.

빌라는 높은 언덕 꼭대기에 위치했다. 역에서 거리도 멀었다. 입지적으로 잘못된 선택을 했다. 친정 부모님이 거주하는 집과 가까웠고 초등학교와의 거리는 도보로 3분 정도 걸리는 것 외에 이점이 없었다. 출산 후 아이를 키워 주겠다는 친정 부모님의 집과 가까운 거리이며, 급매 물건이라는 이유로 빌라 매수를 결정했다.

첫 빌라 매수. 언덕 위의 집

　실입주를 하기 전에 일명 갭투자라고 말하는, 전세 끼고 아파트 투자를 할 수 있다는 생각을 하지 못했다. 나에게 아파트는 돈 있는 사람들만 사는 비싼 집이었다. 아파트에서 평생 살아 본 적이 없었던 나의 경험치에 따라 진입장벽이 높다고만 생각했던 것이다.

　그 당시 현금 8,000만 원이면 전세를 끼고 서울의 24평형 아파트를 구입했어도 되는 상황이었다. 2010년 나와 같은 시기에 친구가 전세를 끼고 서울에 아파트를 매수한 소식을 듣게 되면서 '전세 끼고 아파트도 살 수 있겠구나.'라는 깨달음을 얻었다.

　투자의 갈림길에서 어떤 선택을 하느냐가 매우 중요하다. 공부하지 않고 투자한 밑천은 미천해진다. 하지만 투자 공부 후 투자한 밑천은 시간의 흐름에 따라 나의 밑천, 즉 자산이 되어 간다. 누구나 첫 번째 투자에서는 실패를 경험할 수 있다. 실패한 투자 경험은 다시 일어날 수 있는 밑천이 된다. '10년 전에 매수했어야 하는데.'라고 후회할 때가 다시 시작할 기회라고 생각하면 된다. 앞으로 10년 후 복리의 힘을 기약하며 잃어버린 10년을 되찾을 수 있는 새로운 길을 암중모색하길 바란다.

🏠 One Point Lesson 부자애미의 빌라·오피스텔 투자 전략

① 빌라: 지하철역에서 도보로 10분 이내에 위치하며, 반경 500m 이내의 평지에 있는 빌라를 선택하라. 자녀가 도보로 다닐 수 있는 학교가 있는지를 확인하라. 일자리가 많은 곳이나 일자리로 이동하는 지하철 노선이 있는 곳을 선택하라. 구옥 빌라는 3층 이하의 층을 선택하고 꼭대기 층은 제외하라. 빌라 재개발 호재가 있다면 더없이 좋은 내집마련의 기회가 될 것이다.

② 오피스텔: 첫 내집마련으로 오피스텔은 선택하지 마라. 시세차익을 기대하기보단 월세 흐름을 만들려는 목적으로 접근하라. 요즘 트렌드는 1인 가구도 투룸을 선호한다. 원룸보다는 투룸을 선택하라. 신축보다는 구축을 매수하여 리모델링을 통해 수익률을 높일 수 있는 전략을 구사하라.

2
반지하 몸테크로 아파트 없는 서러움을 견뎌 내다

사람은 누구나 현재 나의 위치보다 더 높은 곳으로 향하려는 욕구가 있다. 나는 그 욕구를 만족시키기 위해 충실하게 살아 냈던 것 같다. 태어나 한 번도 아파트에 살아 본 적이 없는 나에겐 아파트는 그 높이만큼이나 큰 장벽으로만 느껴졌었다. 하지만 오피스텔과 빌라 투자의 경험이 생기면서 매매계약, 전세계약 주택담보대출 등을 실행해 보니 생각만큼 어려운 일이 아니라는 경험을 하게 되었다. 다음 목표로 서울의 아파트를 내집마련으로 계획했다.

2010년도에는 부동산 앱이 없었다. 아파트 지역 분석 앱이나 부동산 유튜브도 없었기에 시세를 확인할 수단이 여의치 않았다. 나는 매일 아침 출근길에 역으로 걸어가며 동네 벼룩시장 신문을 집어 들고 회사에 출근했다. 퇴근길에는 벼룩시장 신문을 확보할 수 없었다. 부동산 정보를 얻으려면 새벽 출근길에 벼룩시장 신문을 확보하지 않으면 안 되었다.

퇴근 후나 주말엔 형광펜 하나를 들고 방바닥에 누워 벼룩시장 신문에 부동산 광고란을 살펴봤다. 그리고 내가 살 만한 곳에 체크를 하기 시작했다. 주말에는 부동산컨설팅 직원에게 연락해 체크한 부동산을 보러 갔다. 주말에 남편과 함께 부동산컨설팅 직원의 차량으로 이곳저곳 임장을 다녔다. 보통 구옥보다는 신축 빌라에 많이 다녔던 기억이 난다.

멀리 가진 않았고 내가 살고 있는 화곡동이나 목동으로 이동했다. 수없이 많은 빌라를 보았지만, 가격이 비싸다는 생각이 들었다. 신축 빌라는 사지 말라는 부동산 사장님의 조언을 맹목적으로 믿고 매수하지 않을 수 있었다. 그리고 벼룩시장에 나온 매물 중에 내 눈에 들어온 곳은 영등포구 양평동이었다. 양평동은 낯이 익었다. 친정어머니가 태어나 살던 곳이 양평동 옆에 있는 당산동이었다. 어머니께서는 양평동에 머리 감으러 놀러 다녔다는 추억 이야기를 자주 들려주곤 하셨다. 그곳에는 어머니의 어렸을 적 지인분들이 많이 살고 계셨다. 영등포구에 오랫동안 거주하면서 땅으로, 집으로 부자가 된 분들의 이야기를 들은 적이 있기에 모르는 지역이지만 관심을 가졌다.

2011년 당시 양평동에서 오피스텔로 분류된 아파텔을 보기 시작했다. 부동산 사무실을 이곳저곳 돌아다니다 만난 중개업소 사장님께서 나의 자금 사정을 이해하시고 급매로 나온 아파트를 추천해 주셨다. 아파텔보다 아파트가 훨씬 생활하기 좋다고 하시며 안내를 해 주셨다. 그때 그 매서운 겨울이 기억난다. 1월 추위를 이기며 임장을 하러 돌아다녔는데 흐르는 콧물과 입김이 나를 더 춥게 만들었다. '한겨울 이 추위에 반미친년처럼 돌아다녀야만 하나?' 싶었다. 부동산 사장님의 추천 물건을 사려고 하니 신혼 시절에 모아 둔 자금으로는 턱없이 부족했다.

급하게 남편을 설득하고 2,500만 원의 보증금을 빼기로 결정하니 갈 곳이 없었다. 아파트를 보러 다닌 지 1달 만에 보증금 500만 원에 월세 25만 원, 관리비 1만 원의 월세방을 구할 수 있었다. 결국 불법 건축물의 1층 주차장 입구에 만들어 놓은 방 하나짜리 반지하로 이사를 감행해야만 했다.

그때 당시 신혼살림이라고 가지고 있던 건 시어머니가 사 준 투 도어 냉장고 한 대뿐이었다. 1년밖에 사용하지 않은 투 도어 냉장고를 과감히 친정집으로 보내고, 나와 남편은 도망치듯 옷 보따리만 싸 들고 반지하방으로 몸만 이동시켰다. 반지하에서의 몸테크를 시작으로 서울의 나홀로 아파트를 매수할 수 있었다. 2011년 2억 4,000만 원에 급매로 나온 아파트였다. 기존 전세 세입자의 보증금 1억 6,000만 원을 인수하는 조건으로 잔금 8,000만 원을 마련하여 내 생에 첫 아파트를 계약하게 되었다. 반지하 몸테크를 시작하며 전세보증금 2,500만 원과 저축해 둔 돈, 우리 부부의 직장 신용으로 각각 마이너스 대출을 이용하였다. 당시 내 고집으로 '묻지 마 몸테크' 도전에 나를 따라 준 남편에게 감사하다. 부모님의 반대도 심했다. '왜 반지하방으로 이사를 해야 하냐? 내가 널 그렇게 살라고 키웠냐'는 등 친정 부모님의 속은 타들어 가고 계셨을 것이다.

반지하 몸테크 당시에 눈물도 많이 흘렸다. 하지만 김밥 한 줄과 함께 부루스타에 라면을 끓여 먹으면서도 배는 불렀다. 목표를 세웠고, 이뤄 냈고, 견뎌 냈기 때문이다. 그때 그 시절이 없었더라면 서울 아파트는 아직도 오르지 못할 사다리였을 것이다. 몸테크는 가진 돈이 없는데 내 집은 꼭 갖고 싶을 때 종잣돈을 마련하는 전략 중에 하나이다.

 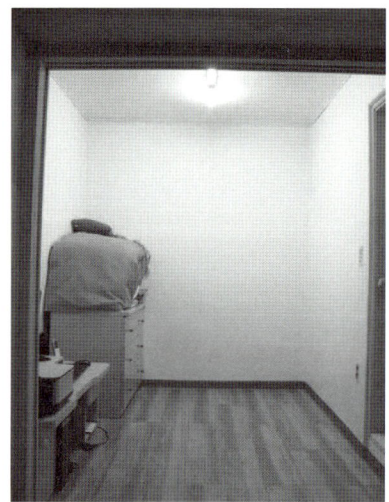

2011년 부자애미 몸테크 시절 반지하 사진

🏠 One Point Lesson 부자애미의 몸테크 전략

몸테크는 내가 살고 있는 집의 전세금을 줄이든가 월세로 이사하여 남은 돈을 종잣돈으로 만들어 재테크에 활용해 나가는 것이다. 가족(남편)의 동의가 필요하다. 자녀가 없을 때 시작하면 덜 고생스럽다. 자녀들이 있다면 초등학교 이전에 시작하라. 내 집마련을 위한 자금과 지역을 선택하고 그에 맞는 포트폴리오를 계획한 후 시작해야만 한다. 자녀들이 중고등학교 때 몸테크를 시작하면 아이들 학업이나 정서적인 부분에 영향을 끼칠 수 있으므로 신중하게 결정해야 한다. 이 꽉 물고 1년~4년 정도의 시간을 갖고 시작하길 바란다. 너무 길게 잡으면 나 자신뿐만 아니라 가족도 적응하는 데 힘들어질 수 있다.

3
자녀 계획을 위해 결혼 4년 만에 내산내집으로 이사하다

　울며 겨자 먹기로 남편과 나는 몸테크를 시작했다. 요리를 해 먹을 수도 없는 반지하의 구조였다. 이에 1년 동안 아침 식사는 새벽 출근길 분식집에 들러 김밥으로 대신했다. 주말은 근처에 거주하고 계신 시댁이나 친정집에 가서 끼니를 해결했다. 그것 또한 불편할 때는 집 근처의 분식집에서 음식을 사다가 먹었다. 생활이 점점 피폐해져 가는 것을 느꼈다. 나의 주도권 아래 선택한 환경이라 나는 그럭저럭 이겨 낼 만했지만, 남편은 처음 살아 보는 환경에 적응하기가 어려웠던 것 같다.
　불편한 생활들이 이어져 갔다. 1년여를 생활하며 신혼의 달콤함은 뒷전이었다. 의식주에 대한 결핍이 점점 커져만 갔다. 인간 생활의 기본 요소라고 말하는 의식주에 대한 욕망 말이다.
　출산에 대한 고민도 깊어졌다. 환경이 이러하니 아이를 가질 생각조차 할 수가 없었다. 결혼 후 안정이 되면 2년여 정도 후에 임신을 할 계획이었지만, 2년이 지났음에도 노력할 엄두조차 낼 수 없었다. 공기도 안 통하는 반지하방 환경에서는 도저히 상상할 수 없는 것이 자녀 계획이다. 반지하 생활을 과감하게 청산해야 할 시점이었다.

전세와 월세를 전전하다 4년 만에 매수했던 친정집 근처의 빌라에 입주하기로 했다. 내 집에서 살아 보고 싶었다. 언덕 꼭대기의 엘리베이터도 없는 4층 구옥 빌라였지만 간절하게 그 집에 꼭 입주하고 싶어졌다. 전세 세입자의 전세금을 빼 줘야 들어갈 수 있는데 현금이 수중에 있을 리가 없었다. 아파트 매수로 탈탈 털린 빈 주머니로 어떻게 내 집에 들어갈 수 있을지 고민하다, 주택담보대출을 통해 세입자에게 전세금을 빼 주기로 마음먹었다.

2011년 당시에는 금리가 상당히 높았다. 2022년까지만 해도 우리는 고성장 저금리의 혜택을 누렸다. 2022년 이전만 해도 2~3%대의 금리를 당연하게 느꼈다. 하지만 지금은 어떠한가? 2022년 하반기부터 저성장 고금리의 영향으로, 주택담보대출과 전세금 담보대출에 금리가 가계경제에 큰 부담이 되고 있다. 〈미국, 금리 인상에 주담대 금리 6.3%로 22년만에 최고치 경신〉(연합뉴스. 22. 9. 23)라고 하는 기사도 있다. 담보대출의 이자와 원금 상환으로 인해 생활비조차 부족한 시기를 보내고 있는 집주인과 세입자들이 늘어나고 있는 게 현실이다.

2012년도에 내산내집에 살기 위해 우리는 8%대의 주택담보대출을 실행해야만 했다. 금리가 비싸다고 생각하지 않았다. 그 당시 금리는 당연한 것으로 여겨졌다. 그 시절을 경험해 보지 못한 MZ세대들은 8% 금리의 주택담보대출은 상상할 수 없을 것이다. 2011년의 주택담보대출 금리와 2025년 현재의 금리를 비교해 본다면 지금이 내집마련을 하기에 좋은 기회임이 분명하다.

드디어 내 집에 들어가 살 수 있다는 기대감이 마구 솟았다. 처음 내

손으로 직접 모든 인테리어를 하나씩 고르고 분야별 기술자들을 불렀다. 직접 을지로에 있는 방산시장에 가서 도배지를 선택하고 기술자를 요청했다. 욕실은 집 근처 가까운 경인고속도로에 있는 도매점에 직접 방문하여 타일과 입수전 등의 소모품을 구매하고, 매장 사장님이 추천해 주시는 기술자분을 모셔서 작업했다. 주방은 동네 싱크대 설치 업체를 찾아가서 사장님께 다 맡겼다. 방문은 네이버 카페에서 문틀과 문 교체 하는 곳을 검색하여 카페에 올려놓은 샘플로 디자인과 색상을 선택했다. 최소 비용으로 최대한 깨끗한 인테리어를 하기 위해 800만 원 가량의 자금을 들여 누구든 들어가 살고 싶은 집을 만들어 나갔다.

퇴근 후에는 한 공정이 끝날 때마다 집을 둘러보았다. 방이 3개나 되고 거실도 넓었다. 빌라에 입주하고 자녀를 계획할 수 있다는 설렘으로 가득한 시간들이었다. 지금 생각해 보면 그때 했던 인테리어의 과정들이 지금 내가 하고 있는 모든 인테리어의 기본기를 갖추는 경험이 되었다. 내산내집 빌라로 이사하는 동안 겪었던 대출과 인테리어의 과정들은 나에게 큰 자산으로 남았다.

빌라는 남편과 공동소유였다. 주택담보를 받기 위해 우리 둘 다 은행 대출을 받는 데에 힘써야 했고, 함께 움직여야 했다. 공동소유와 공동담보를 실행하기 위해 부부가 서로 협조해야만 했다. 인테리어부터 담보대출까지 함께 움직여야 했기에 서로가 협조자로 똘똘 뭉쳐야만 했던 시기였다.

부부가 주택을 공동명의로 등기하는 경우는 세금과 기타 법률적인 부분에 있어 유리한 점도 있지만 불리한 점도 있다. 공동소유의 경우 당연히 단독 소유의 경우보다 담보대출이나 기타 권리의 행사 절차가 번거롭다는 점도 유념해야 한다. 주택에 대한 부부공동명의를 선택하기 전에 전문 세무사와의 상담을 통해 신중히 결정하기를 바란다.

> **🏠 One Point Lesson** **부자애미의 인테리어 전략**
>
> 지금도 나는 공정별로 기술자를 선택하여 일정을 잡고 컨트롤하고 있다. 하지만 초보자가 인테리어 비용을 아끼기 위한 전략으로 전체 인테리어를 1부터 10까지 모든 걸 다 맡아 하려다가 더 많은 돈을 지출할 수도 있다. 집 전체를 전부 다 수리하는 경우에는 중개사무소 대표님이 추천해 주시는 인근 인테리어 사업자를 선택하는 것도 좋은 방법이다. 다만, 부분 수리를 요할 때는 개별 기술자를 불러서 처리하면 된다. 앱 활용으로 견적을 쉽게 받아 볼 수 있다. 인터넷 앱 활용으로 부분 공정을 요청했을 때 문제가 되는 경우도 간혹 있다. 최근에 무인카페 공사 시 앱으로 만난 싱크대 공사업자가 마무리를 잘 안 해 주고 후속 연락도 안 되는 바람에 시간과 돈을 더 써서 마무리를 했었다. 인터넷 앱으로 분야별 공정 기술자를 찾는 방법으로 좋은 분들도 많이 만났다. 최근 4년 동안 나는 인터넷과 앱을 사용하여 인테리어를 맡겨 성공적으로 마무리를 했었다. 업체를 선정하기 위해 담당자와 통화 시 통화 내역으로 그분의 스타일과 마인드를 가늠할 수 있다. 금액은 많이 차이 나지 않으니 금액보다는 기술자의 경력과 이력을 잘 보고, 실제로 존재하는 업체인지 확인이 필요하다. 집 수리가 처음이라면 집 인근에 있는 곳에서 일 잘한다고 소문난 업체를 선정하여 인테리어 후에 하자 발생 시 즉각 대응해 줄 수 있는 곳을 찾는 방법을 추천한다.

4
공간의 힘으로 결혼 4년 만에 첫아이를 임신하다

빌라에 실입주하면서 결혼 생활에 행복이 다시 시작되는 기분이었다. 꿈같은 일들이 이루어졌다. 태어나 처음 살아 보는 내 집. 꿈에 그리던 방 3칸, 밥을 제대로 해 먹을 수 있는 주방이 생겨 가슴이 벅찼다. 그 누군가에게는 너무나 당연한 일상일지 모르나 나와 내 남편에게는 결혼 후 4년의 세월을 보상받는 일이었다. 집 없던 설움과 방황을 끝내고 우리는 다시 긴 인생의 여정을 함께 시작하게 된다.

다사다난했던 4년간의 시간을 뒤로한 채 앞만 보고 달려 나갈 계획을 했다. 그중 가장 시급하게 느꼈던 임신과 출산을 우선으로 계획을 세웠다. 거주하는 공간이 바뀌자 불임 치료를 받을까 고민했던 문제도 해결이 되었다. 2012년 첫째를 임신하게 된다. 결혼 후 반지하에서 거주할 때 첫째 아이를 임신했었다. 업무의 피로가 누적되고, 생활환경이 열악했던 이유여서인지 한 번의 자연유산을 경험했었다. 내 집으로의 이사를 결심하게 한 가장 큰 계기는 첫째의 유산이었다. 충격이 심했었기 때문이다.

반지하에서의 결혼 생활을 후회하고 원망하는 일상이 지속되면서 심리적으로 위축되기가 십상이었다. 아침은 매일같이 김밥 2줄을 사서 하나씩 나눠 먹고 점심은 회사에서, 저녁도 회사에서 회식으로 때우다 보니 몸도 건강할 수 없었다. 그러니 뱃속의 아이도 건강하지 못했던 것이다. 내 집에서 밥도 해 먹고 두 발 뻗고 편히 누울 공간이 있다는 사실만으로 심리적 안정감을 찾을 수 있었다. 이러한 경험 덕분에 나는 공간의 힘, 내집마련이 인생을 계획하는 데 있어 큰 역할을 한다는 것을 깨닫게 되었다. 내집마련을 후순위 목표로 두고 고민하는 분들께 이야기해 주고 싶다. 내집마련이라는 목표를 첫 번째 우선순위로 가져라. 누구나 내 집을 한 채쯤 갖고 싶어 한다. 내집마련과 투자, 2마리의 토끼를 다 잡으면 일석이조겠지만, 투자는 꼭 성공한다는 법이 없다. 안정적인 주거 환경을 마련하는 것 자체만으로도 다음 스텝을 진행할 수 있는 큰 자산이 될 수 있다. 전세와 월세살이를 전전하면서 전세금을 올려 줘야 하는 부담과 이자 비용 등을 감안하자. 남의 집에 살면서 월세와 전세금 대출이자를 내기보단 내집마련으로 내 대출금과 이자를 지출하는 것이 자산을 형성해 나가는 과정이라 생각했으면 한다.

> **One Point Lesson 부자애미의 공간의 힘이란?**
>
> 내 집을 마련하고 나면 회복과 휴식의 안식처라는 공간의 힘이 생긴다. 세상에 지치고 집에 돌아왔을 때, 나를 아무도 평가하지 않는 공간, 나를 있는 그대로 놓아둘 수 있는 공간이 있다는 건 정말 큰 위로가 된다. 내 집, 내 방, 내가 머무는 곳이 나를 보듬어 주고, 다시 살아갈 힘을 주는 회복의 공간이 되어 주는 것이다. 전월세를 전전하며 아이를 갖지 못했던 나에게 내 집이라는 공간이 생기자 첫아이의 임신과 출산을 경험했다. 불임치료보다도 더 좋은 치료와 위로가 되었던 것이 분명하다. 내 집이라는 공간을 마련한다는 것은 인생을 바꾸는 첫걸음이 된다는 것을 기억했으면 한다.

5
돈은 없지만, 빨간 벽돌집은 갖고 싶어!

    2002년식의 구옥 빌라 4층을 내 집으로 마련하였다. 그리고 첫째 아이를 출산했다. 가까이 사는 친정어머니께서 아이를 돌봐 주셨다. 우리 집 5분 거리 근처에 사시는 친정어머니는 아침저녁으로 나의 출퇴근에 맞춰 직장 아닌 직장 생활을 하시게 된다. 첫째 아이는 생후 7개월이 되었을 때부터 어린이집에 등원을 하였다. 나이 60을 넘긴 친정어머니께서 4층에서부터 1층까지 등에 아이를 업고 다녀야만 했다.

    2002년식 빌라는 엘리베이터가 없다. 그렇게 3년여를 아이와 생활하시다 결국 무릎 연골이 찢어지셨다. 어머니 말씀으로는 연골이 찢어지는 소리를 들으셨다고 한다. 큰 불효를 저질렀다는 생각이 들었다. 빌라는 언덕 꼭대기에 위치해 유모차를 끌 수 없었다. 오르막길과 내리막길이 연이어 있다 보니 유모차에 아이를 태우고 다니기가 어려웠다. 유모차를 끌고 다닐 수 있는 아파트 단지에 사는 사람들이 부러웠다. 집 앞에서 끌고 나오는 유모차로 마트까지 갈 수 있었으면 했다. 아이를 돌보기 위해 4층까지 매일 오르락내리락해야 하는 친정어머니의 불편함을 덜어 드리고 싶었다. 그리고 하나 더 하자면 마당 있는 집에 살고 싶었다. 나는 어렸을 적부터 월세살이를 전전했다. 반지하 단칸방에서 아궁이에 연탄불을 넣어 밥을 해 먹었고 뜨거운 물은 연탄불 위에 데워서 사용해야만 했다.

국민학교 5학년 같은 반 친구 중에 우리 집 근처에 있는 단독주택에 사는 친구가 있었다. 그 친구의 집 마당에 있는 감나무와 석류나무가 너무 부러웠다. 어린 시절 나에겐 단독주택은 으리으리한 대저택처럼 느껴졌다. 지금은 평범한 빨간 벽돌집일 뿐인데 말이다.

나는 어렸을 적부터 엄마와 함께 같은 꿈을 가지고 있었다. 우리도 빨간 벽돌로 만든 단독주택에서 살아 보는 것이었다. 그 꿈의 여정이 다시 시작되었다. 그래서 늘 동네를 걸어 다니며 빨간 벽돌집을 유심히 보고 '아, 저 집이 내 집이 되었으면 좋겠다.'라는 막연한 꿈을 가지곤 했다. 내 첫 집을 장만해 준 부동산 중개사무실에 자주 들러 빨간 벽돌집을 찾기도 했다. 그 당시 이미 종잣돈은 제로인 상태였다.

하지만 종잣돈이 제로라고 해서 구경하지 못한다는 법은 없지 않은가? 돈도 없으면서 부동산 중개소 사장님께 "얼마면 살 수 있어요? 현금은 얼마나 필요해요?"라고 물어보곤 했다. 사장님은 친절하게도 작은 쪽지에 필요한 구입 자금을 계산해서 주셨다. 그 작은 쪽지를 보고 나면 금세 '아, 나는 안 되겠구나. 단독주택은 현금이 많이 필요하구나.'라며 뒤돌아 나오기 일쑤였다. 나에겐 높은 산처럼 보이던 빨간 벽돌집, 내집마련으로 갈아타기를 위한 내 최종 목표였던 그 빨간 벽돌집! 2015년에 결국 내 집이 된다.

1) 통장 잔고 600만 원으로 빨간 벽돌집을 내 집으로 만들다

　2015년! 그토록 갈구하던 꿈의 집, 빨간 벽돌집이 내 집이 되었다. 통장 잔고 600만 원으로 만든 집이다. 이 일이 어떻게 가능했는지 궁금할 것이다. 그날 있었던 일은 정말 내 인생에 있어 큰 사건이고 사고이다. 우리 동네 단골 부동산 중개소에서 빌라 투자의 여왕을 알게 되었다. 나는 주말이나, 퇴근길에 단골 부동산 중개사무실에 들르곤 했다. 그때마다 한 여인과 마주쳤다.

　겉모습은 매일 똑같았다. 수면 바지와 꾸밈없는 듯한 생얼. 근데 왜 이렇게 말을 잘하는지, 그 여인은 우리 동네 부동산 시세 등에 대해 중개업 사장님보다도 더 자세히 설명해 주었다. 그렇게 인연이 되어 가끔 부동산 사무실에서 수다를 떨고는 했었다. 우리 동네의 빌라 여왕은 노후된 빌라를 사서 혼자 수리하고, 매매한다고 했다. 이야기를 들어 보면 1년에 3채 정도를 목표로 빌라를 매도한다고 했다. 수리해서 팔고 남는 마진은 500만 원에서 1,000만 원이라고 했다. 적게 벌더라도 집에서 전업주부로 지내면서 할 수 있는 일이라고 즐거워했다. 이 정도만 해도 일 년 직장 연봉인 3,000만 원 정도는 벌 수 있다고 하니 해 볼 만한 일이라는 생각이 들었다.

　2015년 당시 전업주부가 연 3,000만 원의 수입을 얻을 수 있다면 꽤 괜찮은 투자라고 여겨졌다. 티끌 모아 재산을 만드는 그녀가 존경스러웠다. 나는 그 언니를 따라 하고 싶었다. 하지만 직장을 다니다 보니 전업투자자처럼 시간을 투자하기가 어렵다는 생각이 들었다. 동네 언니를 보며 동경의 대상으로 삼았다. 자주는 보지 못했지만, 가끔 연락을 하고 지냈다.

어느 날은 통화 중에 언니가 공인중개사 시험을 준비해 볼 거라고 이야기했다. 나도 취업 후 수년 동안 공인중개사 자격증을 취득하고 싶어 해가 바뀔 때마다 공인중개사 수험서를 구매하곤 했었다. 구매만 해 놓고 보지도 않는 책을 언니에게 선물해 주고 싶었다. 책을 선물하려고 만난 동네 언니와 함께 차를 마시고 부동산 수다 삼매경에 빠졌다.

"언니, 나 꿈이 있어. 우리 동네에서 단독주택을 꼭 사고 싶어."라고 한마디를 던졌다. 동네 언니는 "우리 단골 부동산 사장님이 가지고 있는 물건 중에 내놔도 잘 안 팔리는 단독주택이 있어. 근데 집주인이 수집병과 치매가 있으셔서 쓰레기 더미로 만들어 놓은 집이야."라고 했다. 언니는 지나가는 길에 "여기야!"라고 알려 주었다. 나는 "그래? 그럼 부동산 사장님 당장 뵈러 가야겠다." 하고 바로 부동산 중개소 사장님을 찾아가서 그 집을 사려면 얼마가 필요한지 물어보았다.

사장님은 계산기를 두드리며 자세히 알려 주셨다. 그날 내 통장 잔고는 600만 원이 전부였다. 부동산 투자는 타이밍이라고 했던가? 2015년 부동산시장은 꽁꽁 얼어붙어 있었다. 매매가 잘 이루어지지 않았고, 다들 전세만 고집하던 시기였다. 집값이 떨어지던 시기라 집을 매수하기보다는 전세를 선호했었다. 이 빨간 벽돌집도 내놓은 지 1년이 다 되었는데 임자가 나타나질 않는다고 했다. 더군다나 마당부터 담벼락 앞까지 쓰레기로 꽉꽉 채워져 있었다. 동네에서 소문난 쓰레기 집이었기에 누구도 관심을 주지 않던 매물이었던 것이다.

그 당시에 내가 부동산 공부를 했던 것도 아니었다. 부동산 공급과 수요의 법칙 그리고 입지, 금리, 매수세, 매도세 시장을 읽는 흐름도 잘 몰랐다. 그저 어머니와 함께 꾸던 꿈을 이루고 싶다는 간절한 마음이 전부였다.

부동산 중개업소 사장님께 '4억 5,000만 원은 비싸다. 뚝 잘라서 4억에 해 달라'고 조르기 시작했다. 어디서 그런 배짱이 나왔는지 모르겠다. 사실 배짱이 아니고 정말 간절하게 원했을 뿐이다. 간절하면 통한다. 사장님이 주신 작은 쪽지 하나엔 전세보증금 3,000만 원이라는 금액이 적혀 있었다. 주인이 내놓은 금액대로라면 나에겐 4억 2,000만 원이 필요했다. 그때부터 나의 뇌는 풀가동되기 시작했다. 그 자리에 앉아서 펜을 들고 가용 가능한 금액을 체크해 봤다. 살고 있던 빌라는 전세를 주고 나오고, 월세를 받던 아파트를 전세로 돌리면 그럭저럭 억 단위의 돈은 채울 수 있을 것 같았다. 일단 사장님과 함께 중개소 문을 나서서 집 구경을 시작했다. 반지하부터 옥탑방까지 집 내부를 살펴봤다. 이런 큰 집을 처음 구경해 본 나는 단독주택을 매수할 때 주의해야 할 점들, 단독주택 매입 시 어디서부터 어디까지 수리를 해야 하는지 등을 알 턱이 없었다. 그냥 갖고 싶었다.

사장님은 이곳저곳 같이 둘러보시더니 이 집 수리 비용이 꽤 나올 거라고 겁을 주셨다. 나는 가능성이 없어 보였지만, 사장님께 말했다.

"주인에게 무 자르듯 뚝 잘라서 5,000만 원만 깎아 달라고 해 주세요. 네?"

그러자 사장님이 말씀하셨다. "안 될 거야. 이것도 집 안 나가서 싸게 내놓은 거야." 나는 사장님을 향해 집주인에게 전화 한 번만 해 달라고 재차 요구했다. 사장님도 난감하신 상황인 것 같았다. 시세보다 싸게 내놓았는데 더 싸게 해 달라니. 중개사 입장에서는 매수자와 매도자 어느 한쪽 편만을 들 수 없는 진퇴양난의 상황이 되었다. 계약을 약속한 것도 아닌데 전화 한 통화에 집주인이 바로 사무실에 오겠다고 하셨다.

곧이어 그 집의 공동명의자인 아들 한 분이 나타나셨다. 예의 있고 젠틀해 보이는 분이셨다. 중개사 사무실에서 내 자금 사정을 이야기해 드렸다. 지금 돈이 없다. 살고 있던 집과 아파트를 전세를 놓아야만 그 집을 살 수 있다고 솔직하게 말씀드렸다. 집값을 조정하기 위해, 이 집을 수리하려면 돈이 5,000만 원 이상은 필요할 것 같다고 했다. 알지도 못하는 수리비를 내가 깎고 싶은 만큼 불러서 이야기했다.

그때 난 둘째를 임신한 지 5개월 차였다. 현재 언덕 꼭대기에 있는 빌라에 살고 있는데 둘째 임신 중이고, 친정어머니 다리도 많이 아프셔서 단독주택으로 꼭 이사하고 싶다고 간절하게 말씀드렸다. 이 집이 나에겐 꼭 필요하다는 어필을 계속했다. 투자 목적으로 집을 사려고 하는 것이 아니다. 실거주 목적으로 부모님을 모시고 살 계획이라고 진심을 전했다. 솔직한 마음과 진심은 통했다. 소유자도 집수리가 필요하다는 사실을 알고 있었다.

결국 4억에 계약을 승낙받았다. 대신 매도 후 발생되는 집수리 문제에 대하여 책임을 묻지 않겠다고 약속했다. '간절하고 절박한 심정으로 문을 두드리면 원하는 것을 얻을 수 있다.' 이 말을 부동산 계약을 통해 다시 깨달았다. 어떤 이는 말도 안 되는 요구라 생각할 수 있다. 하지만 해 보는 것과 해 보지 않는 것은 큰 차이가 있다. 하지 않고 후회하느니, 시도해 보고 실패하는 게 낫다. 시도하는 행동은 다른 결과를 안겨 줄 수도 있다는 걸 깨닫게 해 준 경험이었다. 실패와 성공은 시도하지 않으면 경험할 수 없다는 진리가 이곳에서도 통한다. 누가 뭐래도 일단 시도해 보는 것이다.

계약금 600만 원으로 내 집이 된 빨간 벽돌집. 수리 전

🏠 One Point Lesson 부자애미의 집값 흥정 전략

불가능해 보이는 일을 시작하는 것은 태도와 마음가짐이다. 내가 원하는 가격에 부동산을 매수하기 위해서는 상대의 마음을 읽어야 한다. 가격만으로 협상하려면 협상이 되지 않을 수 있다. 상대가 원하는 것, 내가 원하는 것을 파악하고 매수하고 싶은 가격을 제시하고 조율해 나가야 한다. 안 될 것 같다고 단언하지 말고, 시도하라. 예를 들어 매수 금액에서 1,000만 원을 줄이고 싶다면 2,000만 원을 내려 달라고 이야기해야 단돈 500만 원이라도 조정이 가능해진다. 부동산 매매 가격은 심리전이라고도 할 수 있다. 나와 상대방의 입장을 잘 살펴야 한다. 상대가 지금 부동산을 매매를 왜 하는지에 대해 부동산 중개업소를 통해 상황을 전달받도록 한다. 또한 매수자 우위 시장이냐, 매도자 우위 시장이냐에 따라 가격 협상에 큰 영향을 미칠 수 있다는 사실을 기억해야만 한다. 집을 사려는 사람이 마음이 조급해지면 가격 협상에서 이기는 게임을 할 수 없다. 맘에 드는 집이라고 해서 급하게 서두르지 말고 돌다리도 두들겨 가며 천천히 협상 전략을 구상하도록 한다. 세금 낼 돈이라도 아낄 수 있도록 가격협상 전략을 세워 나가도록 한다.

6
부동산 공부는 인문학이다

나는 부동산투자 공부도 인문학이라 생각한다. 내가 선택한 부동산의 역사를 알아야 한다. 그리고 집을 팔려는 사람과 집을 사려는 사람의 간절함이 통해야 한다. 집에도 인연이 있다. "내가 투자할 현금이 많아서 이 집 사겠소."라고 한들 꼭 살 수 있는 것도 아니다. 지금 가진 돈이 부족해도 운이 생기거나 기회가 다가올 수 있다. 간절함과 절박함을 가지고 애쓰다 보면 꿈꾸던 집을 마련할 수 있는 것이다. '내 집'은 그저 투자 공부를 열심히 하거나, 투자금이 많다고 해서 가질 수 있는 것이 아니다. 매수자와 매도자의 마음이 통해야 한다. 집을 팔려는 사람의 사연에 귀 기울여 주어야 한다.

내가 전업투자자로 투자 목적만 가지고 집을 사려고 들이댔다면 원하는 금액에 거래되지 않았을 것이다. 나의 꿈, 나의 가족의 미래가 된 빨간 주택을 매수할 때 이전 소유자에게는 그 집이 어렸을 적 추억이 고스란히 남아 있는 공간이었다. 하지만 그는 개인적인 사유로 눈물을 머금고 집을 팔아야만 했다.

부동산 공부도 인문학적인 관점에서 접근해야 한다. 상대방의 마음을 잘 읽어야 적절한 투자 타이밍에 내가 원하는 조건으로 거래가 이루어질 수 있는 것이다. 욕심과 욕망으로 가득 찬 거래는 결국에 탈이 나고 만다. 욕망과 욕심으로 가득 찬 부동산 거래는 부정적인 투자 결과를 가져다줄 수 있다는 사실을 명심해야만 한다.

빨간 벽돌집을 매수할 당시 나는 통장에 있던 잔고 600만 원을 계약금으로 먼저 넣었다. 그리고 집주인에게 잔금 납부 날짜를 넉넉히 잡아 달라고 요청했다. 지금 살고 있는 빌라를 전세로 놓아야 잔금을 치를 수 있다고 하며 간곡히 부탁드렸다.

부동산 매매계약을 하면 잔금 납부 기간은 3개월로 잡는 것이 통상적이다. 나의 사정을 이해해 준 소유자는 잔금 납부 기간을 5개월로 약속해 주었다. 물론, 상대방도 안 팔리던 집을 팔 수 있는 기회였던 것은 맞다. 하지만 이렇게까지 배려를 해 준 이유는, 절실하게 이 집을 원하는 나의 간절함 때문이었다. 그 간절함이 서로의 마음을 통하게 했고 상대에게 '배려'라는 마음이 들게 한 것이다.

집주인분이 빨간 벽돌집의 사연을 들려주셨다. 큰아들인 본인이 대학 재학 시절, 건축과에 다니면서 직접 건축설계를 한 집이라고 했다. 거기에 아버지가 건축 사업을 하셔서 둘의 노력으로 정말 튼튼하게 지은 집이라며 자부심이 가득했다. 집주인분은 이곳에서 생활하다가 장가를 갔다고 했다. 그래서 그런지 애정이 남달라 보였다. 집주인은 건축주들이 투자를 목적으로 이 집을 매수하여 기존 집을 철거하고 신축하는 게 내키지 않았던 것 같다. 내가 아이들과 부모님을 모시고 거주할 예정이라는 데 마음을 주신 것이 분명하다.

쓰레기 집으로 소문난 덕분에 이웃 주민들이 구청에 신고를 자주 했다고 한다. 분가한 두 아들은 신고를 받으면 쓰레기를 치우느라 스트레스를 많이 받았다고 했다. 치매에 걸려 수집병을 가지고 계신 홀로된 어머니께선 단독주택의 반지하에서 생활하고 계셨다. 두 아들에겐 큰 아픔이었으리라.

　5개월 동안의 긴 계약기간 동안 내가 소유하고 있던 빌라와 아파트의 전세가 새로 맞춰졌다. 나는 우여곡절을 넘기고 빨간 벽돌집에 마당 있는 집 주인이 되었다. 2개월 동안 부지런히 집 전체 수리를 시작했다. 2톤 트럭으로 집 안과 밖에 쌓아 놓은 쓰레기들을 치워 냈다. 쓰레기를 치우고 나서 집 안을 꼼꼼히 살펴보니 지하에도 물이 새고 있었다. 보일러도 가동이 되지 않는 상황이었다. 까무러칠 일이었다. 그러나 침착하게 생각했다.

　5,000만 원 시세를 깎아서 들어왔으니 그만큼 수리 가격을 빼 준 거구나 싶었다. 2개월간의 대공사를 시작했다. 수도 배관, 보일러 바닥 배관을 다 뜯어내고 바닥 미장도 새로 다시 했다. 어디서 솟아난 용기였는지 화장실 타일, 도배, 장판, 현관문, 방문, 전기, 주방 등 모든 인테리어를 새로 했다.

　주말마다 동네 경인고속도로에 있는 분야별 도매업체를 찾아가 견적을 냈다. 집 내부 인테리어에 관련된 모든 것을 직접 선택했다. 분야별 기술자분들도 직접 연락하였다. 나는 무슨 배짱으로 공사를 진두지휘했던가? 직장인이었기에 주말만 되면 발바닥에 물집 나게 돌아다녔던 기억이 난다.

　친정 엄마와 남편이 나를 도와주었다. 친정 엄마는 이 집을 살 때 좋은 꿈을 꾸셨다고 했다. 꿈속에서 큰 구렁이 한 마리가 우리 집 담벼락 위에 나타났다고 하셨다.

　내가 출근하면 한겨울에 친정 엄마는 아침부터 현장에 나오셨다. 그리고 점심때가 되면 인부들 식사를 사 주셨다. 저녁에는 전기공사를 하는 아저씨 옆에 서서 전등을 들어 주셨다. 당시 3살이었던 첫째 아이는 공사로 인해 어린이집에 매일 등원해야만 했다.

나와 남편이 출근하는 동안 친정어머니는 우리를 대신하여 공사 현장을 지휘하셔야만 했다. 친정어머니라는 조력자가 없었더라면 절대 해낼 수 없었던 일이다. 지금도 어머니는 그 당시를 회상하며 다시 하라고 하면 못 할 일이라고 되뇌신다.

그땐 아프고 피곤한지도 모르고 일했던 것 같다. 부모님과 함께 바라오던 단독주택이었다. 아버님과 결혼 후에 이사를 다니면서, 보증금과 월세를 올려 달라는 집주인들에게 어머니는 평생을 시달리셨다. 살고 있던 집에서 나가라고 하지 않을까 하는 불안감 때문에 딸이 빨간 벽돌집의 주인이 된 것에 많은 행복을 느끼셨다. 딸의 고생을 덜어 주려는 마음으로 공사 기간 동안 온힘을 다해 도와주셨다. 어머니의 도움으로 2015년 12월 24일 크리스마스이브가 되어 나는 단독주택으로 이사를 할 수 있었다.

결혼 이후 4년 만에 첫 내 집인 빌라에 입주했고 첫째 아이를 출산했다. 둘째 아이 임신 중에 빨간 벽돌집으로 다시 이사를 했다. 가장 큰 행복을 느꼈던 시절이었다. 이렇듯 내집마련을 위해 천천히 내 자금과 가족의 상황에 맞게 준비해 나가면서 얻는 행복은 이루 말할 수 없다. 부동산투자로 목돈을 한 방에 벌기 위해 애쓰기보다는 내집마련이라는 목표를 세우기를 바란다. 가족이 하나둘씩 늘어나고 그에 맞는 환경을 찾아 월세, 전세를 번갈아 가며 이사를 하는 일에 대해 불편하다고 생각하면 안 된다.

노력과 고생 없이 얻을 수 있는 것은 단 하나도 없다. 평범한 직장인들이 꿈꾸는 집을 마련하기 위해서는 반드시 여러 번의 이사는 감내할 각오를 해야만 한다. 당장 돈이 없다고 전세살이에 만족하지 않아야 한다. 전세에 거주하는 동안 내집마련에 대한 기회비용을 잃을 수 있다는 생각을 반드시 해야만 한다. 세월 이기는 장사는 없다고 하지 않은가! 결혼 초기부터 내집마련을 함으로써 시간이 돈을 벌어다 주는 경험을 할 수 있다. 부동산도 시간 싸움이다. 세월이 흐르면 흐를수록 물가 상승에 따른 집값 상승도 따라 줄 터이니 더 이상 지체하지 말기를 바란다. "인생에 늦은 때는 없다."라고 하지만 늦기 전에 미리 준비하는 태도와 마음가짐이 중요하다. 부동산 공부와 계획으로 준비해 나간다면 내집마련은 나의 가족의 미래가 될 수 있다.

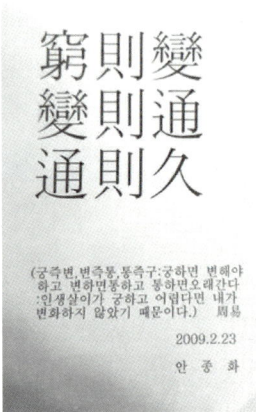

2008년 결혼 후 시아버지께서 아들과 딸, 며느리에게 만들어 주신 생활백서 폴더

2023년 9월 간암으로 시아버지는 세상을 여의셨다. 시아버지께서는 내가 남편과 결혼 후에 파일을 하나 전해 주셨다. 부부가 결혼 후 노후까지 어떻게 살아가야 할지를 스크랩하여 전해 주신 것이다. 인생 선

배로서의 많은 이야기가 스크랩되어 있다. "궁즉변 변즉통 통즉구" 〈주역〉에 나오는 글로, "인생살이가 궁하고 어렵다면 내가 변화하지 않았기 때문이다."라는 메시지를 담고 있는 이 문장을 기억했으면 한다.

🏠 One Point Lesson 부자애미의 부동산 공부가 인문학인 이유

부동산의 진짜 가치는 사람을 이해하는 것이다. 가격이 오르느냐 내리느냐보다 중요한 건 그 공간에 누가 살고, 어떤 이야기가 있고, 어떤 삶의 흔적이 남아 있는가이다. 부동산은 사람을 담는 공간이고 그 안엔 수많은 인생의 서사가 담겨 있다. 그걸 이해하고 읽어 내야 좋은 집, 좋은 동네, 좋은 투자를 볼 줄 아는 안목이 생긴다. 부동산은 단순히 평당가, 시세 차트, 금리만 보는 게 아니라 사람과 공간, 삶과 시간, 도시의 서사를 읽어 내는 인문학이다. 그걸 읽어 낼 줄 알아야 좋은 입지를 고르고, 미래를 예측하고, 내 공간을 제대로 설계할 수 있다. 부동산을 공부하기 위해 역사, 문화, 사회, 경제, 심리를 두루 들여다봐야 하는 이유이다. 결국 도시와 공간을 통해 시대를 읽는 인문학적 사고가 필요하다. 공간 속에서 사람들은 어떻게 살았고, 앞으로 어떻게 살아갈지를 이해하는 과정을 거쳐야만 한다. 나는 시중에 나온 부동산 관련 베스트셀러를 닥치는 대로 읽었었다. 부동산을 공부하며 숫자와 그래프, 시세 차트로만 공부하는 재테크 영역의 한계를 넘어서 현재는 인문학 책을 위주로 읽는 습관을 기르고 있다. 사람은 공간에서 살아가고, 어디에 집을 짓고, 어떤 구조로 살며, 누구와 관계를 맺을지에 대한 사람과 삶, 도시와 공간, 시간의 변화를 이해하는 인문학을 공부한다면 주체적이고 흔들리지 않는 나만의 투자 원칙도 세울 수 있을 것이다.

7
빨간 벽돌집은 나와 가족의 미래다

나와 남편은 결혼 전부터 함께 꿈꾸던 목표를 다시 세울 수 있었다. 나는 중고등학교 시절부터 포기하는 게 많은 학생이었다. 수학, 영어, 과학, 사회, 아니 포기 안 한 과목이 없어 보일 정도였다.

남편과 나는 사내 커플로 만나서 결혼했다. 결혼 후에 회사에서 지원해 주는 유학을 함께 가는 것을 목표로 했었다. 그러나 결혼을 하게 되고 그 뒤로 집 없이 떠돌다 보니 안정된 생활을 할 수 없었다. 그로 인해 꿈을 되찾는 일이 쉽지 않았다. 남편은 유학 지원 프로그램에 도전하기 위해 주말이면 토플 학원에 다녔다. 연휴 기간 동안에는 도서관에서 공부를 했다. 남편은 각고의 노력 끝에 토플 성적을 올릴 수 있었다. 그리고 회사에서 지원해 주는 국외 파견 교육프로그램에 한 번의 낙방을 했었다. 10년 동안 각고의 노력 끝에 결국 우리 가족 모두 미국 유학길에 오를 수 있었다. 나는 입사 후 13년 만에 처음으로 육아휴직을 통해 아이들과 아침부터 저녁까지 함께할 수 있었다. 첫째와 둘째를 출산 후 출산휴가만 3개월 쓰고 바로 복직을 감행했던지라 나에게 육아휴직은 또 하나의 꿈이었다. 육아휴직을 선택할 수 있었던 계기는 결국 내집마련이다. 내집마련으로 인해 나의 심신이 안정되었다. 지옥처럼 느껴졌던 반지하 생활에서 벗어나 미국이라는 새로운 세상을 경험했다. 가족과 함께 목표를 이룰 수 있었던 건 결국 내집마련이라는 디딤돌을 건너 꿈을 포기하지 않고 꾸준히 탐색하고 도전했던 노력 덕분이었다.

내집마련 덕분에 여유 있는 미국 생활이 가능했다. 여유롭게 지내다 보니 믿음 생활도 할 수 있었고, 미국에서 자기 개발을 위한 공부에도 도전할 수 있었다. 몸과 마음이 여유로워지니 셋째는 미국에서 출산하게 된다. 내 인생에서 가장 잘한 일은 셋째 출산이다.

자녀 계획도 마찬가지다. 월급쟁이의 고단한 일상 속에서 과연 내가 셋째를 계획할 수 있었을까? 빨간 벽돌집 하나로 상상할 수 없는 일들이 일어나기 시작했다. 이 집은 나에게 단순히 월급쟁이를 벗어나는 것 이상의 가치를 가져다주었다. 가족이 함께 나아갈 방향과 목표를 그릴 수 있게 해 준 것이다. 《헨젤과 그레텔》에 나오는 과자로 만든 집 같은 느낌이다. 먹으면 먹을수록 달콤하다. 알면 알수록 더 아름다운 집이다.

내 집을 마련한다는 건, 거주 공간을 갖는다는 의미를 넘어선다. 안정된 거주 공간의 마련을 기반으로 나와 가족의 꿈의 크기가 달라진다. 꿈꾸는 가족이 되고 싶다면 일단 내 집부터 마련하도록 하자. 전세나 월세를 전전하며 시간을 허비하지 않았으면 한다. 전월세보증금과 임대료를 낼 능력만 있으면 된다. 작고 초라한 집이라도 좋다. 나의 자본금에 맞는 내 집을 사서 꿈을 꾸기 시작해야만 한다.

🏠 One Point Lesson · 부자애미의 내집마련이 나와 가족의 미래인 이유

세상은 생각보다 많이 흔들린다. 금리, 경기침체, 갑작스러운 이사 통보 등. 그럴 때 내가 지킬 수 있는 단 하나의 공간이 있다면 그건 단지 부동산 자산이 아니라 나와 가족을 지키는 안전한 울타리가 되어 준다. 지친 하루에도 돌아갈 곳이 있고, 어떤 날은 주저앉아도 괜찮은 내 공간이 있다는 건 그 자체로 미래를 위한 가장 든든한 준비이다. 그러니 집을 산다는 건 단지 투자의 문제가 아니라 '어떻게 살 것인가'에 대한 선택이다. 내가 원하는 삶, 가족이 행복할 수 있는 공간, 그리고 우리의 시간을 아름답게 담아낼 미래를 설계하는 일. 그게 바로 내집마련의 진짜 의미이다.

8
빨간 벽돌집이 상가주택으로, 트랜스포메이션

빨간 벽돌집을 갖고 있다는 건 토지를 소유했다는 의미이다. 언제든지 부수고 새 건물을 지을 수도 있다. 나는 건물에 남은 토지 1평이라도 찾아내어 가치를 높이고 싶어졌다. '증축을 할 수 있을까?'라는 고민도 했다. 하지만 증축은 허가받는 시간과 비용이 많이 들 것 같아 미루기로 했다.

그때 내 눈에 띈 대문 옆 주차장 6평! 이 집은 1989년도에 지어진 집이다. 철문이 달린 6평 되는 주차장이 집으로 들어가는 대문 옆에 같이 붙어 있다. 이 공간을 활용해 봐야겠다는 생각으로 공부하면서 설계사무소에 문의를 시작하였다. 그리고 주차장을 근린생활시설로 변경할 수 있다는 희소식을 듣게 된다.

간단했다. 철문을 알루미늄 셔터 문으로 변경하고, 설계사무소에서 도면 설계를 하여 건축과에 허가를 받으면 되는 일이었다. 설계 비용은 150만 원이었다. 그동안 땅을 주차장으로 불법 사용 한 이행강제금 250만 원을 냈다. 알루미늄 새시 유리문을 설치하는 데는 100만 원이 지출되었다. 총 500만 원의 금액으로 빨간 주택에서 상가주택으로 트랜스폼할 수 있었다. 남은 땅 하나라도 허투루 보지 않고, 남다른 눈으로 보며 색다른 행보를 걷기 시작했다.

그렇게 변신한 주차장은 현금 흐름을 확보할 수 있는 기회를 가져다주었다. 남들에겐 그냥 대문 달린 주차장이었을 뿐이었는데, 나의 색다른 시각과 예리함으로 빈틈을 공략했다. 그리고 바로 실행에 옮겨 주차장이 상가로 변화했다. 이것을 전문용어로 '건축물의 용도변경'이라고 한다. 흔히 상가라고 불리나, 전문용어로는 주차장에서 근린생활시설로 건축물의 용도변경을 한 것이다. 쓸모없어 보였던 주차장이 현재는 무인 카페로 변신하여 현금흐름의 파이프라인을 만들어 가고 있다.

주차장에서 무인카페로 변신한 용도변경 사진

🏠 One Point Lesson **부자애미의 빨간 벽돌집 건축물의 용도변경을 위한 필수 상식**

① 근린생활시설: 일반적으로 주택가와 인접해 주민들의 생활 편의를 도울 수 있는 시설 등으로 볼 수 있다. 근린생활시설은 제1종 근린생활시설과 제2종 근린생활시설로 분류한다.

제1종 근린생활시설은 주택가와 인접해 주민들의 생활 편의를 도울 수 있는 시설을 말한다. 소매점, 이용원, 마을회관 등이 있다. 제2종 근린생활시설은 주택가와 인접해 주민들의 생활 편의를 도울 수 있는 시설을 말한다. 공연장, 종교집회장, 금융업소 등이 있다.

② 건축물의 용도변경: 사용승인이 완료된 건축물의 용도를 타 용도로 변경하는 행위를 말한다. 건축물의 용도를 변경하려면 용도별 시설군 구분에 따라 특별자치시장·특별자치도지사·시장·군수·구청장의 허가나 신고, 또는 건축물대장 기재내용 변경신청을 해야 한다.

9
엄마의 눈으로 빨간 벽돌집 고르는 비법

1) 경사지보다는 평지 주택을 선택하라

입지가 좋은 곳으로 투자하길 희망한다면, 평지가 넓게 형성되어 있고 사방이 뚫린 곳을 골라라. 오랜 기간 상권으로 주목받아 온 지역들을 살펴보면, 특별한 경우를 제외하고는 거의 모두 평지라는 것을 알 수 있다. 대표적인 곳이 홍대이다. 합정동, 연남동, 가로수길도 마찬가지다(경리단길과 서촌은 예외에 속한다). 몇 년 전부터 주목받고 있는 성수동 일대도 넓은 평지에 위치하고 있다.

이처럼 이미 발달한 상권이나 새롭게 상권이 발달하는 지역 모두 평지에 위치하며, 이 평지는 비교적 넓게 형성되어 있다. 또 다른 공통점은 사방이 뚫려 있는 지역이라는 것이다. 이 말은 높은 산 등으로 인해 어느 한쪽이 막혀 있지 않아야 한다는 뜻이다. 그래야 어느 방향에서든 접근이 용이하다. 또, 개발이 주변부로 점차 확장해 나가면서 꾸준한 지가 상승을 이끌어 낼 수 있다. 이러한 이유로 설령 새로운 지역이

상권으로 부각되고 있다 해도, 주변이 막혀 있거나 경사가 심한 위치에 있다면 추가적인 성장은 없을 거라고 보는 것이 맞다.

2) 지하철 도보 이용이 가능한 역세권에 주목하라

　단독주택을 매입할 때 자본금을 최소화하고 전월세 레버지리를 극대화해야 한다. 젊은 직장인들이 직장으로 이동하기 편한 역세권에 위치한 주택을 골라야만 한다. 도보로 최소 10분 이내에 도착할 수 있는 입지를 선택하는 것이 좋다. 그리고 더블역세권, 트리플역세권이면 금상첨화이다. 강서구는 보통 일자리가 많은 곳으로 이동하기에 용이한 지역이라고 할 수 있다. 2호선과 5호선, 9호선을 다 이용할 수 있어 직장인 수요가 많다. 서울에서 일자리가 많은 지역인 강남, 여의도, 마곡, 마포 등으로 이동하는 지하철 노선인 2호선과 5호선, 9호선이 있는 역세권 지역에 주목할 필요가 있다.

　직주근접이라는 용어는 직장과 집이 가까이 있다는 뜻이다. 하지만 강남, 여의도, 마포, 마곡은 전월세 가격이 높다. 사회 초년생들에겐 월급을 받아서 전세대출을 받거나 월세를 지출하는 데 대한 부담이 크다. 일자리가 많은 지역으로 이동하는 노선이 있는 강서구 화곡동 같은 경우는 지하철 2호선과 5호선, 9호선이 함께 운행되며 저렴한 전월세의 수요가 많은 편이다.

3) 1층 주택보다는 3층 주택을 선택하라

주택이 재개발되거나 건축업자에게 팔려서 허물고 다시 짓는 경우라면, 단층이든 다가구든 특별한 차이가 없다. 그러나 투자금을 최소화하고 월세 흐름을 만들려고 한다면 단층보다는 3층 정도의 주택을 선택하는 것이 좋다. 가구수가 많을수록 임대료 수익이 높아지기 때문이다. 또한 매입한 주택을 건축물의 용도변경으로 상가주택으로 바꿔, 1층이나 2층을 상가로 쓰고 그 이상을 주택으로 활용할 수 있다, 단층보다는 다가구주택이 좋은 이유이다.

4) 주택 앞 도로는 6m 이상의 넓은 도로가 있는 곳을 선택하라

상가주택이 위치한 전체적인 지역은 대로를 끼고 있어야 한다. 그런데 이때 또 하나 중요한 것이 바로, 이면도로의 넓이다. 이면도로의 넓이는 4m, 6m, 8m가 일반적인데 어느 넓이를 낀 주택이 가장 좋을까? 도로는 6m 이상의 넓은 것이 좋다. 우선 4m 도로를 끼고 있는 상가주택이라면 제외하는 것이 현명하다. 이 경우 개발이 제한적이고 상권이 형성될 가능성도 희박하기 때문이다. 다만 4m 도로를 끼고 있다고 해도 주도로에서 바로 보이는 물건이라면 괜찮을 수 있다. 이러한 이례적인 조건이 없는 4m 도로라면 보다 신중하게 접근해야 한다.

그런데 한 상가주택이 8m 도로를 끼고 있는데 아직 상권 등이 형성되어 있지 않은 경우라면 어떨까? 또 이 물건의 가격이 약간의 상권이 형성된 4m 도로를 끼고 있는 물건의 가격과 동일하다면? 그렇다면

8m 도로를 끼고 있는 물건을 선택해야 한다. 그게 더 좋은 물건이다.

5) 웰빙 시대에 숲세권 틈새시장 공략법

내가 매수한 단독주택은 우리 동네에서 가장 높은 지대에 위치해 있다. 산 입구에 있는 공원 옆이다. '이 꼭대기까지 누가 올라와서 살아?'라고 의문을 가질 수도 있다. 하지만 주택가의 숲세권 덕을 톡톡히 보고 있다. 역까지 10분이면 충분히 갈 수 있는 거리다. 여의도, 강남, 마곡, 마포로 출퇴근하는 젊은 층에게 인기가 좋다. 요즘 MZ세대는 강아지나 고양이 같은 반려동물을 많이 키운다. 한 집당 한 마리는 키우는 것 같다. 그러다 보니 숲을 이용해서 반려견과 산책할 수 있는 공기 좋고 조용한 곳을 선호한다. 언덕 꼭대기의 낡은 단독주택도 차별화 전략을 구상하여 MZ세대를 타깃으로 전월세시장을 공략한다면, 전월세 레버지리를 이용하여 적은 투자금으로 전월세 수익을 극대화할 수 있는 틈새시장을 공략해 보는 것도 빨간 벽돌집으로 내집마련을 하는 방법 중의 하나이다.

6) 이왕이면 다홍치마 코너 집을 선택하라

코너 집은 사방이 도로로 연결되어 있다. 제일 중요한 부분은 일조권의 영향을 받지 않으므로 낡은 주택을 사서 신축을 고려할 때 건축면적 손해를 덜 볼 수 있다. 특히나 상가주택이라고 한다면 코너에 위치해 있어야 눈에 잘 띄기도 한다. 상업용 건물이나, 토지, 주택을 고를 땐 코너 집을 눈여겨보도록 하라.

7) 1평이라도 활용할 수 있는 집을 보는 매의 눈

빨간 벽돌집은 건물을 산다고 생각하기보단 토지를 매수한다고 생각하고 접근해야 한다. 여기서 질문을 하나 드리고 싶다. 여러분들은 토지를 매수한 적이 있는가? 백이면 백 이렇게 대답할 것이다. "저는 토지 거래는 한 번도 한 적이 없습니다." 아니다. 부동산을 공부하는 여러분들은 주택을 보는 시각을 바꿔야만 한다. 아파트나 빌라 매수시에도 건물뿐만 아니라 토지지분도 소유하게 된다. 그중에 단독주택은 토지 지분도 가장 크고, 내 마음대로 철거와 신축을 할 수 있는 부동산이다. 단독주택을 매의 눈으로 살피고 남아 있는 공간이 있다면 어떻게 활용할 수 있을지를 고민해야 할 것이다.

8) 부자애미의 빨간 주택 QUIZ

다음 두 개의 사진 중에서 매입하기를 희망하는 빨간 주택을 골라보자.

1번 사진	2번 사진

　어느 것을 골랐는가? 이 두 개의 사진에 나오는 단독주택의 공통점은 무엇일까? 두 집 모두 코너에 위치해 있다. 코너에 위치한 집은 추후 기존 건물을 철거하고 집을 지을 때 건축면적을 좀 더 확보할 수 있다. 그리고 햇빛을 받을 권리, 즉 일조권의 방해를 받지 않을 수 있다.

　일조권은 한 건물이 다른 건물 등에 의해 방해받지 않고 햇빛을 충분히 향유할 권리를 말한다. 일조권은 「건축법」에서 건축물의 높이를 제한하는 하나의 근거로 활용된다. 일조는 주로 주택을 볼 때 민감하게 여겨지는 사항이므로 전용주거지역이나 일반주거지역에서 건축물을 건축하는 경우에는 정북 방향의 인접 대지 경계선에서 일정 거리 이상을 띄워 건축하여야 한다. 위 사진의 차이점은 무엇인가? 눈에 띌 것이다. 어렵지 않다. 2번 사진은 1층에 상가가 존재한다. 근데 여기서 하나 더 있다! 2번 사진에서 숨은그림찾기를 해 보자. 갈색 셔터 문이 보이는가? 저곳은 왜 저렇게 셔터 문을 닫아 놓았을까? 요즘 셔터 문으로 상가를 닫는 곳은 드물다.

저곳은 이 집의 주차장으로 활용하고 있는 곳이다. 보통 옛날 빨간 벽돌집의 주차장은 저렇게 오래된 철문을 사용하곤 했다. 여러분들은 [2번 사진]의 집을 선택해야 한다. 내가 만약 이 빨간 벽돌집을 매수한다면 셔터 문을 뜯어 버리고 새시 문 설치를 기획할 것이다. 건축 설계사무소에 연락하여 근린생활시설, 즉 상가로 사용할 수 있도록 건축물의 용도변경을 신청할 것이다. 건축물의 용도변경을 위해 필요한 금액은 많지 않다. 2015년도 당시에는 건축 설계사무소에 수수료 150만 원을 주고 6평 정도 되는 주차장의 설계를 다시 받았다. 그리고 용도변경 신청까지 완료하여 상가로 트랜스포메이션을 시켰다. 사진 속의 철문은 곧 누군가의 돈줄이 될 것이라는 것을 눈치채야만 한다. 지금 만약 저 철문을 부수고 용도변경을 해야겠다는 마음을 먹었다면 당신은 둘 중 2번 사진의 집을 선택할 것이다.

10
부자애미 팔로우 미!
빨간 벽돌집 주인이 되어 보자!

1) 네이버페이 부동산 앱으로 매물 확인

네이버페이 부동산 앱에서 매물찾기-주택-매물유형-단독/다가주/상가주택으로 검색하여 관심지역 매물을 확인해 보도록 하자. 검색하다 보면 좌절 모드에 빠질 수도 있다. 비싸도 너무 비싸고 호환 마마보다 더 무서운 전문용어가 나온다. 대지면적, 연면적, 건축면적 등과 같은 낯선 용어들이 등장한다. 두려워할 이유가 없다. 간단한 용어이기에 자주 검색하다 보면 낯설게 느껴지지 않을 것이다. 몇 가지 용어 중에 기억해야 할 것은 대지면적이다. 대지면적은 등기부상에 토지로 되어 있는 땅의 넓이다. 연면적은 바닥면적의 총합계를 말한다. 층수별로 바닥면적을 합친 면적이다. 건축면적은 토지에서 건축 가능한 면적이며 용도지역에 따라 달라진다. 매물 검색 후에 맘에 드는 빨간 벽돌집을 발견하였다면 입지와 같은 다양한 호재 등을 미리 파악해야만 한다. 입지나 호재 등을 파악하고 현장에 방문한 후 '이 집이 내 집이다' 싶으면 반드시 확인해야 할 공적서류들이 있다.

11 빨간 벽돌집(건물, 토지) 매수 시 필수 확인 서류 5종 세트

1) 토지이용계획 열람

 빨간 벽돌집을 선택할 때 용도지역을 꼭 확인해야만 한다. 용도지역은 각 토지별로 지정하는 게 아니라 지역 일대를 넓게 지정하기 때문에 같은 지역 내에서도 용도를 조금 더 세분화할 필요가 있다. 이때 등장하는 것이 용도지구다. 용도지구는 용도지역의 제한을 강화하거나 완화하여 적용하는 역할을 한다. 그래서 용도지역은 모든 토지에 빠짐없이 지정되어 있지만, 용도지구는 토지에 따라 지정된 경우도 있고 지정되지 않은 경우도 있다. 입지에 맞는 건물의 종류를 정했다고 해도 신축을 예상할 때 어떤 종류의 건물을 지을 수 있는지 알려면 토지의 용도를 확인해야 한다. 국가에서 토지마다 용도와 그에 따라 지을 수 있는 건물의 종류를 규제하고 있기 때문이다. 아무리 입지가 좋다고 한들 그 토지에 원하는 건물을 지을 수 없다면 토지의 가치는 떨어질 수밖에 없다. 그런 집은 매수하면 안 된다.

토지의 이용규제는 토지이용계획에 표시되어 있다. 토지이용계획 열람을 통하여 해당 주택에 대한 토지의 지목, 면적, 개별공시지가 및 용도지역, 용도지구의 확인이 가능하다. 빨간 벽돌집을 매입하기 전 토지의 이용 가능한 용도를 꼭 확인해야만 한다. 국가에서 정해 놓은 용도와 그에 따라 지을 수 있는 건물의 종류를 어떻게 규제하고 있는지 확인하는 방법을 알아보자.

①

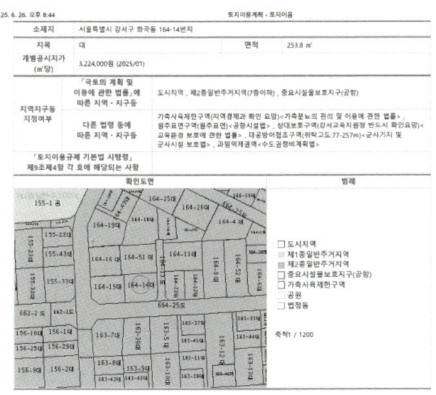

토지이음 홈페이지

토지이음-토지이용계획-토지이용계획열람

② 정부24(유료): https://www.gov.kr/portal/main

정부24-민원서비스-토지이용계획확인신청

토지이용계획확인 신청은 정부24 사이트에서도 가능하다. 정부24에서 정식 확인서를 발급받으려면 1,090원의 수수료가 필요하다. 이 서류는 행정기관에 제출용으로 사용할 수 있다.

빨간 벽돌집은 토지를 함께 매수한다는 발상의 전환을 해야 한다. 용도지역이 무엇인지 쉽게 이야기하자면 신축 시에 건물의 면적과 층수, 어떤 건물을 지을 수 있는지를 결정하는 규제 중의 하나이다. 한국은 국토 면적의 70% 이상이 산지이다. 서울 땅은 이미 신축할 공지가 없다. 국가에서는 국민의 주거 안정을 위해 재건축과 재개발에 대한 규제를 완화하고 다양한 방법으로 거주 공간을 제공할 수 있는 정책을 세우고 있다. 서울시에서 신속통합, 모아타운 등 재건축, 재개발이 이슈가 되고 있는 이유이다.

이제는 위로 올릴 수 있는 공간의 가치를 판단해야 한다. 같은 면적의 토지라도 위로 더 많이 올리면 올릴수록 수익률을 높일 수 있다. 3층짜리 단독주택과 4층짜리 단독주택의 가구수를 비교해 보라. 1층에 2개 가구가 들어간다고 했을 때, 3층짜리면 6개 가구가 들어가지만 4층짜리면 8개 가구를 건축할 수 있다. 6개 가구가 각각 전세 2억이라면 12억 확보, 8개 가구라면 16억을 확보할 수 있다. 용도지역을 공부하고 내가 투자할 토지의 공간 활용이 어떻게 되는지를 판단한다면 나의 초기 투자금과 수익률은 많은 차이를 가져올 수밖에 없다. 맘에 드는 물건을 발견했다면 제일 먼저 해야 할 일은 토지이용계획도 확인이다.

눈에 보이는 것이 전부가 아니다. 내가 매수한 토지의 미래가치를 꼭 체크해야만 한다. 미래가치를 체크해야 하는 이유는 매도를 해야 할 때 매도 타깃을 정할 수 있다. 매도가 용이해지려면 살 사람들의 니즈를 파악해야 한다. 빨간 벽돌집을 매수 후 리모델링을 통해 월세를 받는 것을 목적으로 할 수도 있다. 건축주가 매수하여 건물을 철거 후 어떤 건물을 지을 수 있는지를 미리 예상할 수 있는 기본적인 공부를 해야 한다. 미래가치를 판단하지 않고 가격만 싸다고, 현재 월세 흐름이 좋은 물건이라고 해서 매수해서는 안 된다. 어차피 내가 매수한 가격보다 더 좋은 가격에 물건을 팔아야 할 시기가 오기 때문이다. 부동산의 미래를 대비하기 위해선 토지의 용도지역에 대해 미리 공부해야 한다.

다시 말하지만, 빨간 벽돌집은 토지를 매수한다는 생각으로 이 토지의 이용가치를 확인하고 시장에서의 가치를 판단해야만 한다. '이런 건 전문가들이 하는 일이에요.' '중개인에게 물어봐야지.'라는 생각은 쓰레기통에 갖다 버리자. 이해관계가 얽힌 주변인들의 이야기에 귀 기울이지 말자. 나의 판단이 곧 내가 산 물건의 미래가치와 연결된다는 사실을 잊지 말아야 한다. 이미 당신이 매수한 토지는 용도규제에 의하여 미래가치가 어느 정도 결정되어 있다는 사실을 명심해야 한다.

2) 지적도 등본

정부24(무료): https://www.gov.kr/portal/main

지적도 등본

빨간 벽돌집, 즉 건물을 매입할 때는 지적도를 확인해야 한다. 지적도에는 지번, 지목, 경계, 축적 등이 나타나 있다. 지적도는 정부24 사이트에서 발급이 가능하다. 지적도를 보면 해당 토지의 모양을 알 수 있고, 주변 토지들의 배치 형태와 지목을 알 수 있다. 지적도에서 확인해야 할 사항은 진입도로이다. 지적도를 확인하고 현장을 방문해서 지적도에 나와 있는 도로가 있는지 정확히 파악해야만 한다.

3) 토지대장

정부24(무료): https://www.gov.kr/portal/main

토지대장

또 하나, 반드시 확인해야 하는 서류는 토지대장이다. 토지대장에 기재된 토지의 지번, 지목, 면적은 다른 서류보다 우선한다. 토지대장은 정부24시에서 발급받을 수 있다. 토지대장을 통해 지목, 면적, 소유권의 변동일자와 지목이 변경되었던 이력, 개별공시지가 확인이 가능하다.

4) 건축물대장

정부24(무료): https://www.gov.kr/portal/main

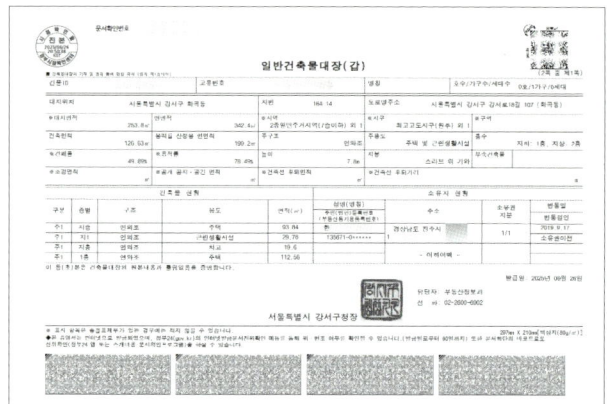

일반건축물 대장 갑구

건물에 대한 모든 것, 위법사항까지도 확인이 가능하다. 건축물대장은 정부24시에서 무료발급이 가능하다. 건물에 대한 모든 것이 기록되어 있다. 건축물대장은 갑구와 을구로 구분된다. 갑구에서는 대지면적, 연면적, 용도지역, 용도지구, 용도구역, 건축면적, 연면적, 주구조와 주용도, 층수 건폐율, 용적률, 높이, 지붕종류, 부속건축물등이 기록되어 있다. 건축물의 현황인 층수별 용도 확인 등이 가능하다.

일반건축물대장 을구1

일반건축물대장 을구2

　건축물대장 을구에서는 건축물 허가일, 사용승인일 등이 표시되어 있다. 을구에서 꼭 체크해야 할 사항은 위반건축물 여부를 살펴봐야 한다. 불법증축으로 인하여 위반건축물로 등재되어 있다면 철거 또는 이행강제금 등과 같은 비용이 추가로 들 수 있으므로 반드시 체크하도록 하자.

5) 등기사항전부증명서

대법원 인터넷등기소(유료): https://www.iros.go.kr/index.jsp

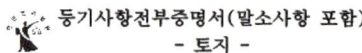

등기사항전부증명서 토지

아파트를 매수할 때 반드시 발급받는 등기사항전부증명서는 흔히들 등기부등본이라고 말한다. 대법원 인터넷등기소에서 발급이 가능하다.

빨간 벽돌집 즉, 단독주택 매매시에는 등기부등본 발급시 토지와 건물 각각 발급받아 열람하여야 한다.

표제부, 갑구, 을구로 구분되며, 표제부에는 토지와 건물의 표시를 갑구란에는 소유권에 관한 사항, 을구란에는 소유권 이외의 권리에 대한 사항을 확인할 수 있다. 소유자, 권리관계, 압류 및 경매 등에 관한 사항을 확인할 수 있다. 등기부등본 중에 건물 등기부등본만 확인하고 토지와 건물의 소유자가 상이한 매매계약을 했다가는 큰 손해를 입을 수도 있다. 토지와 건물의 소유자가 일치하지 않는데 계약을 진행하는 우를 범하지 말자. 예를 들어 시세보다 현저히 낮은 가격에 매매금액으로 나온 물건 중에는 건물과 소유자가 다른 경우도 많이 있다. 싼 가격에 덜컥 건물 소유자와만 계약이 이루어진다면 토지주가 나중에 건물 철거를 요청할 수도 있다. 또는 각각의 소유자가 계약 당시와는 다르게 마음이 변하여 잔금일까지 건물 소유자가 이주 약속을 지켜 주지 않을 수도 있는 등 여러 가지 변수가 발생할 수 있기에 반드시 소유자가 일치하는지를 확인해야만 한다.

등기사항전부증명서(말소사항 포함)
- 건물 -

고유번호

[건물] 서울특별시 강서구 화곡동 164-14

【 표 제 부 】 (건물의 표시)

표시번호	접 수	소재지번,건물명칭 및 번호	건 물 내 역	등기원인 및 기타사항
1 (전 1)	~~1989년7월29일~~	~~서울특별시 강서구 화곡동 164-14~~	~~벽돌조 슬래브위 기와지붕2층 주택및 근린생활시설 1층 112.56㎡ 2층 86.64㎡ 지층 143.20㎡ 내역:지층-근린생활시설(19.60) 주택(93.84)차고(29.76) 1,2층주택~~	~~도면편철장 제5책26호~~ 부동산등기법 제177조의 6 제1항의 규정에 의하여 1999년 03월 18일 전산이기
2		서울특별시 강서구 화곡동 164-14 [도로명주소] 서울특별시 강서구 강서로18길 107	벽돌조 슬래브위 기와지붕2층 주택및 근린생활시설 1층 112.56㎡ 2층 86.64㎡ 지층 143.20㎡ 내역:지층-근린생활시설(19.60) 주택(93.84)차고(29.76) 1,2층주택	도로명주소 2012년7월13일 등기 도면편철장 제5책26호.

【 갑 구 】 (소유권에 관한 사항)

순위번호	등 기 목 적	접 수	등 기 원 인	권리자 및 기타사항
1 (전 1)	소유권보존	1989년7월29일 제75016호		공유자 지분 2분의 1 이　　　 440523-*******

[건물] 서울특별시 강서구 화곡동 164-14

순위번호	등 기 목 적	접 수	등 기 원 인	권리자 및 기타사항
				서울 강서구 화곡동 164-14 지분 2분의 1 최　　　 631028-******* 서울 강서구 화곡동 164-14 부동산등기법 제177조의 6 제1항의 규정에 의하여 1999년 03월 18일 전산이기
2	공유자전원지분전부 이전	2003년6월28일 제51798호	2003년5월25일 매매	소유자 김　　　 510305-******* 서울 강서구 화곡동 497-14
2-1	2번등기명의인표시 경정	2019년9월17일 제167247호	2003년6월28일 신청착오	김　　　의 주소 서울특별시 강서구 화곡동 164-14
3	소유권이전	2019년9월17일 제167248호	2019년9월4일 매매	소유자 한　　　 135671-0033355 경상남도 진주시 매매목록 제2019-2708호

【 을 구 】 (소유권 이외의 권리에 관한 사항)

기록사항 없음

-- 이 하 여 백 --

관할등기소 서울남부지방법원 등기국

등기사항전부증명서 건물

12
빨간 벽돌집으로
건물주 되기 마인드 셋

　빨간 벽돌집을 마련하기 위해 첫 번째 해야 할 일로서 부동산 중개 사무소에 가야 한다고 생각하는가? 아니다. 흔들리지 않는 마인드 세팅부터 시작하자. 부동산 공부를 통해 나만의 원칙을 세우고 나의 상황에 맞는 부동산의 종류를 선택하고 자금이 부족하더라도 꾸준한 관심을 갖는 자세가 필요하다.

1) 아파트, 너로 인해 울고 웃는 삐에로가 되지는 않을 거야!

　"빨간 벽돌집으로 주도적인 미래를 설계하자."《마흔 전에 부동산 부자가 될 수 있는 5가지 방법》에는 이런 말이 나온다. 지금 아파트를 산다면 몇 년 뒤에야 수익이 생길 수 있다. 아파트 투자를 하지 말라는 것이 아니다. 나도 아파트에 투자한 적이 있고, 아파트 투자로 빨간 벽돌집을 살 수 있는 종잣돈을 마련했다. 하지만 부동산 투자를 고민한다면 아파트만이 부동산이 아니라는 사실을 기억했으면 한다.

주식투자에도 종목을 선택하듯이 부동산 투자도 다양한 종목들이 존재한다. 과거도 그렇지만 현재에도 대부분의 사람들은 아파트에 대한 집착이 강하다. 나는 지나다니는 길에 성냥갑처럼 빼곡하게 올라가 있는 아파트를 보며 '저 높은 콘크리트 안에 갇혀 산다면 어떨까.'라는 가정을 해 본다. 도저히 답답해서 살기 어려울 것 같은데, 다들 잘 살고 있다. 좋은 입지에 있는 아파트에 투자를 하면 좋은 성과를 낼 수 있다.

하지만 많은 대출을 깔고 앉아서 매달 이자를 납부하면서 사는 건 그리 바람직한 일이 아닐 수도 있다. 3층 정도의 단독주택에 거주하면서 세입자를 들이는 건 어떨까. 보증금을 통해 내가 투자한 돈도 회수하고, 동시에 월세도 받는다는 상상을 해 보자. 매월 나가는 이자 걱정을 덜어 주는 빨간 주택이 있다면? 매일같이 반복되는 밥벌이가 즐거워지지 않을까? 수입 파이프라인을 통해 직장인이든, 전업 맘이든 여유로운 마음이 생기고, 직장과 가정을 지킬 수도 있다. 매일 밥벌이 나가려고 애쓰는 삶이 꿈을 위한 가벼운 발걸음으로 바뀔 것이다.

서울에서 24평의 오래된 나홀로 아파트를 매수하려면 적어도 7억~8억 사이의 자금이 필요하다. 대단지의 24평 역세권 아파트라면 10억도 넘어가는 게 현실이다. 기왕 부동산 투자를 고민한다면 아파트만을 보는 틀에서 벗어나 관점을 다양화하기를 바란다. 부동산이 곧 아파트라는 좁은 관점에서 벗어나서 다양한 가능성을 살펴보자. 여러 형태의 투자를 향해 시야를 넓혀야 한다. 그러면 완전히 새로운 부의 사다리에 올라탈 수 있다.

나 또한 오피스텔, 빌라, 아파트의 순서로 시작했지만 아파트에 올인하지 않았다. 투자의 방향과 속도를 조절하면서 내 자금에 맞는 단독주택을 선택하였다. 거주비까지 절약할 수 있는 선택이라는 것을 잊지 않았으면 한다. 아파트에 깔고 앉아야 하는 큰 목돈을 잘 활용하면 여러분들도 월세 받는 월급쟁이가 될 수 있다는 사실을 명심하길 바란다.

2) 아파트 가격이 오르고 내리는 시장에서도 꿋꿋이 살아남는 빨간 주택

2019년부터 아파트 시장은 호황기였다. 투자만 하면 돈을 벌었다. 너 나 할 것 없이 영끌족부터 시작해서 모든 이들이 아파트 시장에 뛰어들었다. 저금리에 힘입어 투자의 열기가 지속되었다. 그리고 계속 상승할 것만 같던 아파트 시장은 결국 무너지고 말았다.

2022년 상반기부터 러시아-우크라이나 전쟁을 시작으로 국제 사회에 사건이 연달아 발생했다. 국내외의 불안한 정세를 비롯하여 건축비 상승, 인건비 상승, 물가상승, 대출금리 인상으로 모든 것이 불안해졌다. 이런 일련의 상황들로 발생한 피해는 고스란히 개인이 짊어지게 되었다.

대출이자가 2배, 3배로 상승하자, 월 급여 300만 원을 받는 직장인은 대출 원금과 이자를 갚는 데 월급의 반 이상을 지출하였다. 생활비가 모자라서 생활 자금을 대출받기 시작했다. 아파트와 빌라등을 전세를 끼고 갭투자한 소유자들은 역전세라는 큰 시련을 겪어야만 했다.

서울에서는 투자를 목적으로 전세를 준 아파트 전세가가 2억~3억 떨어졌다. 이 돈을 마련하지 못한 집주인들은 급매로 집을 처분하기에 이르렀다. 나의 가까운 지인들도 피해 갈 수 없는 상황이 되었다. 부동산 호황기에 전세가가 최고점을 찍었던 아파트의 전세 만기가 다가왔다. 그들은 전세금을 반환해 줄 돈이 없어서 땅을 치고 울며 아파트를 낮은 시세에 급매로 처분할 수밖에 없었다.

아파트 시세가 오르내리는 걸 그저 불구경하듯이 쳐다볼 수밖에 없는 현실에 많은 분들이 개탄하였을 것이다. 이 얼마나 분통한 일인가? 내 자산을 마음대로 컨트롤할 수 없는 시장 상황에 내 집을 빼앗길 수도 있다는 두려움이 엄습했고, 두려움을 이겨 낼 수 없는 사람들은 급매에 내 집을 던질 수밖에 없었다. 부동산 투자를 후회하는 사람들도 적지 않았을 것이다. 아파트 매매와 전세가격이 내려가고 있는 현실에 울고 웃는 삐에로가 되어 버린 것이다.

부동산 공부를 하면서 매일 종이신문과 책 읽기, 현장 임장으로 시장 변화를 체크하던 나조차 정말 답답할 지경이었다. 아파트가 동네 마트에서 사고파는 물건도 아닌데 2개월, 3개월 단위로 매매와 전세가격이 오르락내리락 했다. 정부 정책에 휘둘릴 수밖에 없는 현실을 받아들여야만 했다.

여기서 내가 할 수 있는 일이 무엇일까 고민했다. 나는 더욱더 '빨간 벽돌집만큼은 꼭 지켜야겠다.'라는 마음이 들었다. 종이신문으로 부동산 흐름을 매일같이 공부하면서 느낀 점이 있다. 아파트 투자에 관한 이야기만 거론되지, 빨간 벽돌이나 토지 시세나 흐름에 대한 뉴스는 거의 없었다. 이런 혼돈의 시장 속에서도 흔들리지 않는 것이 바로 빨간 벽돌집이었다.

빨간 벽돌집은 집이 아니라 토지이다. 빨간 벽돌집의 매수는 곧 토지를 매수하는 것이다. 우리나라의 국토는 70% 이상 산으로 이루어져 있다. 집을 지을 토지가 절대적으로 부족하다는 말이다. 우리 동네 토지는 2002년부터 빌라를 신축하느라 현재남아 있는 빨간 벽돌집이 손가락에 꼽을 정도이다. 이제 빨간 벽돌집이 있는 골목은 손으로 세어 볼 정도로 희귀해지고 있다. 이렇게 희귀해져 가고 있는 빨간 벽돌집에 관심을 가지며 속도를 줄이고, 방향을 바꾸어 보는 건 어떨까. 2019년 아파트 시세가 급격하게 오르는 걸 보고 투자에 적극적으로 참여했던 많은 사람들 중에 2025년 지금 힘든 시기를 보내고 있는 집주인들이 많아졌다. 빨간 주택은 그런 흔들림에도 꿋꿋하게 굳건하게 자리를 지켜나가고 있다. 빨간 주택이라는 희소성의 가치로 인하여 대중들에게 인기 있는 아파트처럼 가격이 들쑥날쑥하지 않았다. 토지와 건물이 하나가 되어 자리를 지키고 있다. 흔들리는 시장 속에서 자신의 가치를 더욱더 뽐내고 있다. 아파트만이 내집마련의 전부가 아니라는 생각의 전환을 하였으면 한다. 코로나 이후 라이프 스타일에도 많은 변화가 찾아왔다. 집 안에서만 갇혀서 생활해야만 했던 많은 가족들이 좀 더 쾌적하고 넓은 자신만의 주거공간을 찾게 되었다. 재택근무가 많아지면서 한 공간에서 일도하고 휴식도 취할 수 있는 거주공간에 대한 니즈도 커져 갔다.

✏ Check Point 부자애미의 부동산 건물주 되기 마인드 셋

부동산투자로 단기간 내에 인생 역전을 꿈꾸고 있는가? 단기간 내에 인생 역전을 꿈꾸지 말자. 좋은 입지, 적절한 매입가, 관리, 임대, 그리고 시세 변동까지 시간을 두고 꾸준히 관리하고 기다릴 줄 아는 마인드를 갖춰야만 한다. 눈앞의 수익보다 5년, 10년 후의 가치를 보는 습관을 들이고 단기 급등에 흔들리지 않는 장기적인 시야와 안목을 길러야만 한다. 이게 없으면 건물주는커녕 내집 하나 지키기도 어려워질 수 있다. 여러분이 생각하는 건물주는 의리의리한 건물을 가져야만 하는가? 생각의 전환을 통해 빨간 주택, 즉 단독주택, 아파트, 빌라, 오피스텔 등의 다양한 부동산의 종류를 소유하더라도 건물주가 되었다는 상상을 했으면 한다. 공동 주택(아파트, 빌라, 오피스텔 등)에도 내 소유권 중 대지지분이라는 것이 있다. 어떤 부동산의 종류를 소유하던 공간을 다양하게 활용할 수 있는 계획을 세우고 가치를 창출할 수 있도록 다양하게 활용한다면 건물주로 가는 길은 어려운 일이 아니다. 내집마련에 성공하신 분들이라면 "나는 이미 건물주다"라는 마인드를 장착했으면 한다.

13
왜 빨간 벽돌이어야 하는 건가요?

빨간 벽돌은 1980년대 1990년대에 지어진 주택이라는 의미이다. 즉 빨간 벽돌의 빌라도 있다. 건축에도 유행이 있는데 2002년도 빌라는 대부분 드라이비트를 이용해 외장재를 마감했다. 70, 80, 90년대에는 외장재 마감 없이 빨간 벽돌로 쌓아 올렸다.

'내 집'을 갖고 싶은 사람들의 욕망이 가장 불타올랐던 시기가 코로나 때였다. 그때 아파트값이 상승한 덕분에 아파트에 대한 선호도가 올라간 건 사실이다. 하지만 코로나로 인해 한동안 야외 활동이 제한되고 집에서만 생활해야 했다.

《트렌드 코리아 2023》에서는 도시 근처의 농가주택에서 휴가를 즐기는 젊은 20대들의 소비 성향에 대해 언급하고 있다. 카드사를 통해 이용객의 휴가철 소비 성향을 살펴보니, 호텔보다는 농가주택에서 휴가를 보내는 젊은 이용객들이 많다고 한다. 코로나를 거치면서 도시 근교의 전원주택이나, 단지형단독주택에 대한 선호도도 높아졌다. 신축 단지형 주택을 분양받아 입주하는 신혼부부들, 아이를 키우는 부모들은 아파트 안에서 아이들과 지내는 시간에 답답함을 느끼고 야외 테라

스가 있는 집을 그리워했다고 한다.

　코로나 팬데믹으로 인해 주거의 환경이 중요해졌다. 집에서 생활하는 시간이 늘어나며 좀 더 넓고 쾌적한 공간을 찾는 이들이 많아졌다. 또한 빨간 주택의 희소성으로 인하여 투자 가치도 많이 오르게 되었다. 빨간 벽돌집은 내가 원하는 대로 변경이 가능하다. 전세나 월세 흐름도 부동산시장 흐름에 따라 변화를 줄 수 있다. 빨간 벽돌집을 소유한다는 것은 건물주가 되어 토지와 건물을 소유한다는 의미이다. 내 건물을 신축, 증축, 개축, 용도변경까지 하면서 다양한 수익 활동을 할 수 있다는 게 큰 장점이다. 내가 빨간 벽돌집을 좋아하는 이유이다.

✎ Check Point 부자애미가 빨간 벽돌집을 좋아하는 이유

다가구주택 투자는 소액으로 시작해서 안정적인 월세 수익 + 시세 차익까지 노릴 수 있는 꽤 매력적인 자산이다. 다가구주택 투자가 좋은 이유 첫 번째는 소액으로 건물주 시작 가능하다는 점이다. 아파트나 상가 건물은 진입장벽이 높은데 다가구주택은 수억~10억대 금액으로도 서울, 수도권, 지방 주요 도심권에 매입이 가능하다. 두 번째, 초기 자본 부담이 적고 월세 수익 + 시세 차익의 복합형 투자로 다가구는 매달 월세 수익(현금흐름)과 입지 상승에 따른 시세차익(자본이득)을 동시에 기대할 수 있다. 투자와 임대사업 두 마리 토끼를 잡는 형태로 땅값 비중이 높아 리스크가 분산된다. 건물은 시간이 지나면 가치가 떨어지지만 땅값은 시간이 지날수록 오르거나 유지되기 때문에 투자 리스크를 줄여 주는 장점이 있다. 특히 재개발, 재건축 가능성 있는 지역은 토지가치 상승 효과까지 누릴 수 있다. 투룸 형태로 세대가 나뉘어 있어 직장인, 대학생, 신혼부부 등 임대 수요가 꾸준하다. 특히 역세권이나 도심권, 대학가 인근은 최근엔 반려가구, 1~2인 가구 증가로 임대가 더 유리해졌다. 세 번째, 용도변경·리모델링으로 가치 상승이 가능하다. 낡은 다가구는 근린생활시설 + 주거시설로 용도변경을 하거나 리모델링을 통해 임대료 상승과 건물 가치 향상이 가능하고 투자 후 수익률 개선 여지가 커서 적극적인 운영을 할 수 있다.

14
빨간 벽돌집의 미래가치가 내 미래다

　서울에 매수한 빨간 벽돌집 곧 토지는 나의 가족의 미래다. 내가 이 집을 매수할 당시 인테리어 공사를 하시는 분들께서 '너무 튼튼해서 100년 이상 갈 집'이라고 이야기해 주셨다. '콘크리트가 남들 집의 2배는 들어갔다'고 하셨다. 간절하게 원했던 빨간 벽돌집을 지키고 싶다는 약속을 스스로에게 던진다. 새로 건물을 짓고 싶지도 않고, 매매하고 싶지도 않다. 아이들에게 이 집은 행복이었고 나에겐 꿈이었다. 아이들이 맨발로 계단을 오르내릴 수 있고, 집 앞에 있는 산 덕분에 현관문만 열면 향기로운 바깥 공기와 바로 연결되어 있다. 아침이면 짹짹대는 새들과, 사계절을 몸으로 바로 느낄 수 있는 환경이다. 이 사실만으로도 나는 이 집을 지켜야 할 이유가 생긴다.

　코로나 팬데믹으로 인해 전원주택을 꿈꾸는 젊은이들도 늘었다. 꼭 시골로 이사해서 전원주택을 꿈꾸지 않아도 된다. 도심 속에서도 자연을 느끼며 살 수 있는 빨간 벽돌집 시장을 공략해 봤으면 한다. 10살, 7살 된 우리 집 남자아이들은 팬티와 러닝셔츠만 입고 위층 아래층을 다닐 수 있다. 다른 사람들 눈치 볼 필요가 없다. 친정어머니가 거주하고 계신 위층으로 자유롭게 오르락내리락한다. 아파트, 빌라에서는 느낄 수 없는 자유를 만끽할 수 있다.

  2025년 대한민국의 부동산은 국내외 정세와 부동산 정책, 부동산 전세사기 등으로 인해 역전세가 빈번하게 일어나고 있다. 역전세를 당하는 세입자, 역전세에 몰려 위기에 빠진 다주택자들도 있을 것이다. 나는 나의 희망이자 꿈이었던 빨간 벽돌집을 끝까지 지키기 위해 고군분투할 것이다. 앞으로는 자의든 타의든 역전세를 맞이해야만 하는 세입자, 집주인에게 어떻게 하면 힘든 시기를 버틸 수 있는지를 알려 주고 싶다. 걸림돌을 디딤돌 삼아 일어나는 이야기들을 전해 주고자 한다. 불황과 불안이 희망이 되었던 경험으로 글을 썼다.

  이 글을 읽는 독자들에게 내집마련과 부동산 투자라는 두 마리의 토끼를 잡기 위해 준비해야 하는 태도와 마음가짐을 내 이야기를 통해 전해 주고 싶었다. 앞으로 당신은 주변 사람들의 희로애락에 흔들리지 않아야 한다. 당장 부동산 투자를 않으면 벼락거지가 된다는 말에 일희일비하는 갈대가 되지 말자. 내집마련이라는 목표를 세우고 노후를 준비하며 가족과 함께 아름다운 꽃길을 걸어 나가길 간절히 바란다.

에필로그

  내집마련이 곧 자산을 형성해 가는 첫 디딤돌이 된 나에게 단 하나의 목표가 있었다. 내 가족이 아플 때 병원비 걱정 없이 현금을 지출할 수 있는 능력 있는 부모와 자녀가 되고 싶었다. 가족에게는 돈이 필요한 순간에 돈 때문에 좌절하지 않을 만큼의 경제적 여유를 선물하고 싶었다. 이 시대의 대부분의 사람들이 나 같은 생각을 하며 지금도 돈을 벌고 돈을 모으기 위해 애쓰고 있을 것이다. '돈이 있으면 살면서 생기는 문제를 다 해결할 수 있을까요?'라고 질문한다면 돈이 있으면 돈으로 해결할 수 있는 일들이 많아진다고 전하고 싶다.

  책의 원고를 마무리 하던 중에 친정아버지께서 예기치 못한 사고로 외상성 뇌출혈을 원인으로 개두술을 하셨다. 한 달 보름 만에 겨우 잠깐의 눈을 뜰 정도가 되셨고 재활 치료 중이시다. 딸 서지연을 알아보지 못할 정도로 뇌에 큰 손상을 입으셨다. 결혼 후 18년 동안 물 흐르듯 한 스텝씩 내집마련을 해 나갈 때마다 부모님께서 행복해하셨던 순간을 떠올려 본다. 반지하와 전세를 전전할 때 무남독녀인 외동딸을 걱정하셨을 나의 아버지, 측두엽 손상으로 과거의 기억이 사라져 딸조차 알아보지 못하는 나의 아버지, 기억뿐만 아니라 자신도 사라질지도 모르는 병상에 누워 계신 아버지께 그동안 이만큼 살아 낼 수 있도록 태어나게 해 주신 것만으로도 고마움을 전하고 싶다. 끝까지 최선을 다해 사랑할 것을 약속드리고 싶다. 부동산으로 아름다운 부자를 꿈꾸는 작가 정연화, 허윤정, 이순애, 여지혜 님께 긴 시간을 함께하며 원고를 마감할 수 있음에 감사를 전한다. 마지막으로 내가 무슨 일을 하든지 지원을 해 준 남편 안규태, 친정 엄마 윤영자, 친청 아빠 서춘기, 하늘에 계신 시아버지 안종화, 시어머니 이남숙, 내 존재의 이유가 되는 세 아이들 안세양, 안대국, 안태평에게 어떠한 고난과 고통이 다가 올지라도 내 집 그리고 내 가족을 지키기 위해 최선을 다할 것을 약속하고 싶다. 내집마련을 위해 17년의 고군분투했던 내 이야기를 가족과 독자들에게 선물한다.

나의 독자분들께 약속드리고 싶다. 부동산 공부를 통해 내집마련과 머니트리를 꿈꾸는 여러분들께 앞으로도 꾸준히 나의 17년간의 다양한 경험을 전해 주고자 한다. 나는 지금도 부동산 공부로 아름다운 부자를 꿈꾸는 새벽기상 러너들과 함께 매월, 매주 월요일 새벽 5시에 '부자애미의 종이신문으로 부동산 공부하기', '세상일주의 종이신문으로 경제공부하기', '이현미의 종이신문으로 문화산책과 마음공부하기' 나눔강연을 통해 선한 메신저로서의 나눔을 실천하고 있다. 성공보다 성장을 위해 아낌없이 나눔을 실천하고 있는 세상일주 여지혜 작가님과 이현미 님께 감사를 전한다. 함께하고자 하는 분들은 부애미부애길 〈BMK〉 '부동산으로 아름다운 부자를 꿈꾸는 애미애비'들의 커뮤니티에 입성을 언제든지 환영한다. 내집마련을 통해 자산도 형성해 나가고 가족을 부양할 수 있는 돈 걱정 없이 사는 행복을 누구나 누렸으면 한다. 삶의 여유를 찾고 꿈을 향한 첫 걸음마를 시작하기 위해 내집마련에 도전하는 독자분들을 큰 목소리로 응원한다.

하고잽이
이순애

시간 관리자가
되기 위한
갈팡질팡
부동산 빌드 업
스토리

프롤로그: 삼 남매 직장 맘, 하고잡이 삶과 투자에 관한 이야기

1999년, 내 인생의 가장 큰 전환점이 찾아왔다. 기쁨과 슬픔이 교차하는 특별한 해였다. 그 슬픔으로 12월에 휴직계를 냈고, 고향을 등지고 남편만을 의지한 채 생각지도 않았던 서울에서의 생활이 시작되었다. 마음은 힘겹고 삶의 의욕이 없었지만, 방긋방긋 미소 짓는 딸아이에게 슬픔을 느끼게 해 주고 싶지 않았기에 딸을 위해 마음을 다잡았다.

아파트 창가에 기대어 시간의 강물을 건넜던 날들. 삼 남매를 성장시키는 일에 집중하며 행복한 가정을 지키기 위해 최선을 다했다.

사무실에서는 직장인으로, 집에서는 엄마로 살아가던 바쁜 나날은 쉼 없이 흘러갔다. 아이들을 키우고 직장 생활을 병행하느라 시간은 내 것이 아닌 듯 흘러갔다. 몸이 무너질 듯했지만, 그럴 여유도 없이 늘 주어진 현실에 최선을 다했다.

그렇게 오랜 시간이 지나고, 쉼 없이 달려온 내 몸과 마음이 점점 지쳐 가고 있음을 느끼게 되었다. 내 몸이 보내오는 작은 신호들이 더 이상 무시할 수 없을 만큼 강해지자, 결국 삶의 변화를 결심했다. 더 이상 남의 기대와 사회적 역할이라는 틀 안에 나를 묶지 않기로 하고, '나만의 시간 관리자'가 되겠다고 결심하게 되었다. 모든 직함을 내려놓고, 앞으로는 "나 자신을 위해 살겠다."라는 다짐을 하며 명예퇴직을 하게 되었다.

힘든 시간을 성실하게 살아왔다. 삼 남매를 데리고 다니면서도 대중

교통을 이용하며 악착같이 살아 냈다. 지난날들 속에서 내가 배운 것은, 악착같이 노력하면 결국 길이 보인다는 것이다. 살아가면서 크고 작은 위기를 겪었지만, 매 순간을 견디고 이겨 내기 위해 노력한 끝에 나는 내 자신이 생각보다 강하다는 것을 깨닫게 되었다. 그런 과정에서 '절실함'이 삶에 얼마나 중요한 역할을 하는지 깨달았다. 가진 것이 없더라도 간절한 마음가짐과 세상을 향한 긍정적인 시선이 있으면 어떤 어려움도 극복할 수 있음을, 몸소 경험하며 알게 되었다.

결국, 그 절실함이 나를 부동산 투자의 길로 이끌었다. 나와 가족의 안정된 미래를 위해 무엇을 조금이라도 할 수 있을지 고민했다. 처음엔 시행착오도 많았다. 실패한 경험도 있었고, 예상하지 못한 손해를 보기도 했다. 그럼에도 불구하고 하나하나 배워 가며 지혜를 쌓아 갔다. 한 번 실패했다고 포기하지 않고 다시 도전하면서 투자 경험을 쌓고, 작은 성공을 이룰 때마다 '나도 할 수 있구나.' 하는 자신감을 얻게 되었다.

이 책은 그런 나의 이야기들을 담은 여정이다. 내가 걸어온 길이, 아직 자신의 길을 찾지 못한 사람들에게 작은 희망이 되었으면 하는 마음에서, 용기와 응원의 메시지를 담았다. 단순히 어떤 비법을 전하고자 하는 것은 아니다. 그보다는, 스스로의 가치를 찾고, 무언가를 해내기 위해 먼저 마음가짐을 바꾸는 것이 얼마나 중요한지를 전하고 싶다. 그리고 그 후에 경험을 쌓고 인내하며 나아가는 것이 결국 우리 삶에 얼마나 큰 힘이 되는지도.

이 책을 통해 꿈꾸는 모든 사람에게 전하고 싶은 메시지는 하나이다. 세상은 우리가 상상하는 것 이상으로 우리의 노력을 결실로 맺어 줄 것이며, 그때 우리는 꿈꿔 왔던 삶에 한 발짝 다가섰음을 깨달을 것이다. 지금 시작해 본다. 한 여인의 여정, 삶과 투자에 관한 이야기.

1
33년의 안녕, 뒤로한 채 자유의 바다로 뛰어들다

제6호 태풍 '카눈'이 서울을 향해 풍속 19m/s의 속도로 올라오고 있다. 이 시각, 나는 오늘도 지각으로 부동산협업 1팀과 함께하는 책 쓰기 시간에 참석하지 못했다. 50대 중반의 아줌마가 뜬금없는 책 쓰기를 시작하고 있다.

바람 소리와 함께 흔들리는 거실 창, 베란다 난간에 똑똑 떨어지는 빗방울 소리, 내리막길을 내달리는 차들의 굉음, 이웃집에서 아침을 준비하는 분주함. 다양한 소리가 어우러지는 이 공간에서 내내 미루기만 했던 나의 이야기를 떠올려 본다.

오롯이 나만을 위한 시간….

"나이를 나타내는 숫자가 55가 될 때까지 나의 삶은 쉼이 없었다."라고 표현하는 것이 맞다.

그동안 쉼이 없었기에 나는 백 세까지의 남은 여정을 생각하면서 한 번 뒤돌아보고, 쉬어 가고자 큰 결심을 했다. 십여 년 남은 철밥통 직장을 과감하게 벗어 버리기로 마음을 굳힌 것이다.

"탱자탱자 당분간 쉬어야지…."

하지만, 인생 내내 앞만 보고 달리기만 했던 나는 쉴 줄을 몰랐다. 아니 쉬는 법을 모른다. 이런 나 스스로를 보고 있자니 가슴이 아파 온다.

'나는 딸에게 아파트를 사 주었다.'라는 제목으로 부동산 강의 자료를 준비하면서 몇 장 적어 두었던 이야기들이 있었다. 그런데 생애 첫 구입한 노트북이 고장이 났다. 새 노트북으로 교체하면서 글을 옮기는 도중에 적었던 내용들이 모두 사라져 버렸다. 어쩔 수 없이 기억력을 더듬어 가면서 다시 나의 스토리를 풀어 본다.

가을밤 달빛처럼 번지는 관절 통증에 새겨진 사랑의 노동증명서. 삼 남매의 성장통에 묻혀 버린 내 청춘의 주름살들이, 이제야 제 모습으로 눈을 뜨고 있다.

외부에서 바라보는 공무원은 편하고 좋을 것 같다고 한다. 하지만 현실은 그렇지 않다.

학생은 1,000여 명에, 교직원과 기타직 100여 명. 반면에 행정 업무를 수행하는 공무원은 고작 3명이었다. 출근과 동시에 업무를 시작해 화장실 갈 시간조차도 아껴야 정시 퇴근을 할까 말까였다. 기관에서 보고 업무만 내려와도 자료 만드느라 야근하는 날이 다반사였기에, 늘 피로에 지쳐 있었다. 남은 10여 년 공직 생활을 채워서 명예로운 정년퇴직을 하고 싶었다. 그러나 나는 당뇨약과 고지혈증약을 5년 동안 복용하고 있었다. 남은 기간을 채우는 동안 나의 건강은 점점 더 악화될 것이고, 정신건강도 피폐해질 것 같았다. 또 이제는 남들이 한다는 시간 관리자의 삶을 시도해 보고 싶었다.

나는 88학번으로 전산통계학과에 입학을 했었지만, 가정 형편으로 학업을 잠시 중단했다. 그리고 공무원이 되어 시골 학교로 발령을 받아 공직 생활을 시작하게 되었다.

그 후 나는 ○○교육청 산하를 시작으로 3개의 도를 넘나들었다. 교육청, 과학연수원, 공공도서관, 초등학교 등을 두루 발령받으면서 다양한 업무와 경험을 쌓았다.

첫 발령지였던 면 소재지 학교에서의 생활은, 지금 생각해도 참으로 아련하고 따뜻한 기억으로 남아 있다. 매일 아침 일찍 일어나면 맑은 공기가 코끝을 간지럽히고, 산 너머로 떠오르는 햇살이 눈부시게 아름다웠다. 온통 초록빛으로 둘러싸인 그곳은 세상의 시끌벅적한 소음에서 멀리 떨어진, 한적하고 평화로운 곳이었다. 그 시절엔 온전히 나 자신을 위해 시간을 쓸 수 있었다. 눈앞에 펼쳐진 하루하루가 그저 나를 위한 시간이었다.

무엇보다 남는 것은 '시간'이었다. 시간이라는 것은 나를 구속하지 않고, 나를 여유롭게 해 주는 고마운 존재였다. 그래서 테니스, 탁구 같은 운동도 마음껏 즐길 수 있었고, 저녁이면 운동장을 달리며 그날 하루의 작은 걱정거리들을 훌훌 털어 낼 수 있었다. 그런 여유가 주는 행복 속에서 나는 매일매일 활기차고 풍요로운 시간을 보냈다. 그렇지만 마음 한구석에는 언제나 학업에 대한 미련이 남아 있었다. 대학을 포기한 아쉬움이 마음속에 자리 잡고 있었기에, 스스로에게 공부할 기회를 주기로 마음먹었다. 계절학기를 이용해 한국방송통신대학교에 입학하면서,

유치원 정교사 자격증을 취득했다. 학문에 대한 열정이 나를 자극해 주었고, 나는 다시 한번 배움의 길로 들어섰다. 그 덕분에 주변으로부터 유치원 교사로 전직하라는 권유도 받았지만, 그 시절의 사회 분위기상 결혼하면 직장을 그만두어야 한다는 선례가 있었다. 그래서 결국 그 제안을 받아들이지 못했다. 어쩌면 인생의 전환점이 될 수 있었을 기회를 잡지 않은 것에 대한 후회가 지금도 조금 남아 있다.

면 소재지에 있는 도서관에 근무하게 되었을 때는 또 다른 배움의 기회가 찾아왔다. 신문을 읽으면서 한우리 독서지도사 모집이라는 안내문이 나의 시선을 끌어당겼다. 서울 강남을 주기적으로 다녀가면서 한우리 독서지도사 자격증을 취득하였다. 그 결과 그 지역 초등학생들을 위해 '해바라기 독서 교실'을 운영했다. 그 아이들이 책 속에서 새로운 세상을 발견할 때마다 내 마음도 덩달아 설레고 기뻤다. 아이들과 함께 나누었던 시간은 그야말로 보람이 가득했던, 소중한 시간이었다.

한편 여유롭던 그 시절, 붓글씨나 클래식 기타, 피아노 레슨 등 다양한 취미 활동을 배우면서 오롯이 나만을 위한 시간을 가꿀 수 있었다. 붓글씨를 쓰면서 마음을 가다듬고, 기타와 피아노를 연주하면서 나만의 작은 음악 세계를 만들어 갔다. 누구의 방해도 없이 그저 나의 시간을 향유하는 젊은 날의 나를 돌이켜 보면 그때는 정말 여유롭고 행복하게 나만을 위해 살아가는 열정 하고잽이 시절이었다.

그러나 결혼과 동시에 '나'라는 존재는 조금씩 사라져 갔다. 나의 삶의 중심은 자연스럽게 가족으로 옮겨 갔고, '나만을 위한 시간'이라는 것은 사치가 되어 버렸다. 첫 미팅에서 만난 그 사람과 10여 년의 시간을 함께한 끝에 결혼에 골인하게 되었을 때, 나는 결혼이 곧 행복한 가정을 만들어 가는 일이라고 믿었다. 그저 소박한 꿈이었다. 맛있는 요리를 해서 가족의 얼굴에 웃음을 번지게 하고, 남편을 다정하게 내조하며, 아이들을 웃음과 사랑으로 키우는 것이 나의 바람이었다. 그렇게 나는 현모양처로서의 길을 걸어가리라 다짐했다.

하지만 현실은 결코 내가 꿈꾸던 그런 모습만은 아니었다. 남편은 경제적으로 자립하지 못한 상태였고, 시부모님과 친정 부모님 모두 농사를 지으며 생활하고 계셨다. 우리 부부에게는 누구에게도 손을 벌릴 여유가 없었고, 그래서 스스로 일어서야만 했다. 결혼한 지 1년이 채 지나지 않아 시아버님께서 위암 판정을 받으시면서 상황은 더 어려워졌다. 당시 남편은 대학원학업을 아직 마무리하지 못한 상태였기에, 나 또한 직장 생활을 계속 이어 가야 했다. 그렇게 몇 년을 묵묵히 버티었고 결국 남편은 대학원 졸업 후 첫 직장으로 강남구 압구정에 있는 기업에 입사하게 되었다.

그리하여 우리 부부는 주말부부의 길을 걷게 되었다. 남편은 매주 금요일 저녁이 되면 서울에서 시골로 내려왔고, 월요일 새벽이 오면 서울로 다시 올라가야 했다. 그렇게 남편은 기러기 생활을 하였다. 매주 수많은 시간을 운전해야 했음에도 남편은 한 번도 힘들다는 내색을 하지 않았다. 오히려 나를 위해 언제나 웃음을 지으며, "이제는 눈 감고도 운전해서 올라갈 수 있어."라고 말하며 내 마음을 안심시켜 주곤 했다.

그렇게 한 걸음 한 걸음, 우리는 조금씩 더 나은 미래를 향해 함께 걸어왔다.

2
부동산 공부, 첫걸음은 효도에서 시작되었다

    나의 첫 신혼살림은 참으로 고즈넉하고 특별한 공간에서 시작했다. 시골의 풍경 속, 시부모님과 시동생들이 함께 살고 있는 집이었다. 그 당시 내가 신혼 생활을 시작한 곳은 시부모님께서 오랜 시간 정성으로 일구어 온 농촌이었고, 시댁 식구들이 살아가는 방식은 도시와는 사뭇 달랐다. 그곳에서 나는 새로운 가족들과 함께 생활했다. 꽃사과나무 아래 평상에 앉아서 천사표 시어머니와 함께 커피를 마시는 일상. 들판을 바라보며 행복한 시간을 만끽하면서 조금씩 삶의 편안함을 느끼기 시작했다.

    이렇게 시골에서의 결혼 생활을 이어 가던 중, 나의 첫 번째 부동산 투자가 시작되었다. 그 첫 투자는 아파트나 도시 부동산이 아니었다. 다름 아닌 시골의 농지였다. 당시 그 땅의 실소유주는 먼 친척분이셨고, 시아버지께서 오랫동안 그 농지를 경작하고 계셨다. 그러다 어느 날, 친척분이 갑작스레 그 땅을 매각하고 싶다는 이야기를 하며 우리 집을 찾았다. 상황을 듣자 나는 잠시 생각에 잠겼다. 시아버지께서 수십 년 동안 손수 경작해 오신 땅을 생면부지인 남에게 넘겨야 한다는 것이 도무지 받아들이기 어려웠다.

결국, 나는 결단을 내리게 되었다. 당시에 결혼 전부터 넣어 두었던 아파트 청약통장을 해지하고 부족한 금액은 교직원 공제회 대출을 받아 총 3,000만 원에 그 땅을 매입했다. 그 당시에는 이 결정이 좋은 선택이라고 생각했다. 아버님이 평생 경작해 오시던 땅을 손에서 떠나지 않도록 하는 것이 마음의 짐을 덜어 드리는 것 같았고, 그것이 효도라고 믿었기 때문이다.

하지만 시간이 흐르면서, 나는 점차 후회를 하기 시작했다. 당시에는 단지 아버님께서 소중히 여기는 땅이라는 이유 하나로 대출까지 받아 매입을 했지만, 부동산에 대한 공부가 부족했던 것이 후회로 남게 되었다. 그 땅은 알고 보니 절대농지, 즉 벼농사 외에는 다른 용도로는 전혀 활용할 수 없는 땅이었다. 그렇기에 투자가치가 없다는 것을 뒤늦게 깨닫게 되었다. 이 땅을 사고 나서야 절대농지의 개념에 대해 알게 되었고, 부동산에 대한 보다 깊은 이해가 필요하다는 사실을 느끼게 되었다.

절대농지란, 농업 생산력을 보호하고 유지하기 위해 법적으로 보호되는 농지로, 1992년에 도입된 제도다. 절대농지는 도시 지역 내에서 농업진흥지역으로 지정된 농지이며, 다른 용도로 전환이 불가능하다. 이는 「농지법」 제28조에 따라 농업을 효율적으로 유지하고 보전하기 위한 지역으로 분류된다.

이 농업진흥지역은 농업진흥구역과 농업보호구역으로 구분되는데, 농업진흥구역은 농지조성사업이나 농업기반정비사업이 시행된 지역으로, 농업 목적을 위해 꼭 필요한 지역을 보호하는 것이다. 또한 농업보호구역은 농업진흥구역의 용수원 확보나 수질 보전을 통해 농업 환경을 지키기 위해 지정된 지역이다. 이러한 절대농지는 농림축산식품부에서 관리하며, 농업인들이 안정적으로 농사에 전념할 수 있도록 하고, 국가적으로는 농업 생산력과 지역 간 균형 발전을 목표로 하고 있다고 한다.

절대농지 제도에 대해 알게 되면서, 나는 당시 나의 투자 결정이 신중하지 못했음을 깨달았다. 조금만 더 부동산에 대해 공부하고 깊이 생각해 보았더라면 아마 다른 결정을 내렸을지도 모른다. 그 당시 아파트 청약통장을 해지하지 않고, 아파트를 매입했다면 지금쯤 그 가치는 많이 상승했을 텐데, 하는 후회가 밀려오기도 한다. 하지만 돌이켜 보면 내게 있어 그 땅은 단순한 투자처 이상의 의미를 가지고 있었다. 시골에서 농사를 짓고 계신 아버님을 위한, 작게나마 나의 마음을 담은 효도의 일환이었기 때문이다. 또한, 내 가족의 손때와 세월이 담긴 땅이라는 의미를 이어 갈 수 있었으므로, 그 자체로도 가치가 있었다고 여겼다.

지금도 그 땅의 가치는 거의 변동이 없다. 30년이라는 세월이 흐르는 동안 주변 부동산의 가치는 급변했으나, 절대농지로 지정된 그 땅은 투자가치가 낮기에 여전히 변함이 없다. 그러나 그 땅을 바라볼 때마다 아버지와의 추억과 농사를 지으며 보낸 세월이 떠오른다. 아버님이 수고롭게 일구었던 땅을 지키고자 했던 마음은 시간이 흐르면서 한층 더 깊어졌다.

4대째 내려오고 있는 시댁 전경

3
아파트 한 채가 열어 준 인생 지도

1) 기억하려는 마음으로 구축 아파트로 묻어 두기

뜻하지 않은 시련을 겪고, 새로운 삶의 출발선에 서게 되었다. 열정적으로 살았기에 지난 기억들과 슬픔이 서서히 흐릿해졌고, 이제야 조심스레 새로운 일상을 받아들일 수 있었다. 결혼 생활 5년 차, 평온했던 그 시간이 지금은 얼마나 소중했는지 새삼 돌아보게 된다.

흔적이 남아 있는 시댁을 벗어나 새로운 곳을 향해 무작정 서울로 달려왔다. 모든 것이 낯설고 서툴렀지만, 남편이 직장 생활을 하던 서울에서 함께 자리 잡으며 다시 시작하고자 했다. 손에는 전 재산 2,000만 원이 전부였다. 누구의 도움 없이 삼 남매와 나의 미래를 위한 살길을 찾으려 열심히 애썼다.

서울에서의 첫 시작은 서초동의 8평 원룸이었다. 집을 직접 보지 않고 인터넷으로만 확인한 후, 2,000만 원 보증금에 월세 60만 원으로 얻은 작은 방이었다. 할 줄 아는 거라곤 알뜰하게 사는 법밖에 없던 시절. 가구 하나 제대로 살 여유도 없었다. 처음 맞는 서울에서의 삶이 막막했지만, 뜻밖에도 서초동이라는 동네는 나를 편안하게 해 주었다. 예술의 전당 맞은편에 있는 우면산과 그 산 아래 자리한 대성사 덕분이었다. 예술의 전당에서 흘러나오는 음악의 선율은 마치 마음의 안식처처럼 나를 감싸 주었고, 우면산의 푸른 자연은 그 위안의 깊이를 더해 주었다. 아기였던 딸을 품에 안고, 예술의 전당 주변을 마치 집 앞마당처럼 자유롭게 누비며, 그 순간의 소중함을 만끽했다. 우면산에서 내려다본 이곳은 삭막한 도시의 모습과는 거리가 멀었다. 새소리가 맑게 울려 퍼지고, 상쾌한 공기가 내 폐 깊숙이 스며드는 이곳은 무거운 마음을 달래기에 더없이 좋은 장소였다. 자연의 품에 안겨, 나는 잊고 있던 평화와 여유를 다시 찾았다.

부동산에 대해 아는 것이 전혀 없었고, 그 원룸이 비싼지 싼지도 몰랐다. 다만 날마다 다가오는 월세 납부일이 얼마나 빠르게 돌아오는지 실감할 뿐이었다. 육아휴직 중 무엇을 해야 할지 그때는 잘 몰랐다. 지금 떠올려 보면 휴식이 아니라 살아가는 방법에 대한 공부가 필요했던 때였다.

어느 날 외사촌 오빠가 서울 생활을 시작한 우리 집을 방문해 주셨다.

"보증금 2,000만 원에 월세 60만 원이라면, 전세로 치면 1억 2,000만 원은 되는 곳인데 꽤 비싸다."

오빠는 우리 집 월세를 듣고는 깜짝 놀라셨다. 그러면서 서울 부동산에 관한 이야기를 들려주셨다. 거기에 성남에 있다는 자연환경이 좋은 아파트를 추천해 주셨다. 돈을 묻어 두기 좋은 곳이라고 했다. 미래의 투자가치에 대해 오빠는 나에게 열심히 설명을 해 주었다. 전국 신축 아파트의 전기 공사를 수주받아 운영하는 대표님이시라 그런지, 부동산에 대한 시각이 나와는 사뭇 달랐다.

그 순간, 솔직히 마음이 흔들렸다. 오빠의 말 속에서 느껴지는 확신과 비전은 나에게 새로운 가능성을 제시해 주었다. 그동안 무심코 지나쳤던 부동산의 세계가, 이제는 나의 삶과 연결될 수 있다는 생각이 들었다. 그날의 대화는 나에게 단순한 정보가 아닌, 앞으로의 삶을 바라보는 시각을 바꿔 주는 계기가 되었다.

마음이 흔들렸다. 하지만 가진 돈도 여유자금도 없어 투자는 엄두가 나지 않았다. 그럼에도 궁금증을 참을 수 없었다. 임신 중이었지만, 휴일에 남편에게 나들이 삼아 남한산성 옆에 있는 ○○주공아파트를 둘러보자고 권유했다. 그렇게 나의 첫 임장이 시작되었다.

자연 속에서 휴식을 즐기듯 산을 타고 오르는 길, 둘째 아이의 태동을 느끼며 걸었던 그날이 아직도 생생히 기억난다. ○○주공아파트에 다다르자, 아파트 단지 내에 심어진 벚꽃나무들이 바람에 흔들리고, 주민들이 삼삼오오 산책하는 모습을 볼 수 있었다. 서울에 비해 한적하고 여유로웠던 그곳은 마치 작은 숲속 마을 같았다. 도시 생활에서 느낄 수 없는 평온함과 고요함이 나를 감쌌다. 그곳의 분위기는 과거 고향에서 느꼈던 포근한 정서처럼 다가왔다.

그 아늑한 정서는 산 중턱에서 바라본 도시의 전경 속에서도 느껴졌다. 드넓은 하늘 아래, 숲이 어우러진 아파트 단지에서 만난 주민들의 여유 있는 일상은 마치 다른 세상에 온 듯한 느낌을 주었다. 돌아오는 길에는 마음이 한결 가벼워졌고, 앞으로의 미래가 기대되었다. 이후로 나는 성남의 아파트뿐 아니라 전국의 여러 부동산 정보를 찾아보며 조금씩 공부를 시작했다.

이제 막 서른을 넘긴 나이에, 투자를 할 만큼 여유롭지 않았던 나였지만 그날 이후로 조금씩 부동산에 대한 관심이 생겼다. 투자는 부자들이나 하는 일이라고만 여겼던 나에게 그날의 임장은 신선한 충격이자 배움의 시작이었다.

산성역 포레스티아

○○주공아파트는 경기도 성남시 수정구 신흥2동에 위치해 있으며, 영장산과 청량산 사이에 자리 잡고 있어 풍부한 자연환경을 즐길 수 있는 곳이다. 이 두 산의 아름다운 경치를 감상할 수 있는 멋진 전망은 이 아파트의 큰 매력 중 하나이다. 또한, 근처에 위치한 봉국사라는 유명한 사찰 덕분에 조용하고 평화로운 분위기를 느낄 수 있다.

더불어, 영장산 터널이 관통하면서 교통의 편리성이 크게 향상되었다. 이제 서울과 수도권으로의 이동이 원활해져 출퇴근 시간대의 교통체증이 줄어들어 생활의 편의성이 높아졌다. 지하철 8호선 산성역과 아파트가 가까워 대중교통 이용도 매우 편리한 것도, 많은 사람들이 이

지역을 선호하는 이유가 되었다.

주변에는 대형마트, 병원, 학교, 공원 등 다양한 생활시설이 있어 생활의 편의성이 더욱 높아진다. 필요한 모든 것을 쉽게 이용할 수 있는 환경이 조성되어 있다. 또한, 성남시의 중심지인 수정구와 중원구에 가까워 다양한 문화시설과 상업시설을 편리하게 이용할 수 있는 점도 큰 장점이다.

결론적으로, 성남 ○○주공아파트는 자연환경과 교통의 편리성을 동시에 누릴 수 있는 좋은 위치에 있어 많은 이들에게 매력적인 주거지로 자리 잡고 있다.

조깅하며 내려다본 전망

사진에서 보듯 아파트와 연결된 울창한 숲과 둘레길이 국립공원만큼 잘 가꾸어져 있다. 거기에 동쪽으로는 남한산성 도립공원이 이어져 있기에, 봄에는 아파트 단지 주변에 벚꽃이 만개한다. 향후에 살고 싶다는 느낌이 확 드는 곳이었다. 시골 분위기 나는 아파트, 왠지 익숙한 느낌의 편안한 주위 환경이 너무 좋았다.

임장 이후에 한동안 아파트를 잊고 지냈다. 그러다 둘째를 출산하고 산후조리원을 나온 후에 집에서 몸조리를 하는데 이전에 둘러보았던 신흥주공아파트 솔숲 산책로가 눈에 아른거렸다. 그 뒤 매일 부동산 시세를 살펴보면서 여러 부동산 사이트에서 부동산 관련 자료를 검색하기 시작했다.

공부법을 몰랐기에 부동산 사이트의 후기, 묻고 답하기 게시판 등에서 자료를 많이 읽어 보게 되었다. 그렇게 한 달이 지나가고 있는데 세상에나, 한 달 새에 가격이 1,000만 원씩이나 올라간 것이었다. 왠지 지금이라도 사야 할 것 같은 불안감에 조바심이 나서 남편에게 졸랐다. 또다시 ○○주공아파트 주변 부동산을 방문하여 매매 물건을 볼 수 있냐고 물어봤다.

미흡한 공부였지만, 아파트 구매 시 요령을 알게 되었다. 무조건 높은 층이 좋으며, 남향이어야 하고, 낡은 아파트는 배관, 녹물, 수압, 누수, 관리비 등을 살펴야 한다. 짧은 지식이었지만 솔숲 산책로 옆에 위치한 105동 13층 매물은 "무조건 저질러야 해."라고 스스로 외치고 있었다. 전세 임대를 안고 매입하려는 생각을 하고 계약금 1,000만 원에 계약서를 작성했다. 아무리 생각해 보아도 지금 당장 서울 입성은 힘들 것 같았다. 하지만 자연환경이 좋아 훗날을 생각하여 세입자를 맞춘 후 계약을 하게 되었다. 이렇게 나의 첫 번째 집을 어리바리 장만하게 되었다. 그리고 20여 년을 보유한 끝에 2020년 7월에 재건축이 되어 새 아파트로 입주하게 되었고 지금은 아늑한 보금자리에서 행복하게 생활하고 있다.

15층 거실 창에서 바라본 산성역 포레스티아 가을 정원의 모습과 동 사이의 풍경

요소요소 미니 공원이 많은 아파트

    이때도 부동산 공부를 안 하고 심사숙고하지 않고 구입하였다. 무주택 구성원이라면 훗날 일반공급이 아닌, 청약 경쟁이 없는 분양전환 공

공임대주택 등으로 한 차례 우선공급이 가능하다. 다자녀 특별공급 청약 자격이 있기 때문이다. 그러나 이미 주택을 구입했기에 다자녀 특별공급 청약으로 서울에 있는 분양 아파트에 도전해 볼 기회조차 잃어버렸다.

다자녀 특별공급은, 다자녀 가구에 대해 주택공급을 지원하는 제도이다. 일반적으로 한 가정에 세 자녀 이상이 있는 경우 해당 조건을 충족하며, 특별공급 주택에 우선적으로 입주할 수 있는 혜택을 받을 수 있다. 여기에는 다자녀 가구들에게 주택 소유와 안정적인 주거 환경을 제공하려는 정부의 정책적 목표가 담겨 있다. 참고로 2023년부터는 다자녀의 기준이 3명에서 2명으로 바뀌게 되었다.

2) 소 잃고 외양간 고치는 격이 되기 싫어서 전세보증보험에 가입했다

지방에서 아무것도 모르고 살던 나는 그 이후 살림살이에 관심을 갖게 되었다. 그러다 월세를 아낀다고, 월세살이 6개월 만에 LH국민임대아파트 15평 전전세를 3,800만 원에 입주하게 되었다. 이때는 불법인지도 몰랐다. 현직 판검사들도 입주해 있다며 아무런 문제가 안 된다 하는 부동산 전문 중개인들의 말을 믿은 게 잘못이었다.

이렇게 세상 물정 모르고 들어간 국민임대아파트에서 보증금 3,800만 원을 사기당하게 되면서 난생처음 경찰서에 출두하라는 안내장도 받아 보았다.

다른 종류의 정부 임대주택으로는 국민임대, 영구임대, 공공임대, 행복주택이 있다. 그중에서 내가 경험하게 된 LH국민임대아파트에 대해 자료조사를 해 보았다.

LH국민임대아파트는 저소득층 가구를 위해 저렴한 임대료와 안정적인 주거환경을 제공하여 저소득 국민을 위해 정부가 지원하는 공공 임대주택이다. 저렴한 월세를 지불하면서 최대 30년 동안 거주할 수 있다. 대신 입주 자격이 까다로운데 소득 및 자산 기준에 따라 결정된다.

일반적으로 도시근로자 가구당 월평균 소득의 일정 비율 이하이며, 부동산 및 자동차 등의 자산을 일정 기준 이하로 보유하고 있어야 한다. 2년마다 갱신계약을 해야 하지만, 갱신 조건을 충족하면 오랜 기간 동안 부담 없이 거주할 수 있다. 이사를 원할 경우 미리 알리면 보증금 반환을 원하는 날짜에 받을 수 있어 부담도 적다. 관련 내용은 한국토지주택공사 홈페이지에서 더 자세히 찾아볼 수 있다

복직 1개월을 앞둔 시점에 일대일 시·도 간 인사교류를 통하여 인천광역시 부평구에 소재한 ○○초등학교로 발령을 받게 되었다. 63학급에 교감선생님이 두 분 계시는 큰 규모의 초등학교였다. 시골에 있는 6학급 정도의 작은 규모의 학교에서만 근무했던 나는 눈앞이 캄캄했다.

업무의 규모 역시 지방 소도시에 소재한 학교와는 차원이 달랐다. 그래도 주위에서 "인천은 섬으로 발령 안 나게 된 것만 해도 감사하게 생각해야 된다."라고 하시면서 위로를 해 주셨다. 지금 생각해 보면 그래도 그 시절에는 업무량은 많아도 서로 도와주고, 다독여 주며 으쌰으쌰 해 주는 분위기의 근무환경이었다. 그래서 그 벅찬 업무도 이겨 나갈 수 있었던 것 같다.

지방에서와는 다른 새로운 업무를 배우기 위해 3살 어린 딸과 함께

야근을 했었다. 잠든 딸을 테이블 위에 올려 두면서까지 업무를 보다가 아이가 떨어져서 병원 응급실로 달려갔던 가슴 아픈 기억이 있다. 직원 회식 자리에도 늘 껌딱지처럼 딸아이를 데리고 다녔다. 심지어 천장이 열리는 나이트클럽까지도 딸을 데리고 함께 다녔었다. 철이 없었는지, 직원들이 단합이 잘되어 함께하는 즐거움이 커서였는지는 모르겠지만 뒤돌아 생각해 보면 그 시절이 그립다.

그 시절에도 나는 늘 부동산에 관심을 갖고 귀를 열어 두고 생활 했었다. 늦은 시간에도 부동산 정보 사이트에 접속하는 것을 멈추지 않았다. 사이트에서는 인천에 있는 재건축 관련 구축 아파트, 신축 아파트 등을 찾아보았다. 종잣돈이 없었기에 안목이라도 키워야 한다고 생각해서 혼자서 부지런히 살피고 다녔다. 그러나 정작 용기가 나지 않아서 매입을 하지 못했다.

'만약에 그 당시 부동산 공부를 체계적으로 했었다면 어땠을까? 대출에 대한 두려움만 없었더라도, 여러 채의 아파트를 소유하고 있지 않았을까?'라는 생각도 해 봤다. 하지만 곧이어 '아니야, 욕심을 부리다가 이마저도 없었을 수도 있어.' 하며 마음을 다스렸다.

나는 이미 호되게 당했던 경험이 있었기에 인천에 위치한 두 번째 아파트에 전세를 계약할 때는 전세보증보험이라는 제도를 이용했다. 임대인이 사업자라는 점도 내 불안에 한몫을 했다. 보증수수료가 발생했지만, 안전한 전세금을 지키기 위해서였다. 요즘에는 전세로 주택 계약을 체결하는 신혼부부들이 많다. 하지만 최근 빌라왕 등 전세사기 뉴스로 불안감이 클 것으로 생각이 된다. 게다가 높은 금리와 침체된 부동산 경기로 인해 주택 계약에 대한 불안감은 더욱 커져만 가고 있다. 그럼 내가 먼저 경험해 본 전세보증보험 제도에 대해 설명해 보고자 한다.

전세보증보험은 임차인을 위한 보험이다. 전세 계약기간이 만료되었지만, 임대인이 전세보증금을 돌려주지 못하는 경우에 대비하여 보증기관으로부터 대신 전세보증금을 돌려받고, 보증기관은 임대인에게 그 비용을 청구하는 방식이다.

① 임대차 계약을 할 때는 아래 두 가지 경우가 있다
 - 임대사업자 등록 임대인과 계약: 임대사업자 등록이 된 임대인은 전세보증보험에 의무적으로 가입을 해야 하며 보험료는 임대인과 임차인 50:50 부담이다.
 - 일반 임대인과 계약: 임차인이 100% 부담한다.

② 전세보증보험 가입 조건은 다음과 같다.
 - 주택의 종류: 단독, 다가구, 연립, 다세대 아파트, 주거용 오피스텔 등 주거용 주택에 대한 전세 계약이 가입 조건이다.
 - 서울보증보험(SGI)은 도시형 생활주택만 가능하다.
 - 주택도시보증공사(HUG)는 노인복지주택만 가능하다.
 - 한국주택금융공사(HF)는 도시형 생활주택, 노인복지주택 모두 가입이 가능하다.
 - 임대인의 동의: 임대인의 동의가 필요하며, 임대인이 보험가입에 동의하지 않는 경우 가입이 어렵다.
 - 보증금 액수: 보증금 액수가 일정 금액 이하여야 한다. (지역별로 상이)

구분	주택도시보증공사 (HUG)	한국주택금융공사 (HF)	서울보증보험(SGI)
명칭	전세보증금반환보증보험(허그전세보증보험)	HF전세보증보험(HF 전세지킴보증)	전세금보장신용보험
전세 보증금 한도	수도권: 전세보증금 7억 원 이하 기타 지역: 5억 원 이하	수도권: 전세보증금 7억 원 이하 기타 지역: 5억 원 이하	아파트: 제한 없음 일반 주택: 10억 원 이하
보증료율	중간	저렴(대신 보증 내용이 상대적으로 까다로움)	비싸다(많이 이용하지 않음)

- 임대차 기간: 임대차 기간이 1년 이상 남아 있을 때 가입이 가능하다.
- 선순위 보증금: 선순위 보증금이 일정 금액 이하여야 한다.
- 신용등급: 신용불량자가 아닌 경우에만 가입이 가능하다.
- 임대인의 세금 체납: 임대인이 세금을 체납한 경우, 해당 세금이 일정 금액 이하인 경우에만 가입이 가능하다.
- 보증금 반환 소송: 임대인이 보증금 반환을 하지 않는 경우, 보증금 반환 소송이 진행 중이거나 확정판결이 있어야 한다.

③ 전세보증보험을 가입할 수 있는 기관들은 다음과 같다.
- 주택도시보증공사(HUG)(모바일 앱 또는 홈페이지)
- 위탁은행: 신한, 국민, 우리, 광주, KER하나, IBK기업, NH농협, 경남, 수협, 대구은행
- 서울보증보험(SGI)
- 한국주택금융공사(HF)

여기서 임대인은 '보증금지 대상자'가 아니어야 한다. 기존에 전세금을 돌려주지 못해서 보증보험을 이용한 이력이 있으면 그 임대인은 보증 금지 대상일 가능성이 크다.

전세보증보험 가입 방법을 정확히 알고 있는 것도 중요하지만, 가입 시기 또한 놓치지 말아야 한다. 보증보험은 전체 계약기간의 1/2이 지나지 않은 시점에만 가입이 가능하다. 예시로, 2년 계약을 했는데 1년이 지난 다음에 가입을 하려고 하면 가입이 불가능하다.

전세보증금을 스스로 안전하게 지키는 방법은 전세보증보험 가입이 거의 유일한 방법이다. 그러니 시기를 놓치지 않도록 주의해서 보증보험을 가입해야 한다. 가까운 지점에서 방문 신청하거나, 인터넷 홈페이지를 통해서도 신청이 가능하다.

아래는 전세보증보험 계약 시 필요한 서류이다.

① 보증신청서
② 개인정보 제공동의서
③ 전세보증금 반환 보증 확약서
④ 주민등록등본
⑤ 신분증 사본
⑥ 확정일자부
⑦ 전세 계약서 사본
⑧ 전세보증금 수령 및 지급확인 서류
⑨ 부동산 등기부등본 및 전입세대 열람내역

단독주택 혹은 다가구주택일 경우는 다음과 같은 서류가 추가로 필요하다. 이 외에도 추가로 인감증명서, 위임장, 채권양도계약서를 요구할 수도 있다.

① 건축물 대장
② 전세 목적물에 대한 타 전세 계약 체결 내역확인서
③ 주채무자 법인 등기부등본
④ 사업자 등록증 사본

전세보증보험을 가입하는 조건이 매우 까다롭다. 가장 중요한 것은 전세보증금 금액이다. 보증금과 근저당 금액의 합이 시세대비 80%를 넘어가면 보증보험을 가입하기 어렵다. 아무리 보증금이 싼 집이라고 할지라도 이런 경우에는 전세 계약을 하지 않는 것이 좋다.

기본적인 내용을 알고 있으면 전세사기를 어느 정도 예방할 수 있고, 내 재산을 지키는 데 조금이라도 도움이 될 수 있다. 여기까지가 내가 직접 경험한 전세보증보험에 대하여 조사한 정보이다.

3) 전세 찾아 삼만 리

인천에서 근무한 지 2년 만에 시도교류를 통하여 서울 서초구 소재 초등학교로 발령을 받게 되었다.

직장 근처로 전셋집을 마련하기 위해 구반포 지역을 돌아다녔다. 태어나서 처음 걸어 보는 낯선 곳이었다. 편리한 교통과 걸어서 갈 수 있는 한강공원, 단지 내의 울창한 숲들. 주변 환경은 너무 좋았다. 하지만 110V 변압기를 사용하며, 안방만 온돌이고 거실 및 나머지 공간은 라디에이터를 이용하여 난방을 하는 구조였다. 아무리 직장과 가까워도 2001년에 이런 아파트 환경에는 들어가기가 싫었다.

추위를 유난히 많이 타는 남편과 아이들을 위해 실내 주거 환경이 좋은 곳을 고민하던 때였다. 남편 친구네가 안양 범계역에 위치한 36평 신규 아파트로 입주한다고 하여 우리 부부는 그곳으로 집들이를 가게 되었다. 그곳에서 새 아파트의 이점에 푹 빠졌다. 출퇴근 거리는 아랑곳하지 않고 무조건 새 아파트로 가고 싶었다. 그리하여 전세금 1억 6,000만 원을 써서 새 아파트로 이사를 가기로 결정하였다. 친구 따라 강남 간다고 우리도 새 아파트에 살아 보자는 마음이었다. 출퇴근 거리는 멀었지만, 안양 범계역에 위치한 ○○아파트를 선택하여 전세 계약을 하였다.

넓은 공간이 주는 안락함으로 새 아파트의 만족감은 높았다. 그러나 평촌에서 압구정으로 출근하기 위하여 6살 딸을 데리고 아침 6시면 집을 나서야 했다. 그래야 남태령고개를 밀리지 않고 넘어올 수 있었다. 지하철을 이용해 출근한다고 해도 자리가 없으면 딸아이를 발등 위에 앉혀서 올 수밖에 없었다. 출퇴근이 불편하다는 현실에 우리 가족은 한계를 느끼게 되었다.

결국 9개월 만에 새 아파트를 포기하고 다시 서울로 보금자리를 찾으러 나섰다. 직장이 가까운 방배동, 반포동 등을 둘러보았지만, 70년대에 지어진 아파트들이라 주로 안방에만 온돌난방이 되는 구조였다. 이곳은 추위를 많이 타는 남편이 적극 반대를 했다.

서초구를 벗어나 동작구 지역을 둘러봤다. 한강뷰가 보이고 지역난방이 되는 ○○아파트가 마음속에 확 들어왔다. 퇴근 이후 유람선이 지나가는 한강을 바라보며 커피를 마시는 모습을 상상했다. 결국 전세 계약서에 도장을 찍고 ○○강변아파트를 계약했다. 이렇게 서울에서의 전세살이를 시작하게 되었다.

아파트 앞에 유수지 공원이 있어서 아이들이 언제든지 나가서 자전거를 타면서 뛰어놀 수 있었다. 또한, 마음만 먹으면 집에서 직장까지 한강을 따라 걸어서 출근할 수 있는 거리였다. 한동안은 만족하며 생활하고 있었다. 그런데 이번에는 아파트가 16차선 올림픽대로 옆에 있어서, 24시간 달리는 차 소리와 뿜어져 나오는 매연 냄새가 문제였다. 차 소리와 냄새 때문에 창문을 열어 환기를 할 수가 없었다.

할 수 없이 공기청정기를 2대를 돌리며 지냈는데, 이번에는 삼 남매에게 아토피 증세가 올라오기 시작했다. 환경의 중요성을 몸으로 체험하게 된 계기가 되기도 했다. 그렇게 2년이란 시간이 흘러 전세 만기 시점이 되었다. 고민을 해 보았지만, 여유자금이 없어서 다른 곳은 살펴볼 여력이 안 되었다. 결국 500만 원을 올려 주면서 재계약을 하였다. 하지만 이 과정에서도 문제가 있었다.

우리에게 전세를 준 집주인은 유명한 운동선수이자 자타가 인정하는 공인이었다. 그런데 재계약을 확정지어 놓고, 본인이 살고 있는 집 전세금을 올려 줘야 하는데 모자란다고 일주일 후 또 500만 원을 더 올려 달라는 연락이 왔다. 이미 결정한 사안에 대해 어떻게 다시 연락을 해 올 수 있는지 이해를 할 수 없었다. 이것이 서울에 집 없는 자의 설움인가 하는 생각이 들어 너무 속이 상했다. 그래서 막둥이 아들을 들쳐 업고 무작정 나와서 "나도 집 살 거야." 하면서 동네 부동산을 돌기 시작했다. 늦은 시간이었지만, 마침 열려 있는 부동산이 있어서 매물이 있는지 물어보았다. 앞에 까치산이 있는 ○○아파트를 평소에 마음에 두고 있었는데, 마침 12층에 급매로 나온 물건이 있다면서 집을 보여 주셨다.

높은 층이었기에 일단 좋았고, 매연 냄새가 안 났다. 멀지만 한강뷰도 보여서 다음 날 남편과 함께 다시 방문하기로 마음먹었다. 집에 돌아온 후 본동 ○○아파트에 대해 자료를 찾아보았다.

4) 서울에서 나도 내 집 장만했다

동작구 본동 ○○아파트는 1993년에 지어진 약 30년이 된 아파트이다. 765세대가 입주 가능하며, 총 9동으로, 면적은 60㎡~124㎡로 구성되어 있다.

교통은 더블역세권, 즉 9호선 노들역과 7호선 상도역을 쉽게 이용할 수 있어 편리하다. 한강이 가까이에 있어 산책이나 운동을 즐길 수 있다. 영본초, 중앙대부속중, 중앙대학교, 중앙대병원이 가까이에 위치하고 있다.

주변에는 상권과 노량진 학원가가 일부 형성되어 있다. 한강, 올림픽대로, 강남, 용산, 마포로의 접근성이 좋은 아파트이며, 현재는 리모델링 추진 중이라고 한다.

○○아파트의 단점은 오래된 아파트이기에 주차난이 심각 언덕 주차를 해야 할 수도 있고, 중앙난방으로 도시가스를 사용하고 있다는 점이다. 남들은 언덕이라고 힘들다 했지만 내가 3년간 실거주한 결과, 힘들다는 생각은 안 들었고 교통이 좋은 아파트라는 생각뿐이었다.

해외여행을 떠나기 위해 9호선을 타고 공항에 가기도 편리했고, 강남 방향 센트럴시티터미널을 이용하기도 수월했으며, 한강대교를 넘어서 시청 방향으로 넘어가기도 편리했다. 위치적으로도 가성비 갑인 동작구 본동에 위치한 아파트였다.

2005년 12월에 2억에 구매하여 이곳에서 우리 가족의 행복한 시간을 보낼 생각으로 꿈에 부풀어 있었다. 온 가족이 함께 직접 도배, 페인트칠을 하며 우리만의 보금자리를 꾸몄다.

그 누구도 모르는 것이 부동산 시세이며, 부동산은 운인 것 같다. 매도 당시, 주변인들이 이 아파트를 보유하기만 해도 미래가치가 있을 것이라 생각되었다. 그래서 남동생에게 매입할 것을 권유했지만, 미혼의 동생은 관심이 없었다. 내가 부동산 공부를 했었더라면 다른 방법을 모색했을지도 모르는 일이다. 하지만 손해는 아니었다. 2억의 차액이 발생되었기 때문이다. 10여 년 동안 낸 세금과 취득세 등을 생각해도 이익을 남겼기에 그 당시 나는 웃으면서 매도를 했었다. 아, 하지만 2019년부터 고공 행진 중인 현재 서울 소형아파트의 현재 시세가 대체 얼마인가?

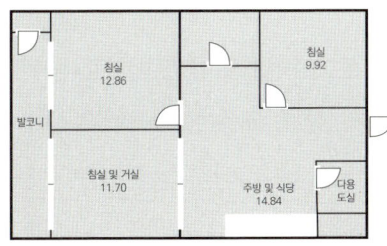

공급/전용	77.16㎡/59.89㎡ (전용률 78%)	한국부동산원 시세	매매 8억 3,000~9억 4,000 전세 3억~3억 4,000
세대수	132세대		
관리비	연평균 21만 3,065원	매물 가격 분포	매매 8억 4,000~8억 9,000
공시가격	최저가 4억 9,000 최고가 5억 6,100		전세 3억 4,000

5) 부동산에 대한 새로운 시각을 일깨워 준 부자애미를 만나다

 2021년 3월에 온라인 세상을 만나면서 다양한 경험을 하게 되었다. 그곳은 반드시 목표를 성취하고자 하는 사람들의 배움터이며, 스스로 학습하고자 하는 성인이라면 누구든 함께할 수 있는 온오프라인 성장형 교육 플랫폼이다.
 단순히 강의를 수강하고 지식을 얻을 수 있는 곳은 많다. 하지만 내 안에 숨어 있는 진짜 나(Real Me)를 찾아 스스로 성장하는 방법을 알아낼 수 있는 곳은 흔치 않다. 이곳은 매일매일 작은 성공을 선물하고 그것을 평생의 성공으로 만들어 나갈 수 있도록 도움을 주는 곳이었다. 이 커뮤니티에서 내가 원하는 강의를 마음대로 선택하여 수강했으며, 나와 함께 동반 성장 하는 공부 친구들을 만났다. 내 인생의 소중한 인연들을 만나게 된 것이다.

나는 체중감량과 하체 근력을 키우고 매일 일찍 일어나는 습관 장착을 위해, 출근 전 새벽 6시에 줌에서 함께 운동하는 '스쿼트 100개 챌린지'에 열심히 참여하고 있었다. 어느 날 스백챌 오픈채팅방에서 '부자애미'라는 친구가 부동산 나눔 줌강의를 하는 걸 들었다. 그녀의 입담과 그녀가 걸어온 부동산에 대한 경험과 간절함에서 신세계를 보게 되었다.

"배워서 남 주자."라는 말을 몸소 실천하며 선한 영향력을 펼치는 그녀의 매력에 찐팬이 될 수밖에 없었다. 부동산에 대해 다른 각도에서 생각하게 되었고, 나에게 절실함이 없었다는 것을 오십이 넘은 나이에 깨닫게 되었다.

세 자녀를 둔 워킹 맘, 나랑 같은 조건인 그녀. 나이는 나보다 어렸지만, 까도 까도 끝이 없는 양파 껍질처럼 계속해서 새롭게 배울 점이 많았다. 부자애미님은 출퇴근 짬짬이 부동산 임장을 다니면서 아파트, 단독주택, 상가, 토지 등 다양한 방면에서 부동산 경험을 쌓아 가고 있었다.

아파트는 무조건 종잣돈도 어느 정도 있어야 하고 찾아보니 주택 수, 양도세, 취득세 등 여러 조건이 필요해 매수하기 힘들 것 같아서 나는 투자를 포기하고 있었다.

부동산에 대한 궁금한 내용들을 속 시원히 들려주는 그녀의 노하우를 아낌없이 나눠 주는, 그녀의 말을 듣고 나니 생명수를 마신 기분이었다. 나는 그녀에게 내 조건에 할 수 있는 투자 방법에 대한 자문을 통해 공동주택공시가격 1억 미만 아파트를 구매를 고려해 보게 되었다. 그 후 다양한 조사를 통해 준비한 후 천안 지역으로 임장해 보기 시작했다.

아파트 구매는 많은 사람들에게 있어 큰 꿈이다. 예산이 제한된 경우, 1억 미만 아파트를 구매하는 것이 현명할 수 있다. 나의 경우는 미래 고정소득으로 월세를 받기 위해 1억 미만 아파트를 매수하는 걸 생각해 보게 되었다.

6) 1억 미만 아파트 매입 스토리

1억 미만 아파트를 구매할 때 고려해야 할 사항들을 몇 가지 나열해 보았다.

(1) 위치와 교통

아파트의 위치와 교통은 매우 중요한 요소이다. 지하철이나 버스 등 대중교통수단과 인프라가 주변에 있으면 일상생활이 훨씬 편리해진다. 또한, 근처에 상점, 학교, 병원 등의 편의시설이 있는지도 확인해야 한다.

아파트의 가격은 대부분 위치에 크게 영향을 받는다. 위치가 그만큼 중요하다는 얘기이다. 따라서 1억 미만의 아파트를 구매할 때에도 위치를 신중하게 고려해야 한다. 교통 편리성, 주변 시설의 다양성, 안전성을 고려하여 좋은 지역의 아파트를 선택하는 것이 중요하다.

(2) 아파트의 상태

아파트의 상태는 구매 시 고려해야 할 중요한 요소이다. 구축 아파트인 경우, 건물의 연식과 유지보수 상태를 확인해야 한다. 철거나 리모델링이 필요한 경우 추가 비용이 발생할 수 있으므로 이를 고려해야 한다. 또한, 아파트 단지의 경비, 주차 공간, 수영장 등의 시설이 잘 관리되고 있는지 확인해야 한다. 노후화가 심한 아파트나 시설이 부족한 아파트는 추가적인 비용과 불편을 야기할 수 있으므로 주의해야 한다.

(3) 장기적인 투자가치

아파트를 구매하는 것은 장기적인 가치를 고려한 투자라고 볼 수 있다. 따라서 장기적인 투자가치를 고려해야 한다. 아파트가 위치한 지역의 개발 계획이나 인프라 개선 계획을 조사하고, 해당 지역의 부동산 시장 동향을 파악해야 한다. 또한, 아파트 단지의 입주율과 임대수요도 중요한 요소이다.

(4) 관리 비용과 추가 비용 부담

아파트를 구매하면 매달 관리 비용을 지불해야 한다. 이는 아파트 단지의 시설 유지보수, 소독, 경비원 월급 등에 사용된다. 따라서 관리 비용을 고려하여 예산을 잡아야 한다. 또한, 아파트 단지의 주차 공간이나 수영장 등의 시설을 이용하려면 추가 비용이 발생할 수 있으므로 이를 고려해야 한다. 관리 비용과 추가 비용 부담을 사전에 계획하여 생활의 편의성과 경제성 등을 고려해 예산을 관리하는 것이 중요하다.

(5) 재판매 가능성

아파트를 구매할 때는 재판매 가능성도 고려해야 한다. 아파트 단지의 입주율이 높고 수요가 많은 지역인지 확인해야 한다. 또한, 아파트의 상태와 시장가격 동향을 고려하여 재판매 가능성을 판단해야 한다. 재판매 가능성이 높은 아파트를 선택하는 것은 향후 재투자나 부동산 자산가치를 높일 수 있는 방법이다.

아파트는 장기적으로 가치가 상승할 수 있는 부동산 자산이다. 1억 미만의 아파트를 구매할 때에도 잠재적인 가치 상승 가능성을 고려해야 한다. 주변 도시계획이나 개발사업 등을 살펴보고, 가치가 상승할 가능성이 있는 아파트를 선택하는 것이 좋다.

갭투자가 활발하게 이루어지던 시기에 공시지가 1억 미만의 아파트들은 매물을 찾아 보기가 힘들 정도로 인기가 많았다.

많은 이유가 있었겠지만, 전세가와 매매가 사이의 갭이 크지 않아 소액으로 투자가 가능했다는 점과 많이들 알고 계시는 세금 부분이 가장 컸던 것 같다.

세금 같은 경우 공시지가가 1억 이하인 주택은 주택 수 산정이나 취득세에서 기본세율이 적용된다. 현재 비조정대상지역의 취득세율은 2주택까지는 1~3%, 3주택 이상의 경우는 8%가 부과된다. 조정대상지역은 2주택부터 8%이다.

위에서 말한 취득세 주택 수에 공시지가 1억 이하 주택은 포함이 되지 않기 때문에, 다주택자라도 공시지가 1억 이하의 주택을 구입하게 되면 취득세는 1%로 금전적인 부담이 줄어들게 된다는 장점이 있다. (중과세율에서도 배제되기 때문에 다주택이라도 취득세 부과할 때 주택 수 산정에서 제외) 하지만 종합부동산세, 양도소득세, 청약 시에는 보유하고 있는 주택 수로 인정되기 때문에 주의해야 한다.

1억 미만 아파트 매입은 단순한 재테크를 넘어 삶의 터전을 만드는 여정이었다. 매일 아침 남편과 마주 앉아 커피잔을 기울이며 그려 보던 그림, 노후에 차분히 앉아 책을 읽을 작은 서재와 창밖으로 스며드는 햇살. 그 상상이 현실로 다가올 것만 같아 심장이 두근거렸다.

첫 임장 날의 긴장감은 지금도 생생하다. 부자애미 카페 회원들과 천안 ○○타운아파트를 찾았을 때, 차창으로 스치는 풍경 하나하나가 주식 차트처럼 분석 대상이 되었다. 고개를 들자마자 눈에 들어온 노후된 외벽과 허술해 보이는 주차장. 발걸음이 무거워지던 순간, 옆에서 흘러나온 현장 경험자의 목소리가 귓전을 스쳤다. "여기 단지 관리비가 세대당 7만 원대래요. 신축은 아니지만 오히려 입주민 부담이 적어서 좋다니까?"

그날부터 우리 부부는 인간 내비게이션이 되었다. 수서역 SRT 승강장에서 탑승 30분 전부터 손에 땀을 쥐고 표를 확인했던 일, 지하철 2호선을 타고 2시간 동안 흔들리며 지켜본 창밖 풍경들. 각 교통수단별 소요 시간을 메모장에 적어 가며 천안이 서울 생활권에 들어온다는 사실에 스스로를 설득하던 모습이 어제 같다.

쌍용역 인근 ○○아파트 단지 앞에서 느낀 첫인상은 의외였다. 2000년도에 지어진 15층 건물들이 도시의 풍경을 고스란히 간직한 채 서 있었다. 중앙광장에 놓인 벤치에는 할머니 두 분이 앉아 수다를 떨고 계셨고, 단지 입구 편의점에서는 중학생들이 아이스크림을 사러 뛰어다녔다. '살아 있는 공간'이라는 느낌이 물씬 풍겼다.

계약서에 도장을 찍는 순간, 손가락 끝에서 전해진 종이 질감이 20년 차 직장인의 급여명세서와는 사뭇 달랐다. 은행 대출 서류를 작성할 때 턱밑까지 치밀어 오른 불안감은, 부동산 중개인 사무실을 나서며 맞이한 가을 공기에 싹 가셨다. 단지 놀이터에서 뛰어노는 아이들의 함성이 들려오자 문득 '이곳에 내 집이 생겼구나.' 하는 실감이 밀려왔다.

이 작은 공간이 단순한 투자처가 아니라 삶을 함께 빚어 가는 현장이었다. 1억 미만이라는 숫자 너머에 펼쳐질 무한한 삶의 가치로 노후 준비를 해 두었다는 안도감에 흐뭇해진다.

천안 ○○단지아파트는 천안시 서북부 월봉동에 위치하고 있으며 주변에는 주거지역이 주로 형성되어 있다. 아파트 주변에는 대중교통수단이 다양하게 운행되어 편리한 이동이 가능하다. 또한, 국도와 고속도로와의 접근성이 좋아 서울이나 다른 도시로의 이동이 용이하다.

학교, 대형마트, 백화점, 은행, 병원 등의 생활시설이 근처에 위치해 있기도 하다. 이로 인해 일상생활에 필요한 다양한 서비스를 이용할 수 있다. 이뿐만 아니라, 공원이나 자연환경이 보존되어 있어 산책이나 운동을 즐길 수 있는 좋은 환경을 제공한다. 요즘 시세가 내리막을 가고 있지만, 주변 여건과 숲세권이라는 쾌적한 환경을 믿고 나는 계속 보유하고자 한다.

천안 ○○단지아파트

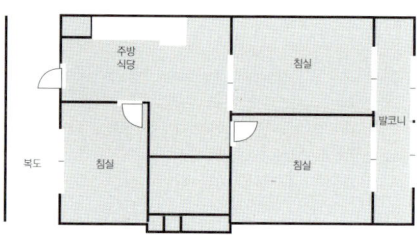

세대수	1335세대 (총 9개 동)	저/최고층	15층/15층
사용승인일	2000년 01월 15일	총 주차대수	1129대(세대당 0.84대)
용적률	210%	건폐율	20%
건설사	광토건설주식회사		
난방	개별난방, 도시가스		
면적	68㎡		

7) 미분양 아파트로 대학생 자녀에게 내집마련 준비

나는 왜 수많은 부동산 투자 중 미분양 아파트 줍줍을 시작했을까? 뫼비우스 띠와 같은 삶의 패턴에서 벗어나고 싶었다. 어제와 같은 오늘과, 오늘과 같은 미래를 살고 싶지 않았다. 그러다 우연히 부동산을 공부하기 시작했다. 살아오면서 부동산 공부에 대해 관심은 있었으나 방법을 몰랐다. 방법을 알게 된 후에는 용기가 없었다. 하지만 부자애미 오픈채팅방에서 용기마저 얻게 되었다.

자본주의 사회에서는 돈의 흐름을 잘 파악해야 한다. 돈이 지금 어디에 있는지만 알면, 투자의 기회를 포착할 수 있다. 흔히 경기의 선행지표로 주식을, 후행지표로 부동산을 꼽는다. 그런데 부동산시장에서도 경기 흐름의 선행지표가 있다.

그것은 다름 아닌 미분양이다. 공급이 많거나, 인기가 없는 지역의 아파트는 미분양이 된다. 잘못 투자하면 죽음의 길로 접어드는 그 세계이다. 하지만 우리는 생각의 전환이 필요하다.

미분양이 나에게 기회를 줄 수 있다. 지금과 같은 불황에는 입지에 상관없이 미분양인 아파트가 있다. 현재는 미분양이지만 입지만 좋다면 언젠가는 효도를 할 것이다. 상승기에는 입지가 좋은 아파트를 시작으로 시세가 반드시 오르게 되어 있다.

다음은 미분양 아파트 조회 방법에 대해 공유하고자 한다.

① 국토교통부 통계누리
  - 홈페이지 〉 주택 〉 승인통계 〉 미분양 주택 현황보고
② 지자체 홈페이지 활용
③ 부동산 앱 아실 등 다양한 앱 활용
  - 아실 〉 분양 〉 탭 클릭

이런 방법들을 활용하여 미분양 아파트를 살펴보고 입지 분석이 가능하다. 나는 미분양 아파트에 투자하는 과정에서 두 채의 아파트를 분양받은 경험이 있다. 나의 투자 원칙은 언제나 두 가지를 기반으로 한다. 첫째, 예상치 못한 최악의 상황이 닥치더라도 끝까지 견딜 수 있어야 한다. 이 원칙은 변동성이 큰 시장에서 투자자에게 심리적 안정감을 주며, 시장을 장기적으로 바라볼 수 있는 여유를 만들어 준다. 둘째, 내가 직접 실수요자가 될 수 있는 조건을 충족해야 한다. 아파트를 단순히 수익을 기대하는 투자가 아닌, 필요할 때 거주할 수 있는 공간으로 본다. 이러한 원칙들을 바탕으로 하여 두 아파트에 투자하기로 결정을 내리게 되었다.

더샵원주센트럴파크

원주에서 유치원 교사로 있던 초등학교 친구가 부동산을 개업했다고 연락이 와서 내려갔더니, 미분양 아파트를 고객에게 소개하려 모델하우스를 방문한다고 했다. 당연히 부동산에 관심이 많은 나는 함께 가자고 했다. 원주는 낯설지 않고 친숙한 곳이었다. 사촌언니 큰딸과 나의 아들이 동갑이라 자주 만나서 추억을 만들던 곳이었다.

 현장을 둘러보고 모델하우스를 살펴보면서 내 머릿속에는 한 가지 생각이 스치듯 지나갔다. 그 자리에서 바로 딸에게 전화를 걸어 미분양 아파트를 줍줍하자고 하고, 설명하고 이해를 시켰다. 큰딸이 "엄마 의견에 따를게요."라고 대답을 했다.

 입지에 대한 확신과 장래 가치성이 보였기에, 오지라퍼인 나는 즉시 지인 4명에게도 통화를 하여 권유를 했다. 결국 친구들도 미분양 아파트 줍줍에 동참하게 하였다. 현재 1명은 시세차익으로 5,000만 원을 남긴 후 매도를 하였고, 나머지 3명은 전세 세입자를 들여 지금도 보유 중이다.

 더샵원주센트럴파크 아파트는 조건이 좋았다. 200만 원의 계약금을 일부 할인해 주고, 중도금 60%를 무이자로 처리, 청약통장을 미사용해도 계약이 가능했다. 30만 평 공원을 앞마당처럼 품고 있으며, 위치도 원주 8학군 안에 있었다. 선택 안 할 이유를 찾기가 더 어려운 아파트였다. 또한 강력한 교통망이 있는 더샵원주센트럴파크 3단지는 원주 구도심 최고의 뷰맛집 아파트였다.

 큰딸이 학교 다니는 틈틈이 카페에서 아르바이트를 하여 모았던 월급과 어렸을 때부터 모았던 돌 반지, 명절 세뱃돈을 모아 온 적립식 주식통장 금액의 결실이 모여서 자연스럽게 투자의 발판이 되어 준 것이다. 더 운이 좋았던 것은 아르바이트를 하며 4대 보험에도 가입되어 있었기에 중도금 대출을 일으킬 수 있는 자격 또한 갖추게 되었고, 이러한 조건이 큰딸이 첫 투자에 도전할 수 있는 힘이 되어 주었다.

자본주의 사회에서 성공적인 투자자의 핵심 역량 중 하나는 돈의 흐름을 이해하는 능력이다. 단순히 수익을 추구하는 것을 넘어, 돈이 어디에 머물고 어디로 흘러가고 있는지에 대한 통찰력을 가지면 더욱 정확하게 기회를 포착할 수 있다. 결국 중요한 것은 현시점에서 돈이 어디에 있는지를 정확히 파악하는 것이며, 이를 통해 예상치 못한 기회도 놓치지 않고 활용할 수 있는 준비된 자세를 갖추는 것이다.

50대 중반인 내가 왜 자녀에게 아파트 줍줍을 시작하게 했는가? 바로 종잣돈이 넉넉하지 않아도 소액으로 투자할 수 있기 때문이다. 나의 투자 방침은 가치 있는 부동산을 장기 보유하는 것이다. 언젠가 입주할 수 있다는 마음으로 투자를 한다.

공부를 하면서 느낀 안타까운 점은, 청약이 족쇄인 분들이 너무 많다는 것이다. 10년, 20년 기다리기만 하지 말고 언젠가를 위해 청약통장을 남겨 두지 말자. 상황에 맞게, 종잣돈에 맞게 청약에 도전해 보시기를 적극 권유한다. 아직도 전국 곳곳에 황금 입지의 미분양 아파트가 우리를 기다리고 있다.

지금은 투자하기 좋은 시장이다. 물 반, 고기 반! 부동산 하락기에, 남들이 공포에 떨고 있을 때 우리는 이 시기를 공략해 보자. 정부는 완화 정책을 차례차례로 내놓고 있다. 계약금도 분양대금의 20%가 아닌 정액제로 바뀌고 있으며, 분양 조건 완화, 발코니 확장 서비스 등이 이루어지고 있다. 이 시기에 충분히 좋은 매물을 만날 수 있을지도 모른다. 안타깝다. 세금 무서워서 투자를 못 하신 분들이 있다. 나 또한 취득세, 양도소득세 등 세금 때문에 투자를 못 했다.

생각을 전환할 필요가 있다. 세금은 내면 그만이다. 번 만큼 내는 것이다. 남편이 자주 했던 말이었지만 이제야 더 깊이 와닿는다. 세금을 낸다는 것은 그만큼 수익이 생겼다는 의미이다. 세금을 두려워해 투자를 주저했던 것이 부동산 투자에서 가장 큰 리스크가 아니었나 싶다.

우리 아이들에게 경제적 독립을 이룬 자신감 있는 엄마의 모습을 보여 주고, 자본주의 사회에서 자본 소득을 창출하는 방법을 가르쳐야 한다고 생각한다. 그래서 딸아이가 직접 투자해 볼 수 있는 기회를 주었다. 경제적 독립은 개인의 선택과 자유를 보장해 준다. 젊은 자녀세대들이 직장을 가진 후 자기 자산을 늘리고 관리하는 방법을 익히는 것은 매우 중요한 역량이다.

4
꿈꾸는 나, 꿈꾸는 나의 노후

 삶은 한결같이 흘러가는 듯 보이지만, 때때로 예기치 못한 방향으로 나아간다. 그로 인해 우리의 시야는 넓어지고, 생각은 깊어진다. 남들보다 직장을 좀 더 빨리 내려놓고 이제는 개인의 자유와 성장을 추구하는 새로운 길을 걷고 있다. 그 새로운 길 위에서 얻은 깨달음과 경험을 통해 시간 관리자로서의 역할에 자신감을 갖게 되었다. 이제는 이 경험과 지식을 바탕으로 디지털 시대에서의 효율적 삶을 위해 하나씩 배워 가고 있다.

 나의 여정은 '나다움'을 찾아 가는 과정이었다. 공직을 떠나 새로운 도전을 선택하면서 새로운 소망이 자리 잡았다. 바로 나 자신과 내 삶을 온전히 스스로 책임지고, 가장 나다운 모습으로 살아가자는 소망이었다. 과거 서울로 거처를 옮기면서부터 부동산에 대해 공부하면서 조금씩 경험을 쌓아 왔다. 그 경험은 결국 나를 '시간과 자원을 효율적으로 관리하는 시간 관리자', 더 나아가 '디지털 도구를 활용해 새로운 지식을 습득하는 데 있어 끊임없는 호기심을 가진 사람', 무슨 일이든 적극적으로 나서서 하고 싶어 한다는 뜻을 가진 경상도 사투리인, 즉 '하고잽이' 성향이 나를 끊임없이 성장시키고 있음을 이 책을 쓰면서 느끼게 되었다.

정말 하고 싶은 게 너무 많아 고민이 될 정도다. 이것도 하고, 저것도 하고 싶지만, 내 체력과 시간은 한정되어 있으니. 시간 관리는 단순히 하루의 일정을 효율적으로 관리하는 데 그치지 않는다. 시관관리를 위한 3p 프로과정 수업에 참여하여 시간관리자로 성장하기 위해 노력하였다. 인생이라는 큰 그림 속에서 목적과 방향을 설정하고, 그 과정에서 의미 있는 작은 목표들을 이루어 나가는 일이다. 내게 있어서도 시간 관리는 곧 자신을 찾아 가는 과정이었고, 그에 따라 인생 후반의 방향이 결정된다고 믿는다. '시간의 가계부'로 시간을 주도적으로 관리하여 나의 하루, 한 달, 일 년의 변화를 경험해 본다.

Peter F.Drucker는 말했다. 바인더를 작성 하는 습관을 장착하는 순간 "우리가 미래에 대해 아는 유일한 것은 미래가 달라질 것이라는 것입니다."

디지털 도구와 온라인 교육을 적극 활용하여 새로운 지식을 얻고 능력을 키우면서 인생의 진정한 목적과 방향에 대해 더욱 확신을 가질 수 있었다.

남편이 운영했던 강남역에 위치한 아이돌카페 마케팅을 위한 인스타그램과 트위터 등을 통해 젊은 세대들과 SNS로 소통을 하면서 또 다른 세상을 발견하게 되었다.

그때 나는 단순히 새로운 손님을 유치하는 것을 넘어서, 새로운 사람들과 소통하는 즐거움을 발견했다. 특히, 뛰어난 자기 계발로 각자의 분야에서 성공을 이룬 많은 대표님들과의 만남은 나에게 많은 영감을 주었다. 성공한 분들이 걸어온 길에서 배운 지혜는 나의 여정에 큰 힘이 되었다. 자신을 위해 새로운 가능성을 찾아 가는 이들의 모습은 나에게도 큰 울림이 되어 나다움을 찾아가는 여정에 나침반이 되어 주셨다.

그중 한 분은 오십대 중반의 평범한 물리치료사 셔플언니 댄싱다연 샘이다. 볼 때마다 댄스 실력이 성장해 가고 있는 모습에 매일매일이 궁금하여 인스타그램에서 천 팔로워 때부터 공감하며 소통을 하게 되었다. 그렇게 오십대 아줌마가 셔플댄스 매력에 빠져 줌 수업으로 셔플댄스를 배웠다. 어쩌다 '셔플오십스'라는 공연단에 지원하여 오십대 아줌마가 강남에서 버스킹 공연도 해 보는 신박한 경험도 하면서 청주, 대전, 군산 등을 다니면서 공연 연습으로 즐거운 나날들을 보내면서 강사자격증까지 취득을 하게 되었다. 그러던 어느 날 무릎 통증으로 연습을 자주 쉬어야 했으며, 그로 인한 슬럼프가 찾아왔다. 퇴직 이후 또 쉬지 않고 달려오던 나였다. 잠시 숨을 고르고, 지금까지 내가 걸어온 길과 앞으로 나아갈 방향에 대해 깊이 생각할 시간이 필요했다. 이때, 마케팅 교육에서 만났던 노원구의 맛집 신가네 칼국수 대표님의 친구분께서 나를 S보험사의 교육의 길로 안내해 주셨다. 그분의 추천으로 참여하게 된 수업은, 처음에는 그저 시간을 보내는 일처럼 느껴졌다. 그러나 점차 보험의 의미와 고객에게 실질적으로 필요한 맞춤형 보장을 설계하는 과정의 중요성을 깨닫게 되었다. '시대와 의료 기술의 변화에 따라 고객의 보험도 달라져야 한다'는 회사의 방침은 내게 깊은 인상을 남겼다.

교육 과정에서 배운 지식은 단순히 새로운 금융 상품에 대한 이해를 넘어, '고객의 장기적인 삶을 바라보고 그들의 필요에 맞춘 재정 계획을 세워 주는 일'의 가치에 대한 깨달음으로 이어졌다. 공직에서의 회계 경험과 부동산 공부를 통해 얻은 경험과 지식을 이 분야에 접목해 보니, 각자의 필요에 맞는 보장 분석과 금융 자산 관리가 얼마나 중요한지 실감하게 되었다.

서울의 부동산 가치 상승으로 인해 상속, 증여 문제, 세금 계획, 노후 준비, 초노령화에 따른 장기간병 등은 현대 사회에서 누구나 필요성을 느끼고 사회 이슈가 되고 있다. 특히 국민의 절반 이상이 초고령화 사회의 일원으로 진입하고 있는 지금, 우리에게 중요한 수명은 경제수명이다. 이것들은 앞으로 더 중대하게 다루어질 이슈들이다. 수명이 남아 있을 때 뭐라도 해 놓지 않으면 여러분들의 노후는 힘들어진다. 나도 공적연금을 통해 노후를 대비했지만, 더욱 긴 안목을 갖고 미래를 준비해야 할 필요성을 절감하고 있다. 이러한 맥락에서 나의 자녀들이 건강하고 안정적인 삶을 영위할 수 있도록, 재정적인 안전망을 미리 만들어 주는 일의 중요성 또한 느끼게 되었다. 단순히 자산을 늘리기 위해서가 아니라, 인생의 예기치 않은 변화 속에서도 흔들리지 않는, 삶의 기반을 마련하기 위해서 말이다.

이제 나는 나의 경험을 바탕으로 삼 남매를 위한 장기 준비 컨설팅을 계획하고 있다. 이와 동시에, 내게 도움을 요청하는 모든 분들에게도 나의 작은 지식을 나누고, 그들의 미래를 위한 준비에 실질적인 도움이 되고자 한다. 누구나 각자의 인생에서 목표를 이루기 위해 노력한다. 그 과정에서 필요로 하는 조언과 지원을 제공하는 일이야말로 진정한 시간 관리자로서의 가치가 아닐까 생각한다.

에필로그

나는 '나다움'을 찾아 가는 여정의 중간에 있으며, 사람과 사람 사이에 진정한 유대 관계를 형성하고 진심으로 타인을 위해 주고자 한다. 선한 영향력으로 타인의 삶에 긍정적인 변화를 주고자 하며, 이를 위해 다양한 경험을 바탕으로 한층 더 단단해진 나는, 타인과 함께하며 그들이 건강하게 삶을 재테크할 수 도록 도울 것이다. 이것저것 다 하고 싶어 하는 '열정 하고잽이'로 열심히 살아갈 것 같다.

나는 이러한 목표를 이루기 위해 다음과 같은 노력을 기울이고자 한다.

첫째, 나는 지속적인 학습과 도전을 통해 나 자신을 성장시키고자 한다. 이를 위해 다양한 분야의 책을 읽고, 온라인 강의를 수강하며, 관련 분야의 전문가들과 네트워크를 구축하고자 한다.

둘째, 긴 노후 생활을 위한 건강 재테크를 위하여 유산소운동과 관절 운동에 효과가 좋은 셔플댄스를 꾸준히 즐기면서 건강의 기본을 세워 나갈 것이다.

셋째, 부동산 재테크 경험 및 긴 노후를 준비해야 될 모든 사람들에게 재무설계에 대한 나의 소박한 노하우를 전달하며 필요와 요구에 맞는 맞춤형 도움을 주고 싶다.

넷째, 나는 디지털 도구를 적극적으로 활용하여 더 많은 사람들과 소통하고, 특히 디지털에 어려움을 겪는 시니어 어른들에게 나의 경험을 공유, 그들이 스스로 삶을 계획하고 실행하는 데 필요한 도구와 지식을 제공하고자 한다.

이러한 노력을 통해 나 자신을 성장시키고, 타인에게 실질적인 도움을 줄 수 있는 길을 걸어가고자 한다. 이를 통해 나는 선한 영향력으로 타인의 삶에 긍정적인 변화를 주고, 모두가 건강하게 미소 지을 수 있는 더 행복한 세상을 만들기에 함께 동참하고 싶다.

삶은 수많은 순간이 모여 만들어지는 아름다운 여정이라 생각한다. 인생의 반을 살아오면서 하늘에서 살펴봐 주시고 계시는 사랑하는 아버지에게 늘 감사함을 마음속 깊이 간직하고 있다. 학창 시절 새벽의 차가운 공기를 가르며 마당을 쓸고 등교하던 어린 날의 습관이 삶의 성실함으로 이어졌고, 그때의 정신력으로 내 인생을 성실하게 설계하며 살아온 것 같다.

이 책을 쓰는 동안, 천사표 시어머니와 친정어머니의 무한한 사랑이 새삼스레 가슴에 와닿았다. 그분들의 헌신적인 사랑과 지원으로 내가 마음껏 '하고잽이'로 살아갈 수 있었음에 깊은 감사를 드린다. 나의 결혼은 이것저것 따져 보고 선택한 것이 아니었다. 함께 있으면 좋은 사람이면 되었다. 상대방을 편하게 챙겨주는 살뜰한 남편과 독립하여 각자 위치에서 열심히 생활하고 있는 사랑하는 나의 삼 남매에게도 이 자리를 빌려 감사의 마음을 전하고 싶다. 가족들의 헌신적인 도움과 지지 덕분에 내가 더 큰 꿈을 향해 나아갈 수 있었으며, 공기 같은 존재인 가족들에게 늘 고마움과 미안함을 전한다.

마지막으로 긴 시간 동안 포기하지 않고 마무리할 수 있도록 적극 독려해 준 부자애미님과 세 분의 작가님께도 감사 인사를 드린다.

세상일주
여지혜

시골 아줌마 강남 입성기

프롤로그

어느 날 유치원에 다녀온 딸아이가 "엄마! 나 영어유치원 가기 싫어! 선생님이 무섭단 말이야! 무슨 말을 하는지 잘 모르겠고, 자꾸 '스피크 잉글리시! 노 코리안!'이라고 해. 나 진짜 가기 싫다고!" 하고 울어 버렸다.

그러고 나서 딸은 고열에 시달리며 일주일쯤 아팠다. 대치동 학원가를 배경으로 이른바 '7세 고시'와 미취학 아동의 사교육 열풍을 그린 드라마 〈라이딩 인생〉은 아니지만. 단순히 우리 부부가 워낙 여행을 좋아하다 보니, 외국인과 소통하기 위해 외국어 하나 정도는 일찍 배워두면 좋겠다는 취지로 보낸 영어유치원이 아이에게 이렇게 큰 스트레스가 될 줄은 몰랐다. 조금 일찍 시작하면 쉽게 배울 수 있겠다는 엄마의 욕심이 아이에게 오히려 독이 된 셈이다.

그날 이후 아이를 위해 영어유치원을 그만두게 하고 집 근처 대학부설 유치원으로 옮겼다. 그랬더니 이제는 유치원에서 집으로 가기 싫다고 난리였다. 몇 달 동안 아이가 고생한 것을 생각하면 가슴이 아팠지만 참 다행이었다.

그렇게 얼마간의 시간이 흘렀다. 어느 날 아이가 나를 불러 세우더니 말했다.

"엄마! 나 대학은 서울로 갈래!"

"서울로 대학 간다고?"

"응! 서울로 대학 갈 거야. 우리 선생님이 '말은 나면 제주도로 보내고 사람은 나면 서울로 보내라.'라고 했어. 그래서 나는 서울 갈 거야! 나 서울 가도 괜찮지?"

"아! 응…. 알았어…."

보통 부모라면 아이가 서울로 대학 가고 싶다는 말에 기뻐해야 하지만 나는 순간 멈칫거렸다. 1990년도 지방에서 고등학교를 나온 나는 대학을 서울로 갔다. 지금도 마찬가지지만 그 당시에도 지방 학생이 서울에서 생활하려면 생활비며 학비며 드는 돈이 만만치 않았다. 나는 밤낮으로 아르바이트해서 생활비와 학비를 감당했지만, 주거비용은 오롯이 부모님의 몫이었다. 기숙사에 살아 보기도 하고, 신혼부부인 사촌 오빠 집에 하숙도 하고, 친척 집을 빌려 살기도 했다. 내 집이 아닌 남의 집에 얹혀사는 것은 늘 불안하고 안정감이 없었다.

이런 상황을 다 아는 내가 자식에게 같은 상황을 겪게 만들고 싶지는 않았다. 나와 같이 기숙사로 하숙집으로 친척 집으로 옮겨 다녀야 하는 서울 생활을 경험시키고 싶지 않았다. 너무 싫었다. 내 딸을 여러 명이 단체 생활하는 기숙사에 보내기도 싫었고, 한두 평 되는 좁디좁은 자취방에 보내기도 싫었고, 하숙집은 더더욱 보내기 싫었다. 다 싫었다. 그래서 그때 결심했다.

"그래! 대학은 서울로 가라! 엄마가 서울에 집 사 줄게!"

부동산에 대해 아무것도 몰랐지만, 오로지 아이가 대학생이 되었을 때 기숙사와 하숙집을 전전하지 않고 내 집에서 편안하게 공부할 수 있도록 해 주어야겠다는 결심을 했다.

나의 부동산 공부는 이렇게 시작되었다.

'이제부터 도전이다!'
'아무것도 모르는 시골 아줌마도 강남에 집 한번 사 보자!'

이렇게 시작했던 저의 20년 묵은 부동산 이야기보따리를 이제 풀어 보려고 합니다. 감사합니다.

1
지방살이의 한계와 깨달음

1) 부모님의 후회

"퇴직하면 퇴직금으로만 살 수 있을까요?"
어느 날 문득 어머니가 아버지께 묻는다.
"퇴직연금 갖고 살지 뭐…."
이런 대화를 나누시는 부모님의 모습이 왠지 밝아 보이지는 않았다.
"애초에 서울 살았으면 이런 걱정도 안 했겠죠?"
"그랬을까? 그걸 몰랐네. 지방에 살면서 후회하는 게 처음이네. 허허…."

그렇게 두 분은 한동안 말이 없으셨다. 갓 대학을 입학한 나는 스무 살이었지만, 이런 이야기를 나누시는 두 분의 모습을 보고 있노라면 나 또한 답답해졌다.

아버지는 이북 출신이고 한국전쟁 이후 줄곧 서울에서 사셨다. 나이 서른에 대구에서 교편을 잡으시면서 지방 생활을 시작하셨다. 대구가 제2의 고향이라면서 참 좋아하셨다. 복잡하지 않고 여유롭고, 자연도 가까워 마음의 평화가 있어서 좋다고 하셨다. 주말이나 방학 때면 우리 자매는 아버지를 따라 주전자와 냄비를 들고 산과 들로 놀러 다녔던 기억이 난다.

그러던 어느 날 아버지께서 술을 엄청 많이 드시고 들어오셔서 속상한 목소리로 "여보, 난 바보였어. 친구들은 서울에서 다 부자가 됐는데 나만 제자리걸음이야. 나는 학생 가르치는 일만 하지, 할 줄 아는 게 아무것도 없네!" 하고 자책하시는 말씀을 하셨다. 어머니는 "괜찮아요. 돈이 전부는 아니에요. 당신은 학자잖아요!" 하고 위로하셨다. 아버지는 위로해 줘서 고맙다는 뜻으로 고개를 끄덕였지만, 마음 한구석에는 여전히 아쉬움이 남아 보였다.

나는 그날 밤 부모님의 대화를 수십 년이 지나도 잊을 수가 없다. 아마 지방 생활이 서울 생활보다 편안하고 안정적이라고 안주한 나머지 좋은 기회를 놓치셨다고 생각하셨던 모양이다.

그 후 뉴스에서 서울 부동산 가격이 계속 상승하고 있다는 이야기가 나올 때마다 '그때 서울에 집을 샀다면….' '서울에서 직장 생활을 계속 했다면 지금과 다른 삶을 살고 있을까?'라는 생각이 부모님 마음을 괴롭혔던 것 같다.

하루는 내가 물었다.
"엄마! 지방에서 사는 게 어려운 거야? 서울에 사는 게 더 좋은 거야?"
그랬더니 어머니께서 말씀하셨다.
"부모님 도움 받지 않고 열심히 산다고 살았는데, 대구에 살아도 집

한 채, 서울에 살아도 집 한 채인데…. 대구 집으로 노후 생활 준비하려니 계산이 잘 안되네."

사실 그때는 그랬다.
물론 지금도 그렇다.

살고 있는 집 한 채만 가지고는 노후 생활에 대한 계산이 안 나오는 건 서울 집이나 대구 집이나 매한가지이다. 로버트 기요사키의 《부자 아빠 가난한 아빠》 책을 읽은 적이 있다. 그 책의 내용에 따르면 보통의 우리 부모님들은 공부 열심히 해서 좋은 직장 다니고, 자녀 잘 키우며, 퇴직할 때 퇴직연금과 집 한 채만 있으면 노후 생활이 걱정이 없다고 생각하시던 세대라고 한다. 우리 아버지도 열심히 일만 하셨다. 근로 수입 외 돈을 버는 일은 아버지가 하셔야 하는 일이 아니라고 생각하셨다. 물론 아버지에게도 여러 번의 투자 기회가 있었지만, 교직에 있으니, 투자(?)는 하면 안 된다고 생각하셨던 모양이다. 지금 생각해 보니 우리 아버지는 투자와 투기의 뜻도 잘 모르셨던 전형적인 《부자 아빠 가난한 아빠》에 나오는 가난한 아빠셨다. 그렇다고 내가 우리 부모님을 원망하는 건 아니다.

가난한 아빠셨던 나의 아버지는 딸인 내가 부자 엄마가 되기를 원하셨다. "나는 평생 돈을 어떻게 다루는지 잘 모르고 살았지만, 너는 돈을 좀 알아야 할 것 같다." 하시며 경제신문을 보기를 권하셨다. 1990년도 초반 대학 시절 경제신문을 읽고 있노라면 검정은 글씨요, 흰 건 종이였지만 언젠가 어려운 신문을 읽어 내는 능력을 기르겠다고 다짐했었다. 그때부터 빨간색 연필로 밑줄 그어 가며 신문을 읽는 버릇이 생긴 모양이다.

  부모님께서 평생 모은 목숨 같은 집 한 채가 부모님의 노년을 책임져 주지 못한다는 사실을 알게 된 후 나는 곰곰이 생각하게 되었다. 서울 집에 대한 열망의 씨앗이 크기 시작한 시기가 이쯤인 것 같다.

2
서울살이의 현실과 꿈

1) 첫 서울살이의 충격

내 나이 20살에 서울에 있는 대학으로 공부하러 가면서 대구에서 살고 있었던 집과 비슷한 수준의 집에서 학교에 다닐 수 있을 거라 생각했다. 이게 바로 멍청한 생각이었다.

아무리 1990년대라 하더라도 서울에 30평대 아파트에 사는 것은 쉬운 일이 아니었다. 보통 다닥다닥 붙어 사는 다세대주택 하나를 갖기도 어렵고, 30평대 아파트를 사는 것은 월급을 하나도 쓰지 않고 수십 년 모아야 한다는 이야기가 뉴스거리가 되어 나올 정도였으니 말이다. 그래도 나는 우리 부모님이 날 위해 작은 전셋집 정도는 얻어 주실 거라 하는 기대감은 있었다. 하지만 내 생각은 일장춘몽 같은 것이었.

결론을 먼저 말하자면 내가 서울 가서 살 집은 아무 데도 없었다. 그 넓은 서울에 날 위한 2평짜리 공간이 하나도 없었다. 아…. 서울 생활은 시작부터 힘들었다.

대학 입학 전 어머니께서 맏딸에게 방 한 칸이라도 얻어 주시겠다고 나와 함께 학교 앞 부동산을 부지런히 들락날락하셨다. 어머니께서는 야무지게 모아 두신 2,000만 원으로 전세를 얻어 주겠다고 의기양양하게 서울에 올라오셨는데, 정작 부동산 사장님이 보여 주시는 집은 학교 앞 반지하 빌라였다. 하수구에서 쿰쿰한 냄새가 올라오고, 바퀴벌레가 집 안을 정신없이 돌아다니는데도 당시(1990년대 초) 전세가가 3,000만 원이었다. 어머니는 서울을 다녀오시고 한동안 우울해하셨다. 어머니의 모습을 보고 있으니 난 더 비참했다. 현실은 냉혹했다.

갈 곳 없다는 불안감이 나를 힘들게 하였다. 기숙사는 떨어졌다. 하숙은 턱없이 비싸기도 했지만, 모르는 누군가와 일상을 공유해야 하는 것이 싫었다. 참 철이 없었다. 어머니는 이 철없는 딸 때문에 참 난감해하셨다.

갖은 고생으로 합격한 학교인데도 학교 가기가 싫어졌다. 우리 집 형편상 서울의 대학에 간다고 해도 혼자 살 수 있는 훤한 집을 마련해 주기란 역부족이라는 사실을 스무 살이 되어서야 알게 된 것이다. 부모님은 여러 가지 궁리 끝에 신혼 생활을 막 시작한 사촌 오빠 집에서 같이 살면 어떻겠냐고 물었다. 새언니가 고맙게도 날 식구로 맞아 주었다. 지금 생각해도 참 고마운 일이다.

첫 서울살이 아파트

그렇게 살게 된 동네가 지금은 재건축 신축 아파트로 변신한 성내역(잠실나루역) 주공아파트(잠실파크리오)였다. 난생처음 연탄불을 갈아야 하는 아파트였는데, 집 떠나와 서울에서 살려니 대구 집으로 돌아가고 싶은 마음이 굴뚝같았다. 하루에도 몇 번씩 '학교 그만두고 집에 갈까?'라는 생각을 했고, 휴학하고 싶었다. 그러던 찰나 수능을 마친 여동생마저 서울로 공부하러 올라왔다.

'낭패다!'
우리 식구 모두 낭패였다.
집으로 내려가려던 나도, 빠듯한 살림에 두 딸을 서울로 보내야 하는 어머니도, 이 모든 상황을 외면해야 했던 아버지도 우리 식구 모두 낭패였다. 겉으로는 두 딸이 서울에서 대학교에 다닌다고 하면 남들이 다 부러워하는 상황이었으나 이 상황을 극복하기엔 너무 많은 돈이 든다는 사실을 우리 식구 모두는 알고 있었다.

그렇게 갑갑한 시간이 얼마 지나지 않아 어머니는 갈 곳 없는 두 딸을 맡길 곳을 찾았다. 간절히 원하면 세상의 문이 열린다고 했던가? 주일 미사를 가셨다가 본 성당 주보에서 '명동 전진상 가톨릭 여학생 기숙사'를 알게 되셨다. 지금은 없어진 곳이지만 우리 자매는 1995년 추운 겨울날 이곳에서 기숙사 생활을 시작했다.

나의 두 번째 서울살이다.

그렇게 싫다고 하던 기숙사를 동생이랑 2일 1실로 같이 지낼 수 있다는 점 하나 만족하고 겨우 입소하였다. 처음에는 동생이랑 둘이 한 방을 쓰니 괜찮겠다고 했지만, 현실은 녹록지 않았다. 수업 마치고 독서실에서 공부하고 늦은 시간 귀가를 하면 안전상 이유로 화재 방지를 위해 기숙사의 난방은 꺼져 있었다. 개인 온열기기는 사용 금지라 새벽이 되면 기숙사는 냉골이 되어 버렸다. 그리고 아침에 일어나 머리라도 감고, 샤워라도 하려고 하면 한참 동안 찬물을 뒤집어써야 했다. 그나마 모르는 타인과 하는 불편한 동거가 아니라는 점은 다행이었다. 자매끼리 같은 방을 쓰니 모든 것을 참을 수 있었다.

명동 한복판에 있었던 기숙사에서 밤이 되면 시끄럽게 변화하는 세상을 엿보는 생활도 재미가 쏠쏠했다. 술에 취해 난입하는 아저씨와 건물벽을 타고 들어와 옥상에 널어 둔 속옷을 훔쳐 가는 성도착증 환자들이 우리를 가끔 힘들게 했다. 시간이 지나가면 지나갈수록 옥상에 널어 둔 빨래들이 자주 없어졌다. 한번은 도둑이 들어와 기숙사에 생활하는 여학생 모두 경찰조사를 받은 적도 있었다. 그때 나는 너무 놀라고 겁에 질려 기숙사를 뛰쳐나가고 싶었다. 하지만 아무리 그래 봤자 나는 갈 데가 없었다.

그때 다짐했다.

'나는 돈 벌면 제일 먼저 내 명의의 집을 꼭 사고 말 거야! 그래서 집 없는 서러움을 다 벗어 버릴 거야!'

겨울엔 시간제 난방만 해서 입김이 나올 정도로 춥고, 여름엔 선풍기도 없어 너무 더웠다. 드디어 기숙사 방을 1년 만에 탈출하여 이사했다. 학교는 멀어졌지만, 아파트라서 좋았다. 5층 아파트의 꼭대기 층이라도 좋았다. 방이 두 개 있고, 마루도 있고, 너무 기뻤다.

그때 또 느꼈다. 집이 주는 안락감과 안정감이 사람을 얼마나 행복하게 만드는지. 기숙사 안에서의 엄격한 규칙, 입에 맞지 않는 음식들, 매일 반복되는 메뉴에 지쳐 있을 때 자유를 맛보게 된 것이다. 서울살이는 그렇게 적응되어 가고 있었다.

대학 졸업 후, 나는 서울에서 직장을 다녔다. 직장 생활하면 돈 많이 벌어서 금방 집을 살 것 같았지만, 내 월급과 아파트 가격은 엄청난 괴리감이 있었다. 직장인의 실상은 속 편한 대학생이 하는 허상과는 좀 많이 달랐다. 대학 졸업 전 아르바이트 삼아 했던 과외수업을 취업 후에도 돈을 모으겠다는 명목으로 계속 유지할 수밖에 없었다.

그러던 어느 날 엄마가 연락도 없이 서울로 올라오셨다. 그 당시 어머니께서는 할머니, 할아버지를 모시고 사시느라 집을 비우기가 여간 어렵지 않았는데, 엄마가 갑자기 서울에 오신 것 보니 좀 급한 일이 있으셨던 모양이었다.

"내가 속상해서 도저히 안 되겠다! 오늘 결판을 내고 갈 거다!"
"엄마! 무슨 소리야? 무슨 결판을 낸다는 말이야? 왜?"
엄마의 다급한 목소리에 깜짝 놀랐지만, 엄마의 얼굴에 미소가 띤 것을 보니 무슨 좋은 일이 있는가 싶기도 했다.
"엄마! 뭔데? 뭔데? 무슨 일인데?"
"내가 이번에 진짜로 평생 모은 돈으로 서울에 집을 사려고! 놀랐지?"
나는 아닌 척했지만, 놀란 모습을 감출 수는 없었다.

드디어 우리 엄마가 일을 치르는구나.
그토록 바라던 꿈을 이루시는구나.

"엄마! 얼마 있는데? 돈 많아?"
"나? 8,000만 원!"

그날 이후 엄마는 서울로 자주 나들이를 오셨고, 그러고 나서 얼마 되지 않아 강남 끄트머리에 있는 소형아파트를 매수하셨다. 드디어 엄마의 숙제이자 평생소원을 이루신 것이다.

재테크라는 말조차 없었던 1990년도 초반, 어머니의 서울 친구들이 노년을 대비하기 위해 서울 집을 사는 것을 보고 엄마도 친구들 따라 노년을 대비하겠다는 마음 하나로 서울 집을 장만하셨다. 서울 집 장만을 하시는 엄마의 모습을 보니 나도 엄마의 꿈에 더하기하여 내 꿈도 그려 보게 되었다. 나도 언젠가 결혼해서 아이를 낳으면, 우리 아이는 평생 집 걱정 없이 살게 해 주고 싶다는 작지만 큰 목표를 세워 보았다. 집 장만이 내 인생의 목표가 되는 것이 싫어도 현실이기에 외면하고 싶지는 않았다.

대학을 졸업하고 취직해 회사에 다닐 때쯤 나는 또 이사했다. 이제는 사촌 오빠가 사 둔 집에 동생과 내가 전세로 들어가기로 했다. 대단지 아파트였는데 큰 마트도 있고, 편의시설이 잘되어 있어서 참 살기 편했다. 그때 당시 내 나이가 어려 입지(立地) 같은 건 잘 몰랐지만, 지하철이 가깝고 생활하기 편해서 나중에 집을 사게 되면 이런 동네의 집을 사야겠다고 막연히 생각했었다.

지하철을 타고 강남 강북을 오가며 출퇴근하는 사람들을 지켜보고 있노라면 '사람들이 왜 그렇게 강남으로 가고 싶어 하지?' 하는 물음이 생겼다. 친한 직장 선배에게 사람들이 강남에 집을 사고 싶은 이유를 물어봤다. 강남에는 많은 일거리와 직장이 있고, 장래에 아이를 갖게 된다면 우수한 학군에서 자녀 교육을 할 수 있고, 마지막으로 강남 부동산의 가치는 계속 상승 중이라고 하였다. 선배는 "강남 집값은 절대 내려가지 않아. 만약 떨어져도 아마 적게 떨어질 거야."하고 조언을 해 줬다. 선배를 통해 사람들의 열망을 알게 되고 난 후 나도 집을 사게 되면 첫 집은 무조건 서울 강남에 사고 싶다고 생각했다.

3
타향살이와 첫 번째 투자

1) 지방 생활의 여유로움

그리고 얼마 지나지 않아 나는 결혼하게 되었다. 남편은 나와 같은 지방 출신이고, 직장도 지방이었다. 그리하여 나는 결혼과 동시에 복잡한 서울 생활을 접고, 지방 소도시로 내려갔다.

막상 내려가니 소도시에 사는 기쁨이 생각보다 컸다.
복잡한 지하철이나 버스를 타지 않아서 좋고, 서울의 화려함과 편리함을 뒤로하고 자연을 가까이할 수 있어 좋았다. 걸어서 5분이면 모래를 밟을 수 있는 해수욕장이 있고, 걸어서 7분이면 마장지가 있어 운동하기도 산책하기도 아주 좋았다. 그렇게 소도시의 매력에 흠뻑 빠져 있었다.
매주 아이를 데리고 산으로 들로 놀러 다녔다. 서울에 사는 친구들은 아이들을 데리고 물놀이 시설에 갈 때 나는 수영복을 입힌 채 차로 10분 거리의 한적한 바닷가에 아이를 입수시켰다. 자연이 바로 앞에 있다

보니 아이랑 마음껏 뛰어놀고 다양한 체험을 할 수 있었다. 서울에 비해 상대적으로 저렴한 생활비로 인하여 많은 돈을 모을 수도 있었다.

앞서 이야기했듯 서울에서 살다가 지방으로 내려오니 마음이 편안해서 참 좋았다. 서울은 주택공급 대란이라는데 지방에는 집도 많고, 전세도 많고, 집값 또한 저렴했다.

1998년 결혼할 당시는 IMF가 지나고 얼마 되지 않은 때였다. 서울 친구들은 소형 구축 아파트 전세를 얻느라고 큰돈이 필요하다고 이야기했다. 그런데 나는 그 당시 3,000만 원으로 새로 입주하는 아파트 미분양 잔여 세대를 전세로 들어갔다. 새 아파트였는데 분양을 다 못해 시공사에서 직접 전세를 놓게 되었고, 2년 살아 보고 매수도 가능하다고 하였다. 새 집에서 신혼 생활을 시작하니 모든 것이 새것이라 위생적이고 쾌적했다.

전세 만기가 다 되었을 때쯤 남편의 직장 근무지 이동으로 다시금 이사하게 되었다. 아이 없이 살았던 2년 동안 우리는 집을 살 만큼 돈을 모으지는 못해 어쩔 수 없이 15년이 넘은 구축 아파트로 이사 가게 되었다. 모든 것이 완벽하게만 보였던 새 아파트에서 살다가 지하 주차장이 없어 저녁마다 주차 전쟁인 아파트에 살게 되다 보니 오기가 생겼다.

'다음엔 무조건 새 집으로 이사 가야겠다! 집에 바퀴벌레도 나오고, 주차장이 좁아서 출퇴근할 때마다 차를 앞뒤로 미는 것도 싫고. 전세 만기 되면 무조건 이사 가는 거야!'

이런저런 생각 끝에 열심히 돈을 모으고 살게 되었다. 돈을 모으겠다고 다짐하니 앞뒤 생각 없이 모았던 것 같다. 집에서 일회용 기저귀 한

장 안 쓰고, 손수 이유식을 만들고, 옷은 주변 사람들로부터 얻어 입히며 짠순이 육아에 전념했다.

주변 어른분들이 "아이 어릴 적이 가장 저축을 많이 할 수 있는 시기다."라고 하셨다. 미리미리 준비하면 더 큰 자산을 만들 수 있고, 전투적인 저축으로 재정 관리 능력을 키울 수 있다고 조언을 들었다.

'나도 한 5년만 바짝 모아 보자! 1억 원만 만들어 보자!' 하고 결심하게 되었다. 아이가 어리니 외식도 외출도 잘 안 하고, 외출이나 외식하고 싶을 때는 친정이나 시댁을 오가는 정도만 하였다. 심지어 아이 백일이나 돌잔치도 직계가족들끼리 간단히 식사하는 정도로 대신했다. 하지만 돈 모으기란 쉽지 않았다.

'남들은 1억 원을 쉽게 이야기하는데 나는 왜 이렇게 어렵지?'
매일 한숨과 고민이 머리에서 떠나지 않았다.

매일매일 열망했더니 나에게도 기회가 오기 시작했다.
'두껍아, 두껍아. 헌 집 줄게 새집 다오'를 얼마나 외쳤던가···.

새 아파트면 무조건 이사 가겠다는 마음이 활활 타오르던 시점에 파산했던 한 지방 건설사가 어찌어찌하여 아파트를 완공시켜 계약자들이 입주하게 되었다는 뉴스를 신문에서 보았다.
'이거다!'
'혹시 부실시공이 우려되니 매매 말고 전세라도 가 보자!'
앉은 자리가 달라져야 세상을 보는 눈도 달라진다고 하지 않았던가!
일단 1,500세대 대단지 새 아파트로 이사 가자!
왠지 모르게 새로 이사할 집에서는 뭐든 잘될 것 같았다.

'만사형통! 모든 것이 하늘 뜻대로 잘될 것 같아!'

그렇다! 모든 것이 하늘 뜻대로 이루어질 것 같은 그 집이 내가 지금 20년째 살고 있는 이 집이다.

우리가 살고 있는 이곳, 포항은 내 고향도, 남편 고향도 아니다. 우리가 이곳에서 25년 동안 살 거라고 아무도 생각하지 못했다. 첫아이를 낳아 7개월이 되던 해 아이를 많이 낳고 싶어 하는 남편의 말에 욕심을 내어 189㎡(56평) 아파트로 이사를 갔다.

"아이 3명 낳고, 어른들도 모시고 살려면 56평 정도는 어떨까?"
"식구 7명이면 그 정도 평형은 되어야겠죠."
우리 부부는 참 단순했다. 집 구경을 가니 참 넓고 좋았다.

그렇게 하여 2년 전세 끝에 살고 있던 집을 매수하게 되었다. 첫 집을 사게 되니 참 기분이 묘했다. 내가 원하던 서울 집은 아니었지만 바다가 훤히 보이는 고층아파트에 대형 평수라 마음이 뿌듯했다. 왠지 모르지만, 숙제를 다 끝낸 느낌으로 하루하루 편안하게 살고 있었다.

그러던 어느 날 전화 한 통을 받았다.

"사모님! 혹시 수성구에 분양하는 아파트 미분양 잔여 세대 관심 없으세요? 제가 계약하려고 왔다가 사모님 생각이 나서 전화를 드려요. 그냥 구경이라도 해 보세요~."

잘 알고 지내던 지인은 아이들이 초등학생이라 학군 때문에 이사를 하려고 준비 중이라고 했다. "그냥 구경이라도 해 보세요~."라는 말에 진짜 구경이라도 해 보자는 단순한 호기심에 짬을 내서 분양 사무실에 가게 되었다. 막상 모델하우스를 보니 포항에 있는 내 집보다 대구 수성구 집은 훨씬 좋았다. '역시 수성구는 수성구다.' 하는 생각이 들었다.

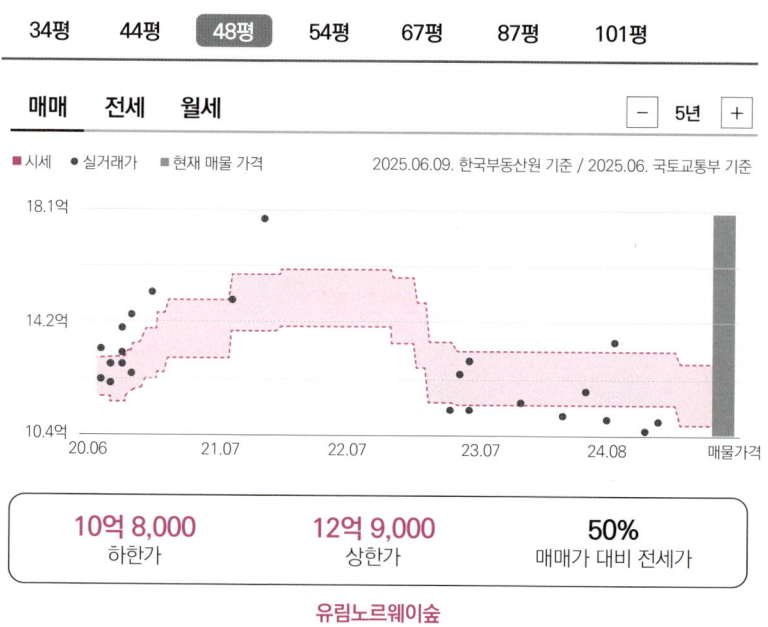

아파트 옆으로 공원과 구민 운동장이 붙어 있어 대구시 한가운데 살고 있지만 녹색 환경을 같이 누릴 수 있는, 장점이 많은 아파트였다. 모델하우스를 보고 온 뒤부터 마음이 뒤숭숭해졌다.

'살까? 말까?'
'경기가 안 좋은데 혹시 집값이 내려가진 않겠지?'

'뭐니 뭐니 해도 아파트는 입지니까 괜찮겠지?'

여러 마음이 들었다. 지인이 고요한 내 마음속에 아주 큰 돌을 던져 큰 파동이 일고 있었다.

남편이랑 몇 번을 보고 또 보고 고심 끝에 미분양 잔여 세대 회사보유분 아파트 로열동과 로열층을 매수하게 되었다.

'그런데 왜 미분양 잔여 세대가 남았지?'

'분양 사기당하는 건 아니겠지?'

별별 생각이 많아졌다. 그때는 뭘 잘 몰랐다.

미분양 잔여 세대(회사보유분)라는 단어를 처음 알게 되었다. 모집공고에 따라 특별공급, 1순위, 2순위까지 공고를 냈지만, 지원자가 미달이 되어 세대가 남는 경우 '미분양 잔여 세대'라고 한다고 했다. 그리고 청약통장을 쓰지 않아도 된다고 했고, 회사보유분이라 좋은 조건으로 받을 수 있는 것이라고 했다. 모든 게 항상 좋은 부분만 있는 건 아니라는 것을 안다. 그럼 과연 무슨 문제가 있기에 나한테 이런 좋은 조건의 집을 줄까?

지금 생각해 보니 수도권 집값만 오르락내리락하면서 지방은 아직 잠잠한 상태였다. 2006년은 전국적으로 하향 안정화 상태이고, 실수요자들이나 장기 투자자들만 움직이고 있었다. 시장에 좋은 물건들이 넘쳐 나다 보니 미분양 잔여 세대보다는 실제 입주할 수 있는 아파트를 선호하는 상황이었다.

변변한 직장 하나 없이 무직인 상태였던 나는 난생처음 내 이름으로 80% 대출을 받아 아파트를 매수하게 되었다. '월세를 받으면 월세의 80%가 모두 이자로 나가는 상황이지만(지금은 대출이 불가능하나 그 당시에는 다 가능했다. 심지어 70세가 넘어 무직이어도 대출이 80%나 가능했다) 20%는 수익이 되니 얼마나 좋은 투자냐?'라는 생각을 했다. 물론 세금이나 여러 가지 발생하는 금액들이 있었으나 그 금액은 아파트 시세의 상승으로 만회할 수 있다고 생각했다.

그러나 '아뿔싸!' 생각하지 못한 문제들이 생기기 시작했다.

2008년 금융위기가 오면서 세입자가 수개월 동안 월세를 밀리고 심지어 못 내는 상황이 되었다. 심각했다. 세입자는 연락 두절! 참 난감했다. 그래서 남편의 수입으로 이자를 감당해야 하는 상황이 되었다. 이 당시 상황이 상황인지라 나는 돈 모으기에 혈안이 되었다. 빚은 졌고, 세입자는 돈 없다며 더 당당해지고. 더 악착같이 살았던 것 같다. 하지만 내가 아무리 아끼고 살아도 경기라는 걸 무시할 수는 없었다.

글로벌 금융위기는 한국을 포함한 전 세계 경제에 큰 영향을 미쳤다. 대구의 부동산시장 역시 이 위기의 영향을 받았다. 당시 대구의 부동산 상황은 깊은 수렁으로 빠지는 것같이 힘들어졌는데 어려워진 이유가 여러 가지 있었다.

첫째는 가격 하락이었다. 금융위기로 인해 대구의 부동산 가격이 전반적으로 하락했다. 특히 아파트 가격이 큰 폭으로 떨어졌다. 서로 팔고 싶어서 난리였고, 여차하면 경매로 넘어가는 물건들이 속출했다.

둘째는 거래량 감소였다. 경제 불확실성으로 인해 부동산 거래가 크게 줄어들었다. 매수자들은 추가적인 가격 하락을 예상하며 관망세를 보였다. 아무도 사고팔지 않는 조용한 시장이 되었다.

셋째는 미분양 증가였다. 새로 지어진 아파트들의 미분양이 증가했다. 이는 건설사들의 자금난으로 이어졌고 대기업 건설사들도 부도가

난다고 곡소리를 내고 있었다.

넷째는 대출 규제였다. 금융기관들이 대출 심사를 강화하면서 부동산 구매를 위한 대출이 어려워졌다. 변동성 대출이자는 계속 올라가고, 나는 그나마 확정금리로 받아 둔 대출이자가 다행이라는 생각이 들었다.

다섯째는 지역 경제 침체였다. 대구의 주요 산업인 섬유, 기계 금속, 첨단 의료기기 분야들이 타격을 받으면서 지역 경제 전반이 침체하였고, 이는 부동산시장에도 영향을 미쳤다.

여섯째는 더딘 회복이었다. 대구의 부동산시장은 다른 지역에 비해 회복이 더디게 진행되었다. 수도권에 비교해 상대적으로 늦은 회복세가 보였다.

지금은 신문도 보고, 세계 경제를 공부하고, 책도 보면서 세상 돌아가는 것을 배우고 있지만, 그 당시는 아무것도 모르고 나의 감만 믿었다. 참 무식하게 행동했다.

4 강남 입성의 꿈

1) 병마와의 싸움 속에서도

'어떡하지?'

이유도 모른 채 걱정만 하면서 수많은 밤을 뜬눈으로 지새웠다. 속이 상해 하루는 팔아 버리겠다는 마음을 먹고, 하루는 조금만 더 버텨 보자는 마음이 들었다. 하루에도 냉탕 온탕을 수없이 왔다 갔다 했다. 팔아 보려고 부동산 사장님께 연락하니 지금은 팔리지도 않고, 팔 시기가 아니라는 말만 계속하셨다.

어찌하여 수성구 범어동에 있는 입지 좋은 아파트이며 내 이름으로 처음 산 아파트가 평가 절하된 상황이 되었는가?

나는 대출을 최대한 받아 매수해 놓고 세상 어떻게 돌아가는지 모르며 집 하나 사니 마냥 좋고 자랑스러워했다. 다른 사람들은 경기를 잘 지켜보고 있는 상황에 몸을 낮추고 있는데 나는 '좋은 매물들이 많은데 왜 사람들이 안 사지?' 하는 의문을 제기하는 바보였다. 모르면 용감하다! 요즘 가끔 만나는 초짜 매수인들을 보면 예전 나의 모습을 보는 것 같아 안쓰럽기도 하지만 그 세월도 다 겪어 보아야 성장한다고 생각한다.

어느덧 세월이 조금씩 흘러 2008년 금융위기도 지나고 TV에 수성구 집값이 들썩거린다는 뉴스가 가끔 들리니 내 가슴이 바운스 되기 시작했다. 남편은 나에게 "아직도 수성구 집이 그렇게 좋냐?" 하고 몇 번이나 물었다. 세입자가 월세를 5개월씩 안 내고, 계약기간이 끝났는데도 버티고 안 나가서 힘든 시절을 보냈지만 내 집이 있어 나는 좋았다. 남편이 또 묻는다.

"그렇게 고생하고도 좋냐?"

"응! 좋아!"

가끔 대구에 볼일이 있어서 가노라면 항상 집 근처를 서성이게 되었다. 비록 나는 그 집에 단 하루도 못 살아 봤지만, 등기부등본에 내 이름이 딱~ 올라가 있는 게 너무 자랑스러웠다. 바라만 보아도 그냥 좋았다.

그렇게 좋은 세월이 지나나 싶었는데, 그 기쁨도 잠시 내가 아프기 시작했다. 서울병원에서 유방암 3기 말 판정을 받았고, 8㎝ 넘게 커진 종양이 림프샘을 타고 전이되어 나의 생명을 위협하고 있었다. 3주에 한 번씩 서울병원에서 항암 치료를 받고, 수술도 하고, 33번의 방사선 치료도 하였다. 죽을 것같이 아파 정신이 없다가도 병원을 오가는 길에 서울 아파트들을 보며 혼잣말했다.

"서울 아파트는 대구보다 더 멋지네…."

"나 저거 사고 싶다…."

"나 저거 꼭 살 거야!"

다 아프고 나면 치료받으러 서울에 가는 게 아니라 아파트 구경하러 서울에 다니겠다고 그렇게 다짐했다.

남편은 이런 나를 엄청나게 말리며 걱정했다. 치료가 먼저지 아파트가 먼저가 아니라면서 나를 뜯어말렸다. 남편이 나를 다그쳤지만, 나는 이 병을 꼭 이겨 내고 꼭 서울 아파트를 사겠다는 이상한 결심을 하게 되었다.

2) 세계일주 후의 깨달음

병이 깊어지면서 더 많이 아프게 되다 보니 다 필요가 없었다. 늘 건강이 최우선이었다. 건강을 회복하기 위해 잠시 서울 아파트 생각도 접어 두었다. 장기간 휴식을 위해 남편도 나도 하던 일을 접었다. 그리고 아이와 함께 세계 일주를 떠났다.

'길지도 짧지도 않은 외국살이, 딱 1년만 살아 보고 오자.' 하며 떠났던 한국을 7개월 만에 다시 돌아왔다. 짧지 않은 시간이었지만 세계 일주를 통해 나는 육체적으로 심적으로 많이 건강해졌다. 한국을 떠나 해외를 돌아다니면서 여러 가지 생각에 깊이 잠기곤 했다. 나이가 들어 아이를 독립시키고, 남편과 내가 퇴직하게 되면 우리 부부는 어디서 새 둥지를 틀면 좋을까?

한국이 좋을까?

유럽이 좋을까?

미국이 좋을까?

동남아가 좋을까?

아니면 우리 부부가 여행하면서 가장 좋았던 남미가 좋을까?

어디 살아도 좋으니 아프지만 말자.

'일 년에 한 번씩 대륙을 바꿔 가며 살아 보면 어떨까?'라는 생각도 해 봤다. 하지만 여행하던 중에도 늘 나에겐 '한국에 돌아갔을 때 서울에 집이 있었으면 좋겠다.'라는 마음이 있었다. 여러 외국 도시에서 한 달 살기를 동경하면서도 꼭 서울에 집이 있었으면 하는 마음이 참 아이러니했다.

그렇게 세계 일주를 마치고 인천공항에 내리자마자 갑자기 떠오르는 말이 있었다. 예전에 언젠가 한 아이가 내뱉은 말이었다.

"말은 나면 제주도로 보내고 사람은 서울로 보내라.'

자기는 20살이 되면 서울에 공부하러 갈 거라고 하면서 내뱉은 말이었다.

그때 나는 갑자기 머리통을 한 대 '쾅' 맞은 것 같았다. 내가 잊고 있었던 나의 꿈이 용수철처럼 내 마음속에서 불쑥 튀어 올랐다.

5
개포동 ○○아파트 매수기

1) 철저한 분석과 선택

"맞다! 나는 내가 원하는 바가 있었지. 왜 잊고 있었지?"

그렇게 한국으로 돌아오자마자 부랴부랴 대구 수성구 집을 정리하게 되었다. 아깝고 아쉬웠지만 더 크게 바라는 바가 있기에 미련 없이 정리했다.

"이젠 다시 시작이다! 서울에 집을 사 보자!"

어느 정도 건강도 찾고, 일도 다시 시작할 무렵 나는 다시 지도를 펼쳐 놓고 서울을 뒤지기 시작했다. 내가 갖고 있는 돈으로 강남 집을 사기에는 너무 말도 안 되는 상황이었다. 큰 병 치르고, 세계 일주 하느라 텅 빈 통장을 보니 지금 다시 꿈을 꾸는 건 무리인 것 같았다. 하지만 대구 집을 매도하며 생긴 수익 일부를 갖고 또다시 움직이기 시작했다. 나에게는 꺼지지 않는 작은 불씨가 있었다. 아이에게 아픈 엄마 말고, 건강하고 힘 있는 엄마가 되고 싶었다. 그래서 지도를 뒤지고 또 뒤졌다.

강남에 가고 싶었다.
강남, 송파, 서초구를 뒤졌다.

강남구 끄트머리 세곡동부터 시작하여 압구정까지 살펴보게 되었다. 쉽지 않을 거라 각오했지만 보면 볼수록 참 어려웠다.

그러던 중 수년 전 엄마가 매수한 아파트와 사촌 오빠 집이 생각났다. 그래서 그 단지를 가 보기로 했다. 결혼하고 난 뒤 예전에 살던 동네를 가 보니 옛 추억도 나고 신기했다. 내가 서울 아파트를 잊고 지내던 동안 강남은 강남구가 아닌 강남 광역시가 되어 가고 있는 모습이었다.

그동안 쭉 관심을 두고 지켜보던 강남구 개포동에 있는 '○○아파트'는 3호선 대청역이 도보로 5분 이내에 있는 초역세권 아파트이다. 2013년도 당시 수인분당선이 건설 중이었고, 대모산입구역이 있는 더블역세권이었다. 이 아파트는 1992년 10월 준공하여 구축이긴 하나 관리가 잘되어 있고, 17, 21, 24평형의 세 가지 소형 평형으로 구성되어 있었다. 개포동에서 3호선이 가깝고, 소형 평수만 있기에 회전이 빠르고, 저렴한 가격에 거래 성사율이 아주 높은 아파트였다.

양재천을 끼고 있고, 영동대로 개발, 삼성동 글로벌비즈니스센터(GBC), 잠실 국제 교류 복합지구(MICE), 수서역세권 개발 등 호재가 풍부한 곳이었다. 아파트 단지 근처에 수서경찰서(도보 2분 거리), 삼성의료원(차량 4분 거리), 강남세브란스병원(차량 9분 거리)이 자리 잡고 있어서 생활에 편리한 점이 많았다. 여기에 더불어 SRT에서 갈아탈 수 있는 수서역이 차량 이동 시 9분 거리에 있어 지방에서 사는 나로서는 더할 나위 없이 좋았다.

학군으로는 초품아 단지에 버금갔는데 큰길 없이 도보 3분 거리에 대진초등학교가 있었다. 특히 남자중학교인 휘문중, 중동중, 단대중이 있고, 고등학교는 단대부고, 숙명여고, 중대부고가 있다. 이름만 들어도 아는 좋은 학군이 잘 배치되어 있었다. 학부모라면 생활권 내 메인 학원가 접근성을 안 볼 수가 없는데 대치동 학원가까지 차량으로 7분~10분 사이로, 라이딩이 충분히 가능하고 대부분 학원에서 셔틀이 운행 중이라 편리했다.

아무리 좋은 점이 많다고 하여도 늘 단점은 있는 법!

단점 첫째는 어중간한 20년 된 구축이라는 점이었다. 2013년도 당시 '그래도 아이가 커서 서울에 자리를 잡게 될 때쯤 30년 구축에 대한 재개발 이야기가 나오겠지?' 하고 생각하였다. 사실 급할 건 없었다. 아이의 성장과 같이 맞춰 나갈 집이 필요했고, 당분간 집값이 안 오른다고 하더라도 그냥 강남에 집 한 채 있는 것으로 위안 삼기로 했다.

둘째는 가구당 주차대수가 0.85대로 여유롭지 못하다는 점이다. 넉넉하게 지하 2층까지 주차장이 있는 집에 살다가 서울에 가 보면 참 답답하고, 주차를 못 해 차를 버리고 싶은 마음이 가끔 들 때가 있었다. 하지만 대학생 딸이 살기에는 괜찮았다. 차가 없어도 더블역세권이니 지하철이나 버스를 이용하여 차량 유지비를 아끼면 되겠다는 생각이 들었다. (나중에 부동산을 통해 들은 이야기인데 신혼부부로 들어온 세입자가 아이를 낳고 나니 주차 문제가 너무 어려워 이사를 마음먹었다고 했다.)

마지막으로 개인적으로 선호하지 않는 복도식 아파트라는 점이었다. 과거에 지어진 2베이 구조는 방 1개 창문이 복도 쪽으로 나와 있어서 개인 정보 침해를 우려하여 방범창을 필수적으로 달아야 하고, 복도 공간이 트여 있어 외풍이 많이 들어온다. 그리고 좁은 복도에 개인물품이나 쓰레기를 방치하는 경우가 있어 미관상 안 좋고 통행에도 불편을 초래했다.

이렇게 자세히 보고 또 보고 했지만, 내가 갖고 있는 금액 한도에서 매매하여야 하기에 결정하기가 여간 어려운 게 아니었다. 대출은 싫었고, 일단 있는 돈에서 맞춰 해결하려고 노력했다(그 당시 더 공부를 많이 했더라면 대출해서 개포동의 대장주인 '개포동 주공1단지'를 샀을 것이다). 신중하게 검토하고 고민해도 자꾸 겁이 나고 다리가 떨렸다. 시골에서 강남으로 부동산을 매수하는 것이 새로운 도전이지만, '잘못하면 무모한 도전이 될 수도 있다.'라는 생각이 들었다.

'살까?'

'말까?'

수백 번도 더 고민했던 것 같다. 오늘은 꼭 살 거라는 마음을 먹고 출근했다가 '아니야. 좀 더 기다려 보자!' 하는 마음으로 퇴근하곤 했었다. 남편도 갈팡질팡, 나도 갈팡질팡하고 있는 상황이 되었다(갈팡질팡한 이유를 10년 뒤 지금 생각해 보면 우리 부부는 부동산에 관한 공부가 덜되어 확신이 없었던 것이었다).

2) 매수 결정의 순간들

2013년도는 부동산 하락과 침체의 절정인 시기였다. TV에서는 우리나라도 일본과 같이 부동산 거품이 붕괴할 것이라는 내용의 기사를 연일 보도했고, 신문에서는 하우스푸어에 대한 우려와 불안감을 끊임없이 기사화했다. 집값이 수년째 지속해서 하락하고 있다는 게 가장 큰 문제였는데, 당시 지방에서 집을 산다고 서울에 올라가니 부동산 사장님들이 거래를 말릴 정도였다.

"요즘 같은 장에 누가 집을 사요? 시골에서 올라와서 잘 모르는 모양인데 지금은 집 사는 것 아니에요."

"그런가요? 그래도 집을 볼 수 있나요?"

"지금은 안 팔리니까 귀찮아서 아무도 안 보여 주려고 하죠. 그래도 정 사고 싶으면 내가 알아봐 줄 순 있는데 나중에 욕은 하지 마세요…."

참 난감했다. 겨우 마음잡아 서울에 올라갔더니 집도 볼 수 없다고 하고, 매물도 나온 게 없다니 웬일인가? 나의 첫 임장은 아무 물건도 보지도 못하고 기찻값만 날렸지만, 두 보 전진을 위해 한 보 후퇴한다는 마음이었다.

그 당시 타워팰리스가 33억으로 정점을 찍고(2007년) 못난이가 15억 7,000만 원에 매물이 나왔을 상황이었다. 팔다 팔다 안 팔리는 집들과, 대출을 최대한 받은 멀쩡한 서울 및 수도권 아파트들이 경매로 나오고 있었다. 깡통 전세 때문에 경매로 넘어간 집의 배당금을 받으려 경매장은 세입자들로 인산인해였다. 하락장이 오니 집주인도, 세입자도, 매수인도, 매도자도 모두가 힘든 상황은 마찬가지였다. 그런 상황에 자꾸 집 보여 달라고 하는 시골 아줌마인 내가 이상하게 보일 수밖에 없었다.

그래도 내가 믿고 있었던 것은 전세가율이 높아서 많은 돈을 들이지 않고 집을 살 수 있다는 점 하나와 '나에게는 급할 것이 하나도 없다.'라는 마음 하나였다. 하지만 이 시간이 길어지다 보니 서울 집 매수의 꿈은 끝이 나는 줄 알았다.

그러고 며칠 뒤 부동산 사장님께서 급매 물건 하나를 소개해 주셔서 집을 보러 서울을 다시 다녀왔다. 생각보다 마음에 들었다. 복도식 아파트에 비상계단이 옆에 있는 끝 집이었는데 생각보다 뷰도 좋고 아늑해 보였다. 참 마음에 들었다. 결정하는 데 하루만 시간을 달라고 하여 시간을 벌어 놓고, 집으로 돌아오는데 신축 아파트 모델하우스에서 근무하는 친구에게서 한 통의 전화를 받았다.

지방 건설회사가 갖고 있는 마지막 물건을 아주 좋은 가격에 판다고 매수할 의사가 없냐고 물었다. 그때 내가 살고 있던 집은 입주한 지 10년이 넘은 상황이었고, 주변 몇몇 지인들은 벌써 인근 신축 아파트로 갈아타고 있었을 때였다.

친구가 소개해 준 아파트는 신축에 꼭대기 층이고, 다락방이 있다고 하니 갑자기 내 마음이 흔들리기 시작했다.

'서울 집 말고, 내가 살 집이나 살까?'라는 생각이 순간 들었다. 아마 내가 아이에게 마련해 주고 싶은 강남 아파트라는 꿈이 없었다면 그냥 내가 살고 있던 동네의 새 아파트로 이사 갔을 수도 있다. 하지만 내 마음을 꼭 부여잡았다.

'서울에 가서 공부할 때 집 없어서 고생했잖아!'
'아이에게 심신의 안정을 줄 수 있는 집을 마련해 주기로 했잖아!'

나 자신을 스스로 다그쳤다. 그런데 서울 부동산 사장님으로부터 다시 연락이 왔다.

'앗! 계약 안 한다고 말하시려나? 그러면 어떡하지? 금액을 조금 더 올려 준다고 해야 하나?'

전화벨이 울리고 받으려는 찰나에 오만가지 생각이 났다. 내 뇌의 뉴런 사이의 시냅스가 이렇게 잘 발달하여 있던가를 의심할 정도로 빠르게 움직이고 있었다.

"이런 중개 내가 잘 안 하지만…. 하도 부탁하니…. 집주인이 마음 바뀌기 전에 내일 계약하자네. 아이 학교 때문에 1,000만 원 손해를 보고 매도하는 거니 조금 조심히 해 줘요. 나도 매수인한테만 중개료 받고, 매도인한테는 따로 중개료 안 받기로 했어요."

"아…. 네~ 너무 감사합니다."

너무 급한 나머지 24시간도 나에게는 허락되지 않았고, 급매를 잡기 위해 서울에 계시는 엄마에게 대리로 계약을 부탁하였다.

3) 계약 성사

드디어 2013년 10월 22일 개포동 ○○아파트 21평을 4억 8,000만 원에 계약하였다. 전세가 2억 8,000만 원이었으니 내 자본금 2억에 등기 비용 및 부동산 수수료가 들었다. 계약하고, 등기한 후 집수리를 부탁하려고 다시 만난 부동산 사장님이 나에게 물어보셨다.

"나는 매매 건수 하나 올려서 좋지만, 이렇게 어려운 시기에 꼭 집을 사야 하는 이유가 뭐야? 다들 바닥이라고 겁내는데 겁도 없어?"

"집 사는 이유요? 별거 없어요. 서울에서 학교 다닐 때 하도 고생해서 저희 아이 크면 좀 편하게 해 주고 싶어서요. 그리고 시골 아줌마 강남에 집 사는 게 꿈이라 그래요."

"그래? 시골 아줌마 이제 강남 아줌마 되었네! 꿈 이뤘네! 꼭 부자 되셔~."

부자 되라는 사장님의 말씀이 너무 감사했다. 사장님 말씀처럼 나는 꼭 부자가 되고 싶었다(그때 사장님은 어떤 부자를 말씀하신 걸까?). 아이가 대학 공부를 서울 자가에서 할 수 있게 되었다고 생각하니 구름 탄 것같이 기뻤다. 이집 저집 옮겨 다니며 생활하던 나의 꿀꿀했던 대학 시절이 치유되는 것 같았다. 아마도 지방에서 상경해 집 없는 서러움을 받아 본 분이라면 내가 왜 이렇게 뛸 듯이 기뻐하는지 충분히 이해하실 거라 믿는다.

내가 집을 산 후 가장 기뻐한 사람은 남편도 아이도 아닌 나의 친정엄마셨다. 두 딸을 서울로 대학 보내면서 방 한 칸 좋은 곳에 얻어 주지 못해 항상 우리에게 미안해하셨다. 엄마의 잘못도 그 누구의 잘못도 아니었는데 엄마는 늘 죄인 같은 마음이 들었다고 하셨다. 지금은 두 딸인 나와 동생도 그리고 친정엄마도 모두 서울 강남권에 아파트 한 채씩은 갖고 있는 어엿한 집주인이 되었지만, 30년 전 돈이 없던 시절, 집이라는 게 얼마나 애증의 물건이었는지 모른다.

이제는 뉴스에서 주택 관련 기사가 나오면 엄마가 빙긋이 웃으신다. 75세인 엄마는 혹시 모르는 일이라면서 지금도 주택청약통장을 갖고 계신다. 청약에 당첨되면 새 아파트에 혼자 독립할 거라고 말씀하시는 것을 보면 참 재미있다.

대청아파트 사진

6
부동산 투자의 철학의 완성

1) 나만의 투자 원칙

물론 혹자는 강남의 소형아파트 주인이 되었다는 걸 뭐 그리 대단한 부자가 된 것처럼 이야기하냐고 말할 수도 있다. 하지만 어려웠던 신혼 초에 전세 상승분 500만 원이 없어 전전긍긍하던 때를 생각해 보면 큰 발전이었다. 오직 내 목표를 위해 불굴의 투지를 가지고 앞으로 나아가며, 원하던 일을 하나씩 성취해 나가는 모습이 뿌듯하고 대견해 보였다.

서울을 오가며 기차 안에서 '부동산 사장님이 말씀하셨던 부자가 뭘까?'라는 생각을 많이 해 봤다.

아무것도 모르고 결혼했던 25살에는 부자는 무조건 부러움의 대상이었다. 비싼 집에 살면서 외제 차를 타고, 명품을 사고, 돈을 펑펑 쓸 수 있는 사람이 최고라고 생각했었다. "결혼하면서 시댁에서 무슨 예물을 받았니?" "집은 어디서 사니?" 하며 이야기했던 철없던 시절도 있었다. 지금 와 생각해 보면 부끄럽지만, 아무것도 없던 그 시절 '나도 어떻게 하면 돈을 많이 벌고, 많이 쓸 수 있을까?'라는 고민을 한 적도 있다. 그러던 중 남편의 권유로 보도 섀퍼의 《돈》이라는 책을 읽었고, 그 뒤 나의 마음은 요동치기 시작했다.

돈이나 재산이 많은 사람보다 인생을 같이 나누며 공부하는 도반(道伴)이 많은 부자가 되고 싶어졌다. 웬 생뚱맞은 도반(道伴) 부자? 내 성격이 원래 외향적이라 주변에 친구들도 지인들도 많았지만, 항상 허전했다. 인생을 나누고 인간의 영원한 가치에 관해 이야기할 친구들이 없었다. 《돈》을 시작으로 좀 더 배우기 위해 독서를 시작했다. 대학 동창인 친구가 아이 둘을 키우고, 직장 생활 하면서 일 년에 50권 넘게 책을 읽는다는 말에 나는 더 불타올라 책을 읽었던 것 같다. 그리고 사소한 일들을 기록하기 시작했다.

내가 생각하는 또 하나의 부자는 나눔 부자이다.

강남 아파트 매수 후 한참 기쁨에 차 있을 때 남편이 나에게 제안 하나를 했다.
"우리는 운이 좋아 좋은 아파트를 갖게 되었지만, 아직 돈이 없어 불안정한 주거 생활을 하는 많은 사람을 위해 조금씩 기부하면 어떨까?"
"오~ 좋은 생각! 어떻게 해 볼까?"

우리 부부는 상의 끝에 1년 치 월세 중 한 달 치는 반드시 기부하기로 했다. 12개월 치 월세 중 10개월 치는 재투자, 1개월 치는 기부, 1개월 치는 우리 자신을 위해 쓰기로 했다. 강남에 집 한 채 갖고 있다고 부자가 되는 건 아니다. 하지만 내가 받는 월세로 조금이라도 도울 수 있고, 추운 겨울 연탄 한 장이라도 기부할 수 있어서 좋았다. 기부액은 월세가 상승할수록 늘어났고, 지금도 우상향 중이다. 남편의 제안 이후 지금까지 나눔을 계속 실천 중이고, 나는 나눌 수 있는 진짜 찐부자가 되었다. 아마 그때 부동산 사장님이 말했던 '부자'가 아닐까?

꿈에 그리던 등기부등본이 나오고, 세입자까지 맞춰지고 나니 그동안의 일들이 꿈만 같았다. 그 당시에는 서울까지 직통 KTX가 없어 버스를 타고 대구로 가서, 다시 기차로 갈아타고, 서울역에 내려 지하철을 타고, 강남까지 입성했다. 다시 집으로 내려오려면 왕복 10시간이 걸렸지만 하나도 길게 느껴지지 않고 힘들지도 않았다. 2025년인 지금은 SRT를 타고 포항에서 2시간 30분이면 강남으로 입성하니 얼마나 좋은 세상이 되었나!

요즘도 자주 서울에 집 보러 다니면서 난 코레일 KTX VVIP가 되었다. 너무 자주 만나는 승무원들이 나에게 인사를 한다.

"자주 타시네요?"

"아… 네! 출장 다녀요."

나에게 서울 임장은 출장 같은 거였다. 직장 다니듯 그냥 계속 무한 반복했다. 그만큼 간절했던 것 같다.

전세를 한 번 주고 2015년 10월쯤 재계약을 하려고 하니 전세가가 2억 8,000만 원에서 4억으로 1억 2,000만 원이나 올랐다. 너무 깜짝 놀랐다. 지방 주택 가격은 등락 폭이 그렇게 크지 않아 서울 집 가격 등락에 그렇게 신경을 쓰지 못하고 잊고 있었다. 사실 그 당시만 해도 수도권 부동산에 대해 잘 몰랐다. 어차피 그 집은 아이를 서울에서 안락하게 공부시키기 위해 마련한 집이라고 생각했기에 가격에 크게 관심 두지 않고 있었다.

하지만 2015년 주택시장은 최경환 경제 부총리가 경제 띄우기 정책들로 인하여 힘을 받게 되었다. 초저금리로 인하여 부동산과 주식에 돈이 몰리기 시작했고, 갭투자가 성행하게 되었다. 지방에서 돈을 싸 들고 서울로 올라가 부동산 구매에 애를 쓰는 모습은 상당히 흔한 모습이 되어 버렸다. 서울 집을 매수했다는 것을 어떻게 알게 된 지인이 "자기도 부동산 빨간 바지야?" 하면서 부동산 투기꾼으로 몰아세운 적이 있으나 나는 사실 운이 좋았고, 타이밍이 좋았을 뿐 큰 욕심이 있지는 않았다. 그때는 서울의 부동산시장이 매우 뜨겁게 불타오르는 시기였고, 많은 사람이 부동산 투자의 기회를 잡고 싶어 했다.

자산 가격이 갑자기 급등하기 시작했다. 강남 재건축과 분양권 시장이 뜨거워지고, 가격도 짧은 시간에 억 단위가 오르기 시작했다. 압구정부터 시작하여 개포동을 지나 세곡동까지도 계속 오르기 시작했다. 심지어 연락하고 지내던 여러 부동산 사장님이 좋은 가격에 팔아 줄 테니 팔지 않겠느냐고 물었다. 사 달라고 할 때는 매물 없어서 안 된다고 하고 팔기 싫을 때는 팔라고 하니 부동산 사장님들의 움직임이 매수자의 심리지표인 것 같다. 하지만 가격이 조금 오른다고 내 꿈을 내다 팔 수는 없었다. (만약 공부가 좀 더 되어 있었더라면 작은 아파트를 팔고, 상급지나 넓은 평수로 옮겨 탈 기회이기도 했다. 하지만 준비가 아직 덜 된 관계로 지금까지 그냥 눌러앉아 있는 상황이다.)

아이에게 왜 이렇게 미친 듯이 집을 마련해 주고 싶냐고 묻는 사람들이 많다. 나의 마음을 글로 다 표현할 수 있을까 매번 고민해 보지만 내 수준에서는 어떻게 표현할 수가 없다.

2007년 한참 아파서 고생하고 있던 어느 날, 딸아이가 항암으로 머리카락이 다 빠진 나의 민머리를 만지며 "엄마~ 내 생각엔 머리카락이 씨앗처럼 머릿밑에서 올라오느라 시간이 좀 걸리는 것 같아. 그래서 조금 더 기다려야 해…." 하고 나를 위로해 주었다. 그 당시 7살이었던 딸은 엄마의 머리카락이 도통 나지 않는 모습에 마음이 쓰였는지 계속 나의 머리를 만져 주었다. 투병 중 내 삶의 버팀목이 되어 준 어린 딸에게 엄마로서 주고 싶은 선물이 '집'이었다. 모든 부모가 자식에게 주고 싶은 것이 많았겠지만 어릴 적 엄마의 투병 생활을 묵묵히 지켜봐 주며 격려해 준 아이에게 그냥 주고 싶었다. 엄마가 서울병원에 다녀올 때마다 서울 가는 건 나쁜 치료 받으러 가는 것이 아니라, 집 보러 갔다 오는 좋은 것이라고 말해 주었다. 나에게 강남 집이란 그냥 저가 매수 후 고가 매도, 또는 재수 좋게 재건축까지 이어지면 대박인 단순한 투자상품은 아니었다. 나의 꿈이자 아이에 대한 나의 감사함의 결정체이었다.

그 후 새로운 세입자가 4억에 전세를 들어오게 되었다. 부동산 가격이 야금야금 오르고 있는 모습을 보자니 겁이 났다. '아~ 이제는 제대로 공부해야겠다.'라는 생각이 들었다.

이제는 서울에 부동산 임장을 다니는 게 아니라 공부하러 다녔다. 책도 보고, 강연회도 가고, 가끔 임장도 가고, 경제신문도 꾸준히 구독하며 읽었다. 역시 쉽지는 않았다. 나는 그냥 강남에 21평 아파트 하나 있는 시골 엄마였다.

  부동산 가격 상승으로 즐거워야 하는데 점점 겁이 나서 도저히 움직일 수 없었다. 나도 나의 능력치를 스스로 알아챈 것이다. 멋모를 때는 세상을 다 아는 양 설쳤지만 조금 알게 되면서 두렵고 조심스러워졌다. 공부하면 할수록 확신보다 신중함이 더 많이 생기고, 고민이 더 많아졌다. 알면 알수록 재미있고, 알면 알수록 공부할 문제들이 산더미였다. 부동산 관련 정책은 하루가 멀다고 바뀌고 또 바뀌었다. 그래서 나도 쉬지 않고 매진했다. 그러던 와중에 서울 사는 동생에게 전화가 왔다.

2) 부모님을 위한 집

  "언니! 혹시 엄마 아빠가 거주하실 수 있는 작은 아파트 우리가 하나 사 드리면 어떨까? 내가 대출을 받아 작은 평수 하나 살까 하는데 언니가 나 좀 도와줄 수 있어? 우리 자매 공동명의로 엄마 아빠 집 하나 사 드리자! 좀 도와주라. 응?"
  "부모님 집을 우리가 사 드리자고?"
  "응! 어때? 용감한 자매가 한번 출동할까?"
  "그래! 집을 알아보자!"

  처음에 선뜻 "사자!"라고 이야기는 못 하고 머뭇거렸지만, 동생의 제안에 마음이 설렜다.
  '내가 부모님을 위해 집을 사 드린다고?'
  꿈같은 이야기였다.

동생은 직장 생활 때문에 아이를 낳자마자 친정 부모님께 맡겼다. 몇 년 동안 부모님께서는 조카를 키워 주셨고, 정년퇴직하시자마자 서울로 상경하여 동생네랑 같이 사셨다.

엄마는 "서울로 오니 너무 좋다. 지하철도 공짜로 타고, 옛 친구들도 많이 만나고." 하고 말씀하시기는 했지만, 자신의 삶을 포기하고 자식이 좀 더 편하게 살라고 본인이 40년 넘게 살아온 동네를 떠나는 게 쉽지는 않으셨을 것이다. 그런 부모님의 마음을 알기에 동생은 부모님의 집을 사 드리고 싶었던 모양이다.

처음에 부모님께서 서울로 오셨을 때, 30년도 더 된 오래된 아파트 전세를 얻어 드렸다. 낮에는 생활을 동생네에서 하시고 그곳에서 잠만 주무시며 출퇴근하셨는데 어머니께서 두 집 살림하려니 너무 힘들다고 하셔서 전세 만기 후 동생네와 합가를 하게 되셨다. 합가하니 이제는 사위랑 같이 사는 아버지께서 힘들다고 하셨다. 산 넘어서 산이었다.

옛말에 "겉보리 서 말만 있으면 처가살이하지 마라."라는 말이 있다. 아이를 돌봐 주시겠다고 들어오신 장인, 장모님이지만 같이 사는 사위도 부담스러운 것은 마찬가지였을 것이다. 결국 모두를 위하여 동생은 본인이 살고 있는 집 옆 아파트 단지에 부모님을 위한 작은 보금자리를 마련해 드리겠다고 생각하게 된 것이다.

부모님은 40년 넘게 지방에서 생활하시다 서울로 올라와 보니 집값이 너무 오른 것에 대해 경악하셨다. 직장인이 서울 아파트를 매수하려면 22년 월급을 모두 저축해야 한다는 사실이 실감이 났다. 물론 부모님은 어머니가 우여곡절 끝에 마련한 강남에 작은 아파트 한 채가 있었지만, 강북에 있는 동생 집까지는 너무 멀어서 다닐 수 없었다.

용감한 우리 자매가 강북에 작은 집을 하나 사 드리겠다고 부모님께 말씀드렸더니 두 분은 펄쩍펄쩍 뛰시면서 안 된다고 하셨다. 나이가 들어 너무 큰 비용이 주거비용으로 들어가는 건 바라지 않는다고 하셨지만, 딸들이 어렵게 번 돈을 본인 집으로 깔고 앉아 있어야 한다는 게 몹시 불편하셨던 모양이었다. 부모님의 이런 모습이 안쓰러워 보여서, 우리 자매는 한목소리로 "엄마, 아빠 일단 들어가서 사시고, 집값 오르면 우리가 대박이지!" 하고 큰소리쳤다. 우리 자매는 드디어 부모님을 위해 집을 마련했다.

공부밖에 모른다고 생각했던 동생이 임장에 대해서 나보다 한 수 위였다. 내가 큰 병치레 후 세계 일주를 하고 있을 당시, 동생은 송파구에 있는 아파트를 매수하기 위해 임장을 100번쯤 다녔다고 한다. 9시에 퇴근하는 남편을 데리러 간다는 걸 빌미 삼아 매일 저녁 부동산에 들렀고, 매일 저녁 부동산 사장님들을 괴롭혔다고 했다. 어느 부동산에서는 더 이상 보여 줄 매물이 없으니 이젠 제발 그만 오라고 하는 이야기를 들었다고 한다. 그렇게 뒤지고 뒤진 뒤 동생의 집념에 하늘이 감동했는지 원하던 아파트를 아주 좋은 가격으로 매수했고, 지금은 4배 정도 오른 가격을 형성하고 있다.

"넌 공부 말고 재미있는 게 없다더니 어떻게 그렇게 임장을 다닐 생각을 했어?" 하고 물었더니, "돈이 많으면 아무거나 살 수 있지만, 우리 부부가 갖고 있는 돈은 한정되어 있으니 어쩔 수 없이 고르고 또 고를 수밖에 없었어. 근데 다니다 보니 보물찾기처럼 참 재미있더라."라고 했다. 동생이지만 참 대단했다.

역시 "보는 바가 크면 얻는 바가 크다."라는 옛말이 틀린 게 아니었다. 큰 목표를 가지고 넓은 시각으로 바라보면 더 많은 기회와 성과를 얻을 수 있다는 말이다.

"1~2만 원대 쇼핑은 엄청 꼼꼼히 하면서 수억 원 수십억씩 하는 집은 그냥 인터넷에서 손품 좀 팔고, 부동산 사장님 말 몇 마디 듣고, 한 번 쓱~ 보고 결정 내리는 건 좀 아닌 것 같아. 부동산 사장님이 오를 것 같다고 추천하는 집을 덥석 사는 것은 더더욱 아닌 것 같아. 사람도 사계절을 겪어 봐야 잘 알 수 있듯 집도 사계절을 두고 봐야 장단점을 잘 파악할 수 있어."

어릴 적부터 나보다 야무진 구석이 많던 동생한테 이렇게 한 수 배우게 되었다.

이렇게 나의 부동산 공부는 한 단계 업그레이드되어 가고 있었다. 매번 배우고 또 배우고 혹시 나도 모르게 실수할까 싶어 더 열심히 공부했다. 공부하다 보니 요즘은 내 나름의 부동산 철칙이 생겼다. 24세인 딸아이한테도 귀에 딱지가 생길 만큼 매번 하는 이야기이다.

3) 경험을 통해 정립한 부동산 투자의 철칙

첫째, 무조건 급하면 안 된다. 나는 부동산 이야기를 하면서 남녀 간의 연애 이야기로 예를 많이 든다. 연애도 부동산도 마음이 급하면 진다. "진다고? 왜?"라고 반문하는 분들도 있다. "첫눈에 반해 속전속결로 결혼까지 하고 잘 사는 커플이 얼마나 많은데."라고 말씀하시는 분들도 있다. 하지만 연애를 급하게 진행하면 상대방을 충분히 알아 갈 기회를 놓칠 수 있다. 서로의 성격, 가치관, 취향 등을 이해하지 못하면 결혼 후 갈등이 생길 수 있다. 부동산 구매도 마찬가지다. 매수를 결정할 때

요리조리 잘 알아봐야 한다. 혹여나 가격이 오를까 아니면 물건을 놓칠까 싶어 일을 서두르다 보면 매물의 상태를 철저히 점검하지 못하고 매수하는 경우가 있다.

보통 매수하고 싶은 매물이 있다면 아침, 점심, 저녁 시간 모두 다 둘러보라고 말하고 싶다. 지방에서 서울로 새벽 첫 기차를 타고 가서 밤 막차를 타고 내려오는 일을 수십 번 한 이유도 여기에 있다. 가끔은 1박 2일로 보기도 했는데 '그냥 호캉스라고 생각해!' 하고 스스로 위로하기도 했다. 자세히 둘러보다 보면 교통 상황, 주차 상황, 아이들 학원 버스 상황들을 한눈에 볼 수 있다. 옆에 있는 학교를 두고 아이가 멀리 있는 학교에 배정이 되어 불편함을 호소하는 아기 엄마를 보니 안타깝기도 했다. '그러면 그 아파트 주민들은 이 사실을 모르고 입주했을까?'라는 의구심이 들었다. 사실인즉 결혼 전 매수한 아파트라서 아이의 학군은 전혀 고려하지 못하고 매수하게 되었고, 막상 학군 때문에 옮기려 하니 집값이 너무 많이 상승한 뒤라 옮겨 가기가 두렵다고 하였다.

"한 번만 더 깊이 생각했다면 그때 당시 5,000만 원 더 비싼 옆 아파트를 샀을 텐데!"라는 말과 함께 한숨이 절로 나온다고 했다.

맞는 말이다! 한 번, 두 번, 세 번, 수십 번을 보아도 또 보아야 한다. 집에 돌아가 침대에 누우면 남자 친구의 얼굴이 아른거리듯 집이 아른거려야 한다.

혹시 지금 아른거리는 남친(?) 아니 매물이 있으신가요?

두 번째, 장기적인 관점에서 보아야 한다.

부동산시장은 경제 상황, 정책, 인구 이동 등 다양한 요인에 영향을 받는다. 따라서 단기적인 시장 변동에 휘둘리기보다는 장기적으로 안정적인 투자처로서의 가치를 평가하는 것이 중요하다. 예를 들어, 특정 지역의 개발 계획이나 인프라 확장 등이 장기적으로 부동산의 가치를 높일 수 있다. 그러므로 시간이 지남에 따라 가치가 변하면서 상승한다. 그래서 부동산은 우상향하기 좋은 최고의 자산이다.

연애도 단순한 인간 대 인간의 감정의 교류를 넘어서, 서로의 가치관과 목표를 공유하고 함께 성장하는 과정을 포함한다. 초기의 감정이 시간이 지나면서 깊어지기 위해서는 서로의 이해와 소통이 필수적이다. 따라서 단기적인 갈등이나 어려움에 좌절하기보다는 장기적인 관계의 발전을 바라보는 태도가 필요하다. 한두 달 만나고 헤어지는 게 아니라 지속적이고, 서로에 대한 깊은 이해와 신뢰가 쌓여 결혼하듯 길게 보고 좋은 감정의 탑 쌓기가 필요하다.

물론 전문가가 되면 상황은 달라질 거다. 하지만 아직 부동산을 공부 중인 상황이라면 긴 호흡으로 매물을 갖고 가면서 주변을 둘러보면 본인 나름 원하는 이익과 결과를 얻어 낼 수 있다고 확신한다. 급할 건 없다. 나를 위해 나에게 맞는 좋은 물건들은 항상 대기 중이라고 생각하면 좋을 것 같다.

드디어 우리 용감한 자매는 동생 직장과 집에서 가까운 아파트를 부모님을 위해 매매계약을 했다. 쉬운 결정은 아니었다. 하지만 뿌듯했다. 그렇게 고르고 고른 아파트는 1989년도에 건축한 1,880세대 대단지이고, 7호선 역세권에 경춘 숲 공원이 가까운 지하철역에서 도보 2

분 거리 아파트이다. 동생 집이랑 건널목만 건너면 되는 거리였고, 우리가 매수하던 시점엔 재건축에 대해 되니 안 되니 소문만 무성히 있었다. 소형 평형 56㎡, 70㎡, 84㎡로 구성되어 있었다. 주차장이 좁고, 구축이고, 복도식 아파트이지만 지하철역에서 나와 몇 걸음만 걸으면 바로 집으로 올라가는 엘리베이터가 있다는 점이 너무 좋았다. 어차피 생활은 동생 집에서 하시고, 잠만 주무시는 용도로는 참 좋았다. 그리고 어르신들이 자주 가시는 을지병원이 도보로 5분 거리에 있었다. 아버지께서 돌아가시기 전까지 사시면서 참 편리하고, 안전한 동네라고 아주 좋아하셨다. 지금은 2022년 4월 하계동 최초로 정밀안전진단 1차를 통과했으며, 노원구에서 제일 먼저 재개발이 진행되고 있는 아파트이다.

2015년 12월 29일 기쁜 마음으로 계약하고, 등기권리증을 부모님께 드렸다. 부모님께서 무척 좋아하셨다. 평생을 아끼고 열심히 사셨는데 다 큰 자식으로부터 받은 집이 너무 자랑스러우셨던 모양이다. 우리는 좀 낡고 좁은 집이라 누추하다고 생각했지만, 부모님 마음은 구름 위를 탄 것같이 행복하셨던 모양이다. 매일매일 기쁜 마음으로 집을 쓸고 닦고 단장하셨다. 대략 800만 원 정도 들여 도배, 장판, 창틀을 교체했더니 집이 더 깔끔하고 단정해졌다. 남향집이라 하루 종일 해가 잘 들어오니, 낮에는 더 따뜻하였다.

"봄날의 햇살보다 너희들의 마음이 더 따뜻해. 그게 이 집이 참 좋은 이유야."라고 어머니께서 말씀하셔서 눈물이 났다.

하계동 장미아파트 사진

 동생 명의로 대출 1억을 받아 2억 4,400만 원에 매수한 아파트이다. 대출금을 열심히 갚고 있고, 현재 매매 시세는 5억 7,000만 원까지 형성하고 있다. 부모님께 효도하고 싶었던 동생의 마음이 커지면 커질수록 아파트의 가격이 계속 상승하고 있다.

 집을 사서 부자가 되고 싶은 마음은 없었다. 집은 그냥 안식처이자 위안이었다. 평생 자식을 위해 노력하신 부모님께 우리 자매가 어른이 되어 부모님을 위해서 할 수 있는 최선을 다하고 싶은 마음이었다. '효도'라는 말이 어색하지만, 자식의 도리를 한다는 마음으로 해 드리고 싶었다. 그랬더니 집값도 오르고, 현재 재건축을 위해 정비구역 지정 단계의 안전진단을 최종 통과하였다. 우리 자매의 이런 모습을 보고 주변에서 '돈독'이 올랐다고 하였지만 부모의 집을 사 드리고 싶은 자식의 마음이 어디 '돈독' 오른 사람의 마음과 같겠는가?

 최근 2년 전 아버지께서 돌아가신 후, 어머니가 혼자 살기 싫어하셔서 현재 이 집은 월세를 받고 있다. 엄마가 평생 원했던 월세 받는 사람이 되신 것이다. 대출금이 다 갚아지면 공동명의로 되어 있는 이 집을 동생에게 넘겨주려 한다. 아직 이 계획을 동생은 모른다. 법적 관계는 변호사와 세무사를 통해서 진행되겠지만, 동생이 부모님께 선물했듯 나도 동생에게 선물하고 싶다.

4) 가족을 위한 연속 투자

2016년 아버지께서 서울 생활 잘하고 계시던 어느 날, 국가건강검진을 통해 대장암 판정을 받으셨다. 하늘이 무너져 내리는 것 같았다. 대학에서 퇴직 후 아버지는 작은 연구실을 운영하시면서 답사도 하고, 논문도 쓰고 계셨다. 편찮으셔서 하시던 일이 중단되나 싶었는데, 아버지께서는 치료받으면서도 틈틈이 연구하시며 논문을 쓰고 계셨다. 그런 아버지를 보고 있으니 안쓰러운 마음이 들었다.

"아버지~ 몸도 성치 않은데 연구실 나가시려니 힘드시죠?"

"아니. 난 괜찮아! 연구하는 건 어렵지 않고 재미있는데, 연구실이 상가에 있어 공용 화장실을 쓰려니 좀 힘드네…."라고 머쓱하게 웃으셨다. 대장과 소장을 60㎝ 이상 잘라 내셔서 장에서 신호가 오면 화장실로 빨리 뛰어가셔야 했다. 그런데 아주 가끔 조절이 안 되어 속옷을 버리기도 하셨다는 어머니의 말씀에 내 가슴이 무너져 내리는 것 같았다. 아버지의 고생하시는 모습을 계속 보고 있으니 내 마음이 너무 무거웠다. 그래서 고민 끝에 장녀인 내가 아버지의 화장실 문제를 해결해 드리겠노라고 선포했다. 부모님은 의아해하셨다.

"네가 아버지의 화장실을 어떻게 해결하겠다는 거야? 도통 알아들을 수가 없네."

"진짜 해결해 볼게요. 좀 믿어봐 줘요."

이렇게 큰소리치고 집으로 돌아와 남편에게 나의 솔직한 심정을 고백하였다. 잠시 생각하더니 좋은 생각이라고 하면서 나의 편을 들어 주었다.

"여보~ 날 응원해 줘서 고마워!"

항상 나를 응원해 주는 남편은 진짜 나의 지지자였다.

가끔 엉뚱한 상상과 희한한 일을 하는 나를 항상 믿고 기다려 줬다. 이번에도 잘되기를 바라고 기다려 준다고 했다. 남편의 허락도 받았고 나는 사기충천(士氣衝天)하였다.

서울로 다시 올라가 부모님께 말씀드렸다.

"엄마, 아버지! 잘 들으세요. 제가 집 근처 아파트를 하나 살 거예요. 아버지가 제 집으로 전세 들어오세요. 그러면 화장실도, 잠시 누울 공간도 다 해결되겠죠?"

그렇게 선포 후 장녀인 내가 편찮으신 아버지를 위해 아파트를 샀다! 다주택자가 되면 세금이 많아진다고 해도 두려움이 없었다.

그리하여,
아버지가 세입자!
딸이 임대인!
우리는 부녀의 관계에서 세입자와 임대인의 관계로 발전했다.

임대차계약서를 쓰는 날 아버지께서 나에게 "잘 부탁합니다. 좋은 집 빌려주셔서 감사합니다."라고 말씀하시며 인사를 꾸벅하셨다.

"제가 더 잘 부탁드립니다. 좋은 집에서 좋은 글 많이 쓰시고, 좋은 일 많이 해 주세요."

연구실로 쓰게 된 아파트는 2016년 5월 어버이날 1억 9,500만 원으로 매수하였다. 2015년 말 가계대출이 커지자, 박근혜 정부는 대출 규제를 했다. 2016년 1분기에 부동산시장은 거래량이 줄고 한산한 모습이었다. 2014년부터 2015년까지 내내 집값이 상승했기 때문에 더 이상 상승하지 않을 거라는 심리가 매수 심리를 위축시켰다.

"부동산이 막 오르다가 요즘 꺼져 가고 있는데 연구실로 쓴다고 아파트 살 필요가 있을까?" 하는 부동산 사장님의 말씀에 잠시 고민도 해 보았지만, 아버지에게는 지금 당장 편히 쉴 공간이 필요했기에 여러 가지 따질 수가 없는 상황이었다. 그리고 다주택 보유자라 대출도 꽉 막혀 있는 상황이었다. 아프신 아버지를 위해 대출을 받아서 매수해야 하는 상황인 것을 잘 알고 계시는 부동산 사장님께서 여러 가지 방법으로 대출받을 수 있게 알아봐 주셨다.

"혹시 임대업 해 볼 생각이 있어요? 사업자를 내면 대출이 가능하다고 하던데 그 방법은 어떨까요?"

"임대업요?"

예전부터 내 나이 60이 되어 퇴직하고 난 뒤 임대업을 하고 싶었는데 생각보다 빠르게 꿈을 이룰 수 있겠다는 생각에 사장님의 제안을 흔쾌히 받아들였다. 그리하여 나는 임대 사업자가 되고 대출도 받게 되었다. 2016년 아무것도 모르고 임대 사업자가 되었지만, 지금까지 성실히 납세하며 임대업을 하고 있다.

2016년 1분기 대출 규제로 인하여 사그라졌던 주택시장이 2분기가 되면서 상승기를 맞았다. 강남 재건축아파트가 높은 가격에 분양했음에도 불구하고 완판이 되면서 모든 서울 아파트의 가격이 상승하기 시작했다. 대출 규제로 얼어붙을 뻔한 부동산시장에 햇살이 비추기 시작했다. 이런 상황이 정부가 느끼기에는 불안했던지 8월에는 가계대출을 잡기 위해 강도 높은 정책들을 쏟아 내었다. 공급도 줄이고, 대출 규제도 강화하였다. 그런데도 공급이 감소하면 집값이 계속 더 오를 거라는 투자심리를 가열시켰다. 정책의 역효과가 난 셈이다.

내가 매수한 시점은 2016년 1분기를 지나서 2분기로 가고 있었던 구간이었다. 아파트 매물이 엄청나게 쏟아지고, 대출은 막힌 상황이었다. 매수하려던 사람들은 다들 전세로 발을 돌려 전셋값은 계속 상승하고 있었다. 나는 은행에서 1억을 임대 사업자 대출로 받고, 통장에 넣어 두었던 9,500만 원 모두를 탈탈 털었다. 영끌 정도는 아니었지만, 수중에 돈이 없으니 허전했다. 그래도 좋은 건 나도 드디어 월세를 받게 된 것이다. 세입자가 아버지라 그 돈이 그 돈이지 않냐고 하는 사람도 있고, 그게 뭐 아버지를 위해 집을 사 드린 거냐고 핀잔주는 사람들도 있었다. 하지만 내 생각은 달랐다. 아버지 자존심에 그냥 들어가서 사용한다는 것은 말도 안 되는 일이었다. 그래서 50만 원씩 월세를 받겠다고 했고, 월세 받은 그 돈으로 집주인인 내가 관리비랑 부대 비용을 다 지출하였다.

아버지는 친구분들에게 딸이 사 준 집으로 사무실을 옮겼다고 자랑도 하시고, 이제 화장실도 편하게 마음대로 쓸 수 있다며 만족해하셨다. 붉은 벽돌과 나무판으로 만든 책장과 큰 책상을 마루에 놓고 높디높게 쌓아 올린 서류들과 논문들을 보고 있으니 내 마음이 뿌듯했다.

가끔 연구실에 가서 아버지께서 손수 내려 주신 커피를 마시며 담소를 나누었다.

한 5년쯤 아버지께서는 연구에 매진하시다가 어느 날, 뇌출혈로 쓰러지셨다. 그리고 2년을 병원에 계시다가 돌아가셨다. 지금 생각하면 이 집은 내가 아버지께 마지막으로 해 드렸던 효도였다. 아버지의 빈자리가 아직도 내 마음 한편에 남아 가슴이 먹먹할 때도 많지만, 시간이 흘러도 그 집 앞을 지나면 아버지와의 추억이 떠오른다. 아버지가 책장 정리를 하시며 즐거워하셨던 모습이 생각이 나고, 아버지가 직접 내려 주신 커피 향이 어디선가 나는 것 같기도 하다.

그 아름다운 추억 덩어리 집은 예쁘게 정리하고 단장하여 지금은 새로운 세입자를 맞게 되었다. 아주 예쁘고 단아하게 생기신 아주머니께서 지금 살고 계신다.

돌아가신 아버지를 그리워하며 아버지가 몹시 보고 싶으면 그 아파트의 등기부등본을 멍하게 쳐다보며 한동안 넋을 놓고 있을 때가 있다. 집이 나에게는 자산의 의미보다 추억의 의미로 삶의 원동력으로 작용하고 있다.

'아빠하고 나하고 놀던 꽃밭에….'

'아빠하고 나하고 놀던 연구실에….'

7
진정한 부자의 의미

1) 나눔 부자가 되다

아버지와의 추억의 연구실을 오랫동안 간직하고 싶어 우리 부부는 한동안 고민했다.

"어떻게 할까?"

"월세만 계속 받는 게 과연 옳은 방법일까?"

"아버지와의 사랑을 나눌 방법이 없을까?"

한참을 고민하다 우리가 몇 년간 기부하고 있는 '밥집알로'의 청년들이 생각났다.

"아… 괜찮은데?"

부모 없이 보육시설에서 성장한 청년들이 사회생활 첫걸음을 뗄 때 우리 집이 도움이 되었으면 좋겠다는 생각이 들었다. 우리에게 추억 덩어리인 집을 나중에 자립 청년을 위한 쉼터로 쓰려고 고민 중이다. 아버지께서 충만한 사랑으로 나를 키워 주셨고 나 또한 그 사랑을 자립 청년들을 위해 충만한 사랑으로 갚아야 할 시점이 점점 다가오고 있다는 것을 느낀다.

이 집을 통해 난생처음으로 임대 사업자도 되었고, 난생처음으로 재단을 만들 고민을 하고 있다. 부동산이 단순한 재산 증식의 수단이 아닌 기부 수단으로 쓰일 수 있다는 점을 생각하면 가슴이 벅차다. 구체적으로 어떻게 변화할지 지금은 아무도 모른다. 몇 년 후에 누군가가 나에게 "그래서 그 집 기부했어요?" 하고 물을 수도 있다. 지금 단언하기 어렵지만 나는 이 집을 통해 얻는 재원으로 기부 활동은 계속할 예정이다.

집이라는 부동산이 재산 증식의 자산일 뿐이라는 편협한 생각은 하지 말았으면 한다. 내가 결혼해서 지금까지, 아니 어릴 적부터 지금까지 집은 나에게 여러 가지 의미로 다가왔다. 애증의 단계도 있었고, 목표 설정인 단계도 있었고, 잊고 싶은 단계도 있었다. 집이 나에게 여러 가지 경험을 통해 삶의 교훈을 얻는 원동력이 되었던 것은 사실이다.

지금 글을 쓰는 이 순간에도 카톡으로 "이거 살까요? 말까요?" 하고 문의하는 사람들이 있다. 나는 부동산 전문가는 아니다. 하지만 '부동산 좀 아는 언니' 정도로 나를 기억해 줬으면 한다. 아파트를 통한 재산 증식의 기쁨은 말로 표현할 수 없이 좋다.

세상에서 들으면 들을수록 좋은 말이 "집값 오른다!"라는 말일 거다. 처음 부동산 공부할 때는 일일지구 부지외호(一日之狗 不知畏虎) 했다. 즉 "하룻강아지 범 무서운 줄 모른다."라는 말처럼 철모르고 함부로 세상에 덤볐다. 지금은 삼사일언 삼사일행(三思一言 三思一行), 한 마디 말하기 전에 세 번을 생각하고 한번 행동하기 전에 세 번을 생각하게 된다.

요즘은 나는 새로운 꿈을 꾸고 있다. 지금까지 아이를 위해 부모님을 위해 공간을 만들려고 노력했다면 이제는 나만의 공간을 마련하기 위해 노력하고 있다. 경매 나온 주택을 수리하여 남편과 내가 경제 공부를 하거나, 주변 사람들과 정보를 나눌 장소를 마련하고 싶다. 이 또한 새로운 도전이기에 아직은 서툴고 부족하지만, 이 또한 시간이 지나면 좋은 결실을 보는 날이 올 거라 믿는다. 새로운 나눔 장소를 마련해 이 책을 읽는 모든 분을 초대하고 싶다.

우리 집에 놀러 오실 거죠?

에필로그

    이 책을 준비하는 여정은 예상보다 긴 시간이 필요했습니다. 그사이 부동산 정책은 끊임없이 변화했고, 저의 자산 포트폴리오 역시 많은 변화를 겪었습니다.
    가만히 앉아 세상의 흐름을 지켜보기만 한다면, 우리는 아무것도 이룰 수 없고 점차 기력만 소진될 뿐입니다. 변화하는 시장 속에서도 꾸준히 앞으로 나아가는 용기가 필요합니다.
    글쓰기를 다시 시작하도록 격려해 주신 모든 작가님께 깊은 감사의 마음을 전합니다. 또한, 제가 글을 쓰느라 방구석에 틀어박혀 있는 동안 외롭게 혼자 많은 시간을 보내야 했을 남편 최중혁 님께 미안한 마음과 특별한 감사를 드립니다.
    글을 꼭 쓰라고 항상 격려하신 돌아가신 아버지 여중철 님께도 감사의 마음 올립니다. 그리고 마지막으로, 항상 "우리 지혜, 정말 잘했어."라고 응원해 주신 이미영 님, 진심으로 사랑합니다.
    이 책에 담긴 저의 부동산 경험이 여러분의 현명한 선택에 작은 도움이 되기를 바랍니다.